本书获得江西省高校人文社会科学项目"新型城镇化背景下城镇盗窃问题与社会工作介入研究"的资助（编号：SH1410）

城镇盗窃问题与社会工作介入研究

查明辉 著

中国社会科学出版社

图书在版编目（CIP）数据

城镇盗窃问题与社会工作介入研究／查明辉著. —北京：中国社会科学出版社，2021.4

ISBN 978 – 7 – 5203 – 8226 – 7

Ⅰ.①城… Ⅱ.①查… Ⅲ.①盗窃罪—研究—中国 Ⅳ.①D924.354

中国版本图书馆 CIP 数据核字（2021）第 064114 号

出 版 人	赵剑英
责任编辑	孔继萍
责任校对	朱妍洁
责任印制	郝美娜

出　　版	中国社会科学出版社
社　　址	北京鼓楼西大街甲 158 号
邮　　编	100720
网　　址	http://www.csspw.cn
发 行 部	010 – 84083685
门 市 部	010 – 84029450
经　　销	新华书店及其他书店

印刷装订	北京市十月印刷有限公司
版　　次	2021 年 4 月第 1 版
印　　次	2021 年 4 月第 1 次印刷

开　　本	710×1000　1/16
印　　张	21
插　　页	2
字　　数	323 千字
定　　价	128.00 元

凡购买中国社会科学出版社图书，如有质量问题请与本社营销中心联系调换
电话：010 – 84083683
版权所有　侵权必究

序 言

为了民众更加安全、更加幸福地生活

偷盗问题是一个既古老又现代的问题。它至少已经绵延了几千年，而且遍及全世界。尽管在一些传统社会中曾有过"路不拾遗、夜不闭户"的描述，但还没有可靠的文献能够证明从古到今、从中到外，有哪个朝代、哪个国家有效地杜绝了偷盗现象。从国家的角度看，这似乎不是一个特大的问题，以至于我们无法在国家层面的重要政策文件或重要领导人讲话中找到对此问题的专门论述。但对于老百姓来说，偷盗又是一个随时可能发生、让人防不胜防、又气又恨的事情。

然而，学术界对此问题的研究却很少，尤其是社会学者对偷盗问题的研究很少。究其原因，可能是在许多社会学家的眼里，偷盗问题似乎是个小问题，不构成社会学所研究的"社会问题"。但是，查明辉博士的这项研究成果揭示，偷盗问题符合社会问题的基本要件。首先，偷盗在我国的发生率很高，每年数量达几百万件，这足以使它成为一个发生率很高和影响很普遍的问题。我们许许多多的普通人都曾经受到过偷盗的侵扰。其次，偷盗问题具有很明显的有害性。尽管小蟊贼们的偷盗行为无法撼动国家政权，可能也不会对社会稳定构成严重威胁，但众多的偷盗行为对普通大众生活的负面影响确实是显而易见的，小则会因财产损失而给个人带来负面情绪，大则可能引发人身伤害，带来严重的后果。再次，人们为了防范偷盗而不得不采取各种措施，会给个人生活和社会运行带来很大的社会成本，而且，偷盗行为还会对社会风气造成严重影响。一个偷盗盛行的社会绝不会是一个良好的社会。最后，偷盗行为还具有明显的社会性特征。尽管偷盗行为绝大多数都是个人行为，但在这些个人行为的背后有较为普遍和深刻的社会根源。那些偷盗团伙的行为就更具有社会性特征。因此，我们治理偷盗行为，既要直接谴责和惩治偷盗者个人，也要深入研究形成偷盗行为的社会土壤，既要治标，也要治本。

查明辉博士这本书最大的价值不在于其提出了多么新的理论，也不在于提出了多么有效的解决问题的对策方案，而更多地在于它将偷盗问题较为系统地展示在公众面前。长期以来，偷盗问题似乎很难引起研究者的重视，尤其是难以引起社会学家们的高度重视。迄今为止，在我国研究偷盗问题的人很少，成果也不多。仅有的一些研究大多是从法学、犯罪学、公安学等领域展开，很少有从社会学的角度对该问题展开研究。我们应该感谢查明辉博士的研究，将这一问题带到了学术圈子里，这本书的出版也将会把这一问题带到公众面前，让学者、官员和公众都更加重视偷盗问题。

偷盗问题一方面影响广泛，另一方面也很复杂。偷盗行为的发生既有个人原因，也有社会原因。在个人原因方面，既有个人法制观念淡漠、道德品质不好、心理错乱和行为失常等方面的主观因素，也有贫困等方面的客观因素。在社会原因方面，既有社会不平等一类的因素，也有社会教化和管控方面的因素。因此，研究偷盗问题可以从各种不同的角度切入。查明辉博士展示给读者的是一个比较完整的研究成果。其研究的视野比较开阔，其旁征博引，涉及的问题上下几千年，纵横国内外。对偷盗问题研究文献有较为广泛的梳理，让读者可以看到中外研究者对此问题已经有的研究。同时他自己也进行了深入调查，向读者展示了新的第一手调查资料，以及在这些调查资料基础上所做出的分析判断。作者在此项研究中采用了多维度的分析思路。一方面，作者较为广泛地分析了导致偷盗问题的社会根源，在此维度上表现出了较为强烈的"社会责任说"价值倾向，认为不合理的社会分配和结构及相关制度等方面的因素是导致偷盗的重要根源。但另一方面我们也看到作者对偷盗问题个人原因的分析，并提出了通过社会工作帮助预防偷盗行为的思路，并在此方面进行了有意义的理论与方法探索。

通过专业社会工作去干预偷盗问题在我国社会工作学术界还鲜有人

研究。查明辉博士的这项研究在此方面做了大量的工作，构建了一个包括从宏观、中观到微观不同层面的社会工作干预的行动体系。他的这项研究为我国专业社会工作又开辟了一个新的领域。通过他的研究让我们看到通过专业社会工作干预宏观政策、中观的制度和微观的行为，尤其是在诊疗偷盗行为原因、矫正偷盗心理和行为和预防偷盗发生等方面所能够发挥的专业作用。这本书给我们展示的还只是一些初步的设想和大致的分析，其理论还比较粗浅，有的分析判断可能还属一家之言，所提出的对策建议和行动方法离实际运用也还有一定距离，但它毕竟开启了一个新的研究和行动领域，具有重要的开拓性价值。我希望作者本人和其他社会工作研究者能够在这一领域中继续努力，不断向社会提交更高水平、更有应用价值的研究成果，为减少偷盗问题和其他社会问题，为构建更加和谐的社会，为提升广大人民群众生活的安全感和幸福感，也为促进我国专业社会工作的发展做出更大的贡献。

关信平

2020 年 5 月 15 日

前　言

中华人民共和国成立以来，特别是改革开放以来，国家努力推进城镇化建设，取得了举世瞩目的成就。1949 年，中国大陆城镇化率仅为 10.6%。截至 2018 年年底，中国大陆户籍人口城镇化率已增至 43.4%，常住人口城镇化率则为 59.6%。

中国城镇化建设的显著成就，给我国经济社会发展带来巨大影响，为广大人民群众的就业、学习、生活、休闲、娱乐等诸多方面，提供了大量选择。在中国几乎所有城镇中，高楼大厦如雨后春笋般矗立起来，居民小区不断向城镇外围拓展、再拓展，市政设施更是日新月异。这些漂亮的城镇外观景象，使很多来中国旅游、参观的发达国家的人们难以相信"中国是一个发展中国家"。

然而，在中国城镇化建设取得很大成绩的同时，城镇的内涵建设却未能完全跟上，一些不和谐因素与日俱增，较大程度影响了城镇居民的幸福感。其中，一个突出的问题便是城镇盗窃现象。实际上，从遍布各个城镇的住宅窗户的防盗设施，即可看出盗窃问题严重之端倪。每年全国仅安装防盗窗不知道耗费了多少钢铁。

笔者清楚地记得，几年前，我们几位老师在一次闲聊中谈到了盗窃问题。当时，有一位老师说："我每天晚上睡觉之前，都要关好门窗，碰到一次（小偷）到家里来，就完了。"另一位老师说："晚上睡觉时，遇到小偷进来，千万不要管他，继续睡觉，丢点东西无所谓，万一小偷拿刀捅你一下，亏大了！小偷一般都带了刀在身上。"

从那时起，笔者就萌发了对城镇盗窃问题展开研究的兴趣，甚至有"雄心壮志"，试图从社会学、社会工作的视角，探索解决这一困扰城镇居民的严重问题。

不久之后，笔者暑期回到家乡，顺路拜访了在镇派出所当民警的表哥。据他介绍，当地近几年的盗窃现象有一个特点——"白日闯"，也就是小偷白天到居民家中行窃，偷完之后扬长而去。因为当地居民很多都外出务工、经商，家中长期无人居住，因而小偷也就放心大胆地白天偷窃，并安然离去。这更加坚定了笔者要从社会学、社会工作视角，研究城镇盗窃问题的决心。

从社会学、社会工作视角，来专门系统地研究城镇盗窃问题，我们大概是第一次。因此，2014年6月，以"新型城镇化背景下城镇盗窃问题与社会工作介入研究"为题，我们顺利申请到当年的江西省高校人文社会科学项目，于是开始正式研究。

在项目研究过程中，一方面，为了获取资料，我们深入实地，发放了大量问卷，访问了许多警察、居民、社工等，做了大量的调研工作，并收集、耙梳了大量文献资料，用 SPSS 23.0 统计软件进行定量分析；另一方面，我们与许多一线社工、高校社工教师等专业人员反复讨论，研究设计社会工作介入的方式方法，力图使研究成果具有较强的实务性、可操作性。

经过课题组全体成员五年多时间的努力，我们终于完成了项目研究工作。本书即是这一项目的研究成果。

本书总共九章，可简括为三大部分：第一部分，论述新型城镇化这一大背景；第二部分，探索城镇盗窃的理论与现状；第三部分，研究社会工作介入城镇盗窃问题。全书旨在试图以社会工作方法为我国解决或大大缓解城镇盗窃问题，提供理论与实务智慧。

尽管本项目的研究已暂告一段落，但我们深知，研究工作实际才刚刚起步，加之我们的研究水平、经费有限，研究条件及手段也有待改进，因此，本书难免存在一些纰漏甚至错误之处，恳请读者提出批评与建议，以帮助我们在这一领域的研究工作深入下去。

江西师范大学马克思主义学院 查明辉
2020 年 5 月 18 日

目 录

第一章 绪论 ……………………………………………………（1）
  一 选题的缘起 …………………………………………………（1）
  二 研究意义 ……………………………………………………（2）
  三 国内外文献综述 ……………………………………………（3）
  四 研究思路 ……………………………………………………（41）
  五 主要研究内容 ………………………………………………（42）
  六 研究重点和难点 ……………………………………………（43）
  七 主要研究方法 ………………………………………………（44）
  八 创新之处 ……………………………………………………（45）

第二章 新型城镇化的特征 ……………………………………（46）
  一 城镇化概述 …………………………………………………（46）
  二 新型城镇化的含义 …………………………………………（51）
  三 新型城镇化的特征 …………………………………………（55）

第三章 盗窃原因的相关理论 …………………………………（80）
  一 中国古代关于盗窃原因的相关理论 ………………………（80）
  二 西方关于盗窃原因的相关理论 ……………………………（86）

第四章 当前城镇盗窃的现状 …………………………………（108）
  一 当前城镇盗窃的宏观状况 …………………………………（108）

二　当前城镇盗窃的具体状况分析
　　——以江西省为例 ………………………………………（114）

第五章　当前城镇盗窃问题产生的原因 ……………………（140）
　　一　当前城镇盗窃问题产生的个体原因 ………………（140）
　　二　当前城镇盗窃问题产生的社会原因 ………………（150）

第六章　社会工作介入城镇盗窃问题的理论基础 ……………（171）
　　一　社会工作概述 ………………………………………（171）
　　二　社会工作介入城镇盗窃问题的宏观理论基础 ……（179）
　　三　社会工作介入城镇盗窃问题的中观理论基础 ……（188）
　　四　社会工作介入城镇盗窃问题的微观理论基础 ……（193）

第七章　宏观社会工作介入城镇盗窃问题 ……………………（198）
　　一　坚持走社会主义道路 ………………………………（199）
　　二　更加积极有效地应对全球化 ………………………（206）
　　三　各级政府应把创造收入适当的就业机会作为头等大事 …（212）
　　四　国家应努力提高教育质量 …………………………（216）
　　五　国家应完善社会保障政策 …………………………（222）
　　六　国家应尽快推动社会工作在全国的职业化制度化 …（226）
　　七　国家应营造治理社会越轨的良好环境 ……………（230）

第八章　中观社会工作介入城镇盗窃问题 ……………………（234）
　　一　中观社会工作的含义 ………………………………（234）
　　二　小组工作介入城镇盗窃问题 ………………………（242）
　　三　家庭社会工作介入城镇盗窃问题 …………………（250）

第九章　微观社会工作介入城镇盗窃问题 ……………………（267）
　　一　事前预防性的微观社会工作介入城镇盗窃问题 …（267）
　　二　事后补救性的微观社会工作介入城镇盗窃问题 …（293）

附录1：盗窃行为认知小组策划书 ……………………（297）

附录2：扼住控制不住的欲望
　　——儿童偷窃偏差行为个案辅导 ………………………（305）

参考文献 ……………………………………………………（312）

后　记 ………………………………………………………（324）

第一章

绪　论

一　选题的缘起

中华人民共和国成立以来，特别是改革开放以来，党和政府积极努力推进城镇化建设。截至 2018 年年底，户籍人口城镇化率达 43.4%，常住人口城镇化率则为 59.6%。然而，当前的城镇化建设，一方面离我国理想的城镇化建设目标还有相当长的一段距离；另一方面，现有城镇化建设也存在不少问题。

有鉴于此，2013 年 11 月，党的十八届三中全会提出，坚持走中国特色新型城镇化道路，旨在推进以人为核心的城镇化，推进城市建设管理创新。

2014 年 3 月，《国家新型城镇化规划（2014—2020）》出台，提出了包括"城市生活和谐宜人"的发展目标，要"推动新型城市建设""实施社会治理精细化""完善城市治理结构""强化社区自治和服务功能""创新社会治安综合治理"。

2017 年 10 月，党的十九大再次强调，推动新型城镇化与新型工业化、信息化、农业现代化"四化"同步发展。

我国新型城镇化建设要完成上述任务，实现目标，有不少问题需要面对。近三十年来，城镇普遍存在一个严重的问题，即盗窃问题。它极大地影响了城镇的和谐，降低了城镇居民的幸福感，导致城镇的治理成本日益攀升。作为社会学、社会工作研究者，都有责任回应人民群众的呼声，深入进行探索，以帮助党和政府解决或缓解这一问题。

二 研究意义

（一）理论意义

第一，该课题研究将为我国实现新型城镇化目标、提升城镇社会治理水平提供理论参考。改革开放以来，我国城镇化发展迅速，但也存在不少问题，其中一个原因在于，对城镇社会治理的理论研究不够。本课题所研究城镇中的盗窃问题，并探索用专业社会工作介入这一社会问题，对实现"城市生活和谐宜人"、提升城镇社会治理水平具有较强的理论参考价值。

第二，为解决或大大缓解城镇日益严重的盗窃问题提供理论支持。我国城镇化发展快速，让越来越多的人过上了城镇的便利生活，得以享受城镇的文明之光，但是，日益严重的城镇盗窃问题在相当大的程度上影响了城镇社会的和谐稳定，降低了广大人民群众的幸福指数，增加了城镇的治理成本。本课题研究中的一个重要内容是研究当前城镇盗窃问题的现状，深刻剖析城镇盗窃现象发生的原因，这将为解决或大大缓解城镇盗窃问题提供理论借鉴。

第三，对于推动中国专业社会工作的发展具有理论意义。专业社会工作作为一个舶来品，在中国存在的时间不长，需要进一步探索、发展。本课题研究专业社会工作介入城镇盗窃问题，对推动社会工作的专业化、职业化、制度化，增强中国专业社会工作的本土性，都具有十分重要的理论意义。

（二）实践意义

第一，利于提高国家对城镇基层社区的社会治理水平，减少城镇盗窃现象的发生，提高我国城镇居民的社会福利水平。社会工作介入城镇中的盗窃问题，需要充分整合城镇社区中的人力资源、物力资源、财力资源，调动广大城镇居民参与社区建设。这既利于缓解政府相关部门维护社会稳定的压力，提升城镇社会治理水平，也利于城镇居民社会福利水平的提高。

第二，利于政府制定出更加切实有效的具体政策，实现新型城镇化的一些目标。新型城镇化不同于传统的城镇化，侧重于以人为核心的城镇化，要达到城市生活和谐、宜人，还有相当多的问题需要解决。本课题研究利于政府制定出一些更具体的政策，解决或大大缓解其中必须应对的一个大问题，即盗窃问题，推动新型城镇化建设目标的实现。

第三，拓展中国专业社会工作功能发挥的领域。专业社会工作具有治疗、恢复、预防的功能，在非常广泛的领域有用武之地。当前中国在发展过程中存在不少问题，其中一个便是城镇盗窃问题严重，把专业社会工作引入城镇盗窃问题治理之中，是对中国专业社会工作功能的新拓展。

三　国内外文献综述

关于"盗窃"与"社会工作"的研究，截至2020年5月中旬，检索中国知网数据库，篇名含"盗窃"的中文文献共计6100多条结果。但是，文献篇名中同含"盗窃"与"社会工作"的则暂未发现。检索中国国家图书馆藏书等数据库，题名含"盗窃"的研究著作共计19部，但未找到专门研究"盗窃"与"社会工作"的著作。检索国外主要数据库发现，关于"盗窃"的研究不少，但同样也未找到专门研究"盗窃"与"社会工作"的论文或论著。检视国内外关于"盗窃"与"社会工作"的相关研究主要有以下方面。

（一）国外相关研究

1. 国外关于盗窃的研究

（1）关于身份盗窃的研究

这应当是当前国外成果最多、最热门的领域。首先，著作方面，例如，Robert J. Hammond（2003）研究了如何保护身份与降低身份盗窃的风险。[①]

---

① Robert J. Hammond Jr., *Identity Theft: How to Protect Your Most Valuable Asset*, Franklin Lakes, NJ: Career Press, 2003.

Claudia L. Haywood（2004）探讨了身份盗窃问题的严重程度、法律规定的制裁与补救措施。① Rob Hamadi（2004）全面详细解释了什么是身份盗窃和它是如何进行的，身份盗窃给受害者在财务、个人及情感方面带来毁灭性影响，身份盗窃受害者恢复其身份及有效的预防措施等。② Nicole S. van der Meulen（2011）论述了美国金融身份盗窃的存在及其蔓延到世界其他地区，使人们更加需要了解身份盗窃是如何发生的，以及犯罪分子如何利用当代社会的发展。③ 其次，论文方面，例如，Lewis Jacquelyne（2011）的博士学位论文探索了美国消费者应如何预防身份盗窃的措施。他通过数据分析，确定了49种身份盗窃预防行为。他发现，身份盗窃的威胁影响了人们的购物行为，并认定了购物行为的26种变化，还发现因害怕身份盗用而选择退出交易的25种情况。这些结果表明，需要进一步研究以确定哪种身份防盗措施最有效，以及哪些人群最有可能防止身份被盗用。④ Saunders Lewis（2014）的博士学位论文研究了手机使用与身份盗窃的关系。他研究了手机使用是如何受到对隐私和身份盗窃的态度的影响。他研究的问题涉及参与者使用手机与减少隐私和增加网络犯罪之间的联系程度，使用生物识别技术如何影响手机用户的态度和行为，以及可以采取哪些措施来减少与使用手机相关的私人信息的滥用。⑤ 英国的 Shah Mahmood Hussain（2016）等介绍了移动商务中对身份盗窃预防方法的评估，并提出了克服移动商务弱点的指导方针。研究结果表明，在线组织对所有在线商业交易使用相同的身份盗窃预防方法，而移动商务具有一些独有的特征，电子商务对它的安排是无效的；另一方面，没有评估这些安排在移动商务中的有效性。该研究建议评估身份防盗系统在移

---

① Claudia L. Haywood, *Identity Theft*, New York: Nova Biomedical Books, 2004.

② Rob Hamadi, *Identity Theft: What It Is, How to Prevent It and What to Do If It Happens to You*, London: Vision Paperbacks, 2004.

③ Nicole S. van der Meulen, *Financial Identity Theft: Context, Challenges and Countermeasures*, New York: T. M. C. Asser Press, 2011.

④ Lewis Jacquelyne L, *Exploring the Identity-Theft Prevention Efforts of Consumers in the United States*, Ph. D. dissertaion, Northcentral University, 2011.

⑤ Saunders, Lewis O, *The Relationship Between Cell Phone Use and Identity Theft*, Ph. D. dissertation, Walden University, 2014.

动商务中的有效功能以及在移动商务中评估系统的前瞻性。[1] 伊朗的 Dadkhah 等人（2018）探讨了一些常见的身份盗窃类型及其在传播垃圾科学中的作用，并提出了编辑和研究人员可以使用一些针对此类盗窃的一般指导原则。[2] 美国的 Barbour Tracy（2018）讨论了公司保护客户免遭身份盗用所需的步骤。[3] 美国的 Poole V. Brooks 等人（2018）论述了身份盗窃发生时的预防、警示标志和解决方案。[4] 美国的 Goel Rajeev（2019）考察了身份盗窃的决定因素，特别是关注互联网传播的影响。研究发现，拥有互联网接入的家庭增加10%，会使身份盗窃增加约9%，腐败活动严重的州则有更严重的身份盗窃，而更多警察无显著的威慑力。[5] 美国的 Farrar Jonathan、Hausserman Cass 和 Pinto Odette（2020）研究了纳税人身份盗窃的信任与遵从效应，他们认为，有证据表明，在税务机关的职责与遵从性之间的正相关关系中，信任起到中介作用，但这种中介效果取决于税务机关对身份盗窃的责任程度。[6] 塞尔维亚学者 Vilic Vida M.（2019）研究了网络身份盗窃的方式，认为最常见的是网络钓鱼与网址嫁接。他认为，塞尔维亚目前的刑事立法没有明确规定利用互联网和社交网络窃取身份的行为属犯罪行为。如果发生任何形式的身份盗窃，应适用刑法中有关计算机欺诈、欺诈、伪造与滥用支付卡、未经授权使用他人姓名及其他特殊商品或服务标记的规定。他还介绍并评论了当前该国

---

[1] Shah Mahmood Hussain, Ahmed Javed, Soomro Zahoor Ahmed, *Investigating the Identity Theft Prevention Strategies in M-Commerce*, International Conferences on Internet Technologies & Society (Melbourne, Australia), Dec. 6 – 8, 2016.

[2] Dadkhah M., Lagzian M., Borchardt G., "Identity Theft in the Academic World Leads to Junk Science", *Science and Engineering Ethics*, Vol. 24, No. 1, Feb. 2018, pp. 287 – 290.

[3] Barbour Tracy, "Protect, Detect, Respond: Keeping Clients Safe from Identity Theft", *Alaska Business Monthly*, Vol. 34, No. 12, Dec. 2018, pp. 24 – 26.

[4] Poole V. Brooks, Corkern Sheree, Hoffman Hannah, "Prevention and Resolution for Identity Theft: Practical Advice for Individuals, Business Owners, and Tax Professionals", *Business Education Innovation Journal*, Vol. 10, No. 1, Jun. 2018, pp. 80 – 86.

[5] Goel Rajeev K., "Identity Theft in the Internet Age: Evidence from the U. S. States", *Managerial & Decision Economics*, Vol. 40, No. 2, Mar. 2019, pp. 169 – 175.

[6] Farrar Jonathan, Hausserman Cass, Pinto Odette, "Trust and Compliance Effects of Taxpayer Identity Theft", *Journal of the American Taxation Association*, Vol. 42, No. 1, Spring 2020, pp. 57 – 77.

适用的立法情况，以及国际社会在网络空间中预防这种犯罪的措施。[1]

（2）关于员工盗窃的研究

这是当今国外公共和私人企业主面临的最猖獗、最昂贵的问题之一，著作研究成果也比较丰富，例如，Whitfi Broome 和 Neil H. Snyder（1991）深入讨论了雇主可以实施的保障措施，从内部控制到物理安全措施，并制定全面的盗窃减少策略，还探讨了盗窃控制问题以及工作场所公平问题引发的法律和道德问题。作者认为，减少员工盗窃的计划只有专注于使工作环境对盗贼没有吸引力，而不是简单地抓住小偷时才能成功。他们还提出了一些实用防盗策略，从招聘流程开始，并涉及业务运营的各个方面。[2] Linden Spencer（2011）探讨了美国中西部及北部地区五家小型企业员工盗窃行为与员工所有权之间的相关关系。研究表明，员工所有权与员工盗窃评分之间存在显著负相关关系。[3] Thanasak Ruankaew（2012）以有大学学历的企业员工为研究对象，探讨了工作满意度对特定类型盗窃行为的影响，包括时间盗窃、员工越轨、财产盗窃、贪污、盗窃数据和商业机密等形式的员工盗窃。[4] 关于员工盗窃的论文成果方面，例如，Wilkin Christa（2011）的博士学位论文研究了分配与盗窃之间的关系。他的研究表明，嫉妒一定程度上在分配正义和盗窃之间起到中介作用，并探索与减少盗窃相关的潜在调节因素。对企业的实际影响包括更好地理解员工在面对不公平薪酬时的感受，还可以通过员工筛选和培训活动减少盗窃行为。[5] Emilus Yves（2012）的博士学位论文探查了零售业员工对零售业员工盗窃行为的看法。研究结果显示，对员工盗窃的态度

---

[1] Vilic Vida M. , "Phishing and Pharming as Forms of Identity Theft and Identity Abuse", *Balkan Social Science Review*, Vol. 13, No. 13, Jun. 2019, pp. 43 – 55.

[2] O. Whitfi Broome, Neil H. Snyder, *Reducing Employee Theft: A Guide to Financial and Organizational Controls*, New York: Praeger Publishers Inc. , 1991.

[3] Linden Spencer, *A Correlation Analysis Between Employee Theft and Employee Ownership*, Michigan Ann Arbor: Proquest, Umi Dissertation Publishing, 2011.

[4] Thanasak Ruankaew, *The Impact of Job Satisfaction on Employee Theft Among College Students*, Arizona: Createspace Independent Pub. , 2012.

[5] Wilkin Christa L, *The Green-eyed Monster Strikes Back: Moderators and Mediators of the Relationship Between Distributive Justice and Theft*, Doctor of Business Administration dissertaion, McMaster University, 2011.

和组织承诺是员工盗窃意图的两个最强预测因子。① 澳大利亚的 Goh Edmund 和 Kong Sandra（2018）利用计划行为理论，调查了酒店业员工盗窃行为的潜在动机。② 英国的 Yekini Kemi（2018）等人以来自 159 位企业主、销售代表、收银员和供应商的结构化问卷的数据，调查了尼日利亚移动电话行业小企业中的员工欺诈行为，研究了刺激员工对雇主进行欺诈行为的关键因素，以及这些欺诈行为对尼日利亚小企业的影响。研究显示，个人及组织因素与员工盗窃之间存在显著关系。特别是，组织因素对员工盗窃起到了最突出的作用。员工盗窃对雇主的影响较大，但对员工的影响较小。研究还发现，许多企业没有针对员工盗窃的预防措施。③ 美国的 Baxter Dana（2014）的博士学位论文调查了专业零售商内部和外部盗窃的原因和成本，并解释了那些被发现的内部盗窃的动机。④ 美国 Chambers Andy 和 DiMatteo Amanda（2019）对员工不诚实和美国防盗保险协议进行了比较研究。⑤

（3）关于汽车盗窃的研究

这方面的著作成果主要有：Michael G. Maxfield（2004）比较详细地论述了汽车盗窃的内容与防范措施。⑥ Marissa Potchak Levy（2008）从机会、环境特征等方面对汽车盗窃的模式进行了分析。⑦ Lambert M Surhone

---

① Emilus Yves, *Applying the Theory of Planned Behavior to the Problem of Employee Theft in the Retail Industry*, Ph. D. dissertation, Northcentral University, 2012.

② Goh Edmund, Kong Sandra, "Theft in the Hotel Workplace: Exploring Frontline Employees' Perceptions Towards Hotel Employee Theft", *Tourism & Hospitality Research*, Vol. 185, No. 4, Oct. 2018, pp. 442 – 455.

③ Yekini Kemi, Ohalehi Paschal, Oguchi Ifeyinwa, Abiola James, "Workplace Fraud and Theft in SMEs", *Journal of Financial Crime*, Vol. 25, No. 4, 2018, pp. 969 – 983.

④ Baxter Dana N, *Who Is Taking the Shirt off Your Back? A Multi-method Analysis of Theft at a Specialty Retailer*, Ph. D. dissertation, Indiana University of Pennsylvania, 2014.

⑤ Chambers Andy J., DiMatteo, Amanda T., "Was That Theft Dishonest? A Comparison of Employee Dishonesty Coverage VS. Employee Theft Coverage", *Tort Trial & Insurance Practice Law Journal*, Vol. 54, No. 3, Fall 2019, pp. 883 – 909.

⑥ Michael G. Maxfield, Ronald V. Clarke, *Understanding and Preventing Car Theft*, New York: Criminal Justice Press, 2004.

⑦ Marissa Potchak Levy, *Opportunity, Environmental Characteristics, and Crime: An Analysis of Auto Theft Patterns*, New York: Lfb. Scholarly Pub. Llc., 2008.

和 Mariam T Tennoe（2010）论述了汽车盗窃的防范措施。[①] 此外，Life N Hack（2017）论述了十二个如何保护家庭和汽车免遭抢劫和盗窃的对策。[②] 关于汽车盗窃的论文研究成果也较多，例如，加拿大的 Skakun Kimberly（2005）的硕士学位论文研究了青少年从事汽车盗窃对其心理、社会风险方面所产生的影响。[③] 加拿大的 O'Connor Christopher（2005）的硕士学位论文也探讨了心理和社会风险因素对青少年汽车盗窃犯罪的影响。作者揭示了年轻男性、女性偷车的不同模式，认为年轻男性的男性身份是在霸权男性身份的关系下形成的，而年轻女性的女性身份是在霸权女性身份的对话中形成的。[④] 美国的 Walsh Jeffrey（2005）对伊利诺伊州皮奥里亚市近十年来不断上升的机动车盗窃案和生态变化影响进行了研究。[⑤] 美国的 Cherbonneau Michael Gage（2014）的博士学位论文通过对35名偷车者的定性访谈，研究了他们偷车的动机、选择目标和犯罪的方式，以及他们通过更广泛的街头文化追求非法行为对偷车决策的影响。[⑥]

（4）关于盗窃原因的研究

Robert Tyminski（2014）的著作深入剖析了盗窃时人类动机的复杂性，作者认为，人们应当最终考虑到一个永远存在的"内在小偷"。[⑦] Rolf Loeber 和 David P. Farrington（2014）的著作结合发展性精神病理学、

---

① Lambert M Surhone, Mariam T Tennoe, *Vehicle Theft Protection Program*, Mauritius: Betascript Publishing, 2010.

② Life N Hack, *Home Burglary and Car Theft Protection Hacks: 12 Simple Practical Hacks to Protect and Prevent Home and Car from Robbery*, Arizona: Createspace Independent Pub., 2017.

③ Skakun Kimberly, *Examining the Influence of Psychological and Social Risk Factors on Young Offenders Who Commit Motor Vehicle Theft*, Master's Thesis, The University of Regina (Canada), 2005.

④ O'Connor Christopher D, *Auto Theft and Youth Culture: A Nexus of Masculinities, Femininities and Car Culture*, M. A. Thesis, Carleton University (Canada), 2005.

⑤ Walsh Jeffrey A, *Ecological Predictors of Local Motor Vehicle Theft and Changes Over a Decade: 1990 - 2001*, Ph. D. dissertation, City University of New York, 2005.

⑥ Cherbonneau Michael Gage, *Breaking down and Boosting Cars: A Qualitative Study of Offender Decision-making in Auto Theft*, Ph. D. dissertation, The University of Texas at Dallas, 2014.

⑦ Robert Tyminski, *The Psychology of Theft and Loss: Stolen and Fleeced*, New York: Routledge, 2014.

犯罪学和公共卫生三个学科，来解释年轻人从事暴力与严重盗窃。[1] 美国的 Patricia A. Carlisle（2016）的著作则提出，入店行窃是一种心理疾病，人们会觉得有必要去偷东西。[2] 英国的 Lyons Minna 和澳大利亚的 Jonason Peter（2015）认为，虽然以前的研究表明，人格与盗窃之间存在联系，但研究尚未考虑冲动性和黑暗三联症（自恋、精神病和马基雅维利主义）和普通的低级盗窃的个体差异。他们通过在线问卷调查，探索了黑暗三联症的特征与功能失调及功能冲动对盗窃产生的个体差异。结果表明，偷东西的人比那些没有偷过任何东西的人，更容易受到原发性和继发性精神病、马基雅维利主义以及功能失调及冲动的影响。[3] 韩国 Lee Dong-Hun（2015）等人对微观系统中的一系列生态因素，包括个人特征以及青少年周围的直系亲属、同伴和学校环境进行了分析，探索了它们与青少年盗窃的相关关系。研究表明，在仅检查心理因素时，较高水平的抑郁与较大的盗窃行为可能性相关。家庭模式中的母亲积极的养育行为和社会模式中的学校适应与盗窃参与的可能性降低有显著相关性。[4] 加拿大 Summerfield Fraser（2019）针对城市特定年龄的年轻男性群体，测量了低技能失业率和相应的犯罪率。研究表明，劳动力市场就业机会会影响到加拿大与盗窃相关的犯罪行为的比率。[5] 波兰 Sipowicz J Kujawski（2018）则认为，盗窃行为中有一部分行为属疾病，据估计，5%的盗窃者受到了盗窃癖的影响。[6]

---

[1] Rolf Loeber, David P. Farrington, *Violence and Serious Theft: Development and Prediction from Childhood to Adulthood*, New York: Routledge, 2014.

[2] Patricia A. Carlisle, *Addiction and Shoplifting: How to Stop the Act of Theft*, Arizona: Createspace Independent Pub., 2016.

[3] Lyons Minna, Jonason Peter K., Dark Triad, "Tramps, and Thieves: Psychopathy Predicts a Diverse Range of Theft-related Attitudes and Behaviors", *Journal of Individual Differences*, Vol. 36, No. 4, 2015, pp. 215 – 220.

[4] Lee Donghun, Han Yoonsun, Park ManSik, Roh SeakZoon, "Psychological, Family, and Social Factors Linked with Juvenile Theft in Korea", *School Psychology International*, Vol. 36, No. 6, Dec. 2015, pp. 648 – 670.

[5] Summerfield Fraser, "Local Labour Markets and Theft: New Evidence from Canada", *Oxford Bulletin of Economics & Statistics*, Vol. 81, No. 1, Feb. 2019, pp. 146 – 177.

[6] Sipowicz J, Kujawski R, "Kleptomania or Common Theft-diagnostic and Judicial Difficulties", *Psychiatria Polska*, Vol. 52, No. 1, Feb. 2018, pp. 81 – 92.

(5) 关于艺术品或古董盗窃的研究

英国的 Barelli John Joseph (1986) 的博士学位论文分析了艺术品和古董失窃的统计数据；同时分析了艺术品和古董的组织、人员等方面的内容。研究发现，罗伯特·默顿和埃德温·萨瑟兰的社会学理论可以解释这些艺术品和古董窃贼是如何在盗窃领域，特别是艺术品和古董物品方面发展出专业技能的。吸引人的地方在于经济学，盗贼们希望通过自己的努力赚钱。他们把自己的工作看成是合理的。由于教养和交往，艺术品和古董盗贼们成为默顿所谓的社会创新者。① 美国的 Ho Truc-Nhu Thi (1992) 对纽约市的艺术品盗窃行为进行了探索性研究，并开发出盈利画廊的艺术盗窃决策模型。他的博士学位论文研究表明，官方记录大大低估了纽约市艺术品失窃的程度。艺术品窃贼的种类很多。虽然艺术品盗窃是一种有利可图的财产犯罪，可能不需要艺术知识，但转售被盗艺术品似乎是复杂和危险的。研究发现，艺术品盗窃案的类型与作案对象的特征以及作案地点的不同，似乎存在逻辑关系。盗窃艺术品和利润丰厚的画廊盗窃艺术品的假设决策模型似乎是现实的。② 美国的 Wylly Marion Johnston (2014) 的博士学位论文运用社会学语境检视艺术品价值，研究了艺术品价值与艺术品盗窃之间的关系。③ 美国印第安人事务委员会出版的著作探讨了盗窃和出售美洲原住民部落文化物品所带来的问题。④

(6) 关于时间盗窃的研究

例如，Richard Buchko (2008) 的著作探讨了如何用自己最合适的方式找回失去的时间。⑤ Owens Jarrett Michael (2018) 的博士学位论文则评

---

① Barelli John Joseph, *On Understanding the Business of Art and Antique Theft: An Exploratory Study*, Ph. D. dissertation, Fordham University, 1986.

② Ho Truc-Nhu Thi, *Art theft in New York City: An Exploratory Study in Crime-specificity*, Ph. D. dissertation, Rutgers The State University of New Jersey-Newark, 1992.

③ Wylly Marion Johnston, *Motives of Art Theft: A Social Contextual Perspective of Value*, Ph. D. dissertation, The Florida State University, 2014.

④ Committee on Indian Affairs United State, *The Theft, Illegal Possession, Sale, Transfer, and Export of Tribal Cultural Items*, Arizona: Createspace Independent Pub., 2017.

⑤ Richard Buchko, *Stop Time Theft: How to Get Back 8 Hours a Week in Wasted, Misused, and Abused Time*, Arizona: Createspace Independent Pub., 2008.

估了时间盗窃的存在和程度,并预测如何实施更多的管理监控措施,以及研究了对组织和外部利益相关者的影响。研究表明,尽管时间盗窃不同程度上存在于公司内部,造成内部效率低下和客户服务响应延迟,但80%的企业主证实,他们反对对其组织领导人实施更多的监控措施。大多数受访者认为增加监测措施没有使其公司或客户受益。尽管企业主承认员工中存在时间盗窃和固有的后果,多数受访者声称,增加管理监督措施对他们的组织的负面影响大于时间盗窃本身,并决心不实施额外的监督。多数受访者认为,他们的外部利益相关者不会因为加强监管而受到影响。[①]

(7) 关于国家盗窃的研究

例如,美国的 Gregg Barak (2012) 的著作对华尔街2008年爆发的金融危机及对美国其他地区的深远影响,进行了强有力的犯罪学研究。他认为,如果华尔街和政府的主要参与者的行为导致了经济衰退,损害了数百万美国人的利益,摧毁了全世界的资本,为什么没有人对这些行为承担刑事责任?作者研究了金融监管和放松监管的基本历史,以及证券欺诈和大量受害人状况。他运用被害人学和白领犯罪的关键理念,探讨了民事和刑事执法部门应对华尔街破坏性行为的不同方式。此外,他还评估了华尔街金融改革和2010年的《消费者保护法》,认为美国人仍可能面临风险。[②] 美国的 Samual Franklin Smith (2017) 的著作则从历史视角,研究了美国最富有的银行家庭如何偷走美洲的自由、民主和繁荣,解释了美国如何从历史上最富有的国家走向债务国的原因。[③] 美国的 Donald Cressey (2017) 的著作研究了国家的盗窃问题,即美国有组织犯罪的结构与运作。他认为,如今美国许多盗窃者们腐蚀合法企业的行为遍及地方、州和联邦政府。他们的权力延伸到国会、行政和司法部门、警察机构和工会,以及房地产企业、零售店、餐馆、酒店、亚麻供应室和垃

---

① Owens Jarett Michael O., *Business Owner Perceptions of Organizatinal Time Theft: A Phenomenological Approach*, Ph. D. dissertation, Northcentral University, 2018.

② Gregg Barak, *Theft of a Nation: Wall Street Looting and Federal Regulatory Colluding (Issues in Crime and Justice)*, Lanham: Rowman & Littlefield Publishers, 2012.

③ Samual Franklin Smith, *The Theft of America*, Arizona: Createspace Independent Pub., 2017.

圾收集站等商业企业。作者研究了有组织犯罪的运作方式、对社会的影响及如何应对等。①

(8) 关于盗窃法的研究

例如，美国的 Badamchi Hossein (2010) 的博士学位论文研究了美索不达米亚早期法律中的盗窃及相关罪行。他认为，一般分类中，刑法根据犯罪内容分为三个部分：危害人身罪或人格完整罪、危害财产罪和危害公共秩序罪。他的论文则研究了早期美索不达米亚法律中的盗窃和相关犯罪，构成了第二类即危害财产的罪行。② 美国的 Stuart P. Green (2012) 认为，与其他犯罪相比，盗窃造成的受害者和经济损失更多。然而，《盗窃法》仍然是一个谜，关于什么应该算作盗窃的基本问题仍然没有得到解决。作者在其著作中，对当前的法律框架进行了评估，认为目前的经济正日益使无形资产商品化，偷窃和欺诈的手段正变得越来越复杂，《盗窃法》迫切需要尽快地进行新的改革。③

(9) 关于电力盗窃的研究

电力盗窃是一项相对未知的犯罪，经济成本高昂。美国的 Steadman Keva Ullanda (2011) 的研究具有一定代表性。他在其博士学位论文中，研究了促使人们窃电的因素。首先，他使用了 2003—2007 年五年时间里，97 个国家的面板数据集来估计一个模型。该模型描述了失业率、人均 GDP、男性人口和城市化对盗窃、抢劫和杀人率的影响。结果与之前关于犯罪和经济机会的实证研究一致。其次，他使用配电损耗作为电力盗窃的代表来估算相同的模型。结果表明，失业率是犯罪的一个关键解释性经济因素，但不能解释电力盗窃的变化。因此，旨在通过减少失业来减少财产犯罪的政策将对电力盗窃没有影响。再有，他的研究涉及政治机构在窃取电力的激励中所起的作用。在控制了社会经济因素之后，发现

---

① Donald Cressey, *Theft of the Nation：The Structure and Operations of Organized Crime in America*, New York：Routledge, 2017.

② Badamchi Hossein, *Theft and Related Offences in Early Mesopotamian Law*, Ph. D. dissertation, The Johns Hopkins University, 2010.

③ Stuart P. Green, *Thirteen Ways to Steal a Bicycle：Theft Law in the Information Age*, Mass.：Harvard University Press, 2012.

政治治理指标和电力盗窃之间没有任何关系。作者将美国这个高收入、低电力盗窃国家与牙买加这个中等收入、高电力盗窃国家进行了比较。研究发现，在美国，电力盗窃受经济条件变化的影响，但在牙买加则不然。这些结果表明，制度的状态在如何确定社会规范方面发挥着作用。贫穷国家比富裕国家更有可能拥有薄弱的机构，其社会规范鼓励电力盗窃。[1] 巴基斯坦也面临长期的电力盗窃问题。巴基斯坦的 Jamil Faisal（2018）通过来自拉瓦尔品第和伊斯兰堡两个城市的住宅电力消费者的结构化问卷，调查了导致电力盗窃的关键因素。大多数受访者都认为电价上涨是盗窃上升的主要原因。窃电是在贿赂公用事业雇员的情况下进行的。作者进行了相关性分析，并将数据进一步用于模型的经验估计。研究结果表明，监控、行为和月度费用变量在解释电力盗窃方面具有重要意义；透明度和问责制的提高以及关税的降低可以减少偷窃行为。[2] 再有，加纳的 Yakubu Osman（2018）等人研究了加纳电力盗窃的潜在成因。研究表明，电力价格上涨、电力供应质量差、腐败、电力盗窃法律执行不力以及官员不维护消费者利益，被发现是电力盗窃的主要原因。其他因素还包括态度、文盲、失业和贫困。[3]

（10）关于工资盗窃的研究

例如，美国的 Hallett Nicole（2018）的论文全面分析了工资盗窃危机以及当前执法机制未能解决的原因。他认为现有的政策改革将失败，因为他们误解了危机的性质以及雇主在决定窃取工人工资时所面临的激励。作者提出了一系列可行改革，同时认为如果社会规范保持不变，单独改变经济计算将不太可能解决问题。[4] 美国的 Cohen Jordan Laris（2018）认为美国的"公平劳动标准法"（FLSA）及其州类似的法律已证明了监管

---

[1] Steadman Keva Ullanda, *Essays on Electricity Theft*, Ph. D. dissertation, State University of New York at Binghamton, 2011.

[2] Jamil, Faisal, "Electricity Theft Among Residential Consumers in Rawalpindi and Islamabad", *Energy Policy*, Vol. 123, Dec. 2018, pp. 147–154.

[3] Yakubu Osman, Babu C., Narendra Adjei Osei, "Electricity Theft: Analysis of the Underlying Contributory Factors in Ghana", *Energy Policy*, Vol. 123, Dec. 2018, pp. 611–618.

[4] Hallett Nicole, "The Problem of Wage Theft", *Yale Law & Policy Review*, Vol. 37, No. 1, Fall 2018, pp. 93–152.

失败，因为最低工资和加班保护受到广泛侵犯而不受惩罚。作者将部分失败归咎于被忽视的私人禁令救济问题。作者认为，从政策和诉讼的角度来看，私人禁令救济将更好地解决工资盗窃的系统性问题，而不仅仅是损害行为，并有助于确保 FLSA 的保护实际上成为国会设想的基线标准。[①] 加拿大学者 Mirchandani Kiran（2019）、Bromfield Sheldon Matthew 研究了加拿大安大略省从事不稳定工作的工人所经历的工资盗窃，作者认为，《就业标准法》的实施不仅要对公然窃取工资的行为采取行动，还需要采取积极主动的措施，应对雇主导致窃取工资的微妙做法。[②]

（11）关于盗窃的其他方面研究

Brady（2014）博士在其著作中介绍了六个有心理问题的盗窃成瘾者的案例，他亲自使用各种疗法，如催眠疗法、认知行为疗法、暴露疗法、动机性访谈、理性情绪疗法和存在主义疗法等方法进行治疗。另外，他还补充了证据，证明某些类型的盗窃行为可解释为一种行为成瘾，需要药物来治疗。[③] Jefferis Eric（2004）的博士学位论文研究了盗窃的空间分布特点。研究结果表明，入户盗窃行为不仅在小区内分布不均匀，且少数小区（占不到 5%）的入户盗窃行为是报案最多的。[④] 美国的 Hemenway（2017）等人研究了美国的枪支盗窃问题。结果发现，估计美国每年大约有 25 万起枪支盗窃事件，大约有 38 万支枪被盗。某些类型的枪支拥有者拥有许多枪支，持枪且没有安全存放枪支，他们的枪支被盗的风险更高。南方各州是其他州使用的犯罪枪的出口地。在美国被盗的大部分枪支来自南方。[⑤] 意大利的 Sommovigo（2018）等人探讨了在工作中被盗

[①] Cohen Jordan Laris, "Democratizing the FLSA Injunction: Toward a Systemic Remedy for Wage Theft", *Yale Law Journal*, Vol. 127, No. 3, Jan. 2018, pp. 706 – 763.

[②] Mirchandani Kiran、Bromfield Sheldon Matthew, "Roundabout Wage Theft: The Limits of Regulatory Protections for Ontario Workers in Precarious Jobs", *Journal of Labor & Society*, Vol. 22, No. 3, Sep. 2019, pp. 661 – 677.

[③] John C. Brady, *Treat Me Right: Help for Behavioral Addictions Including Theft/Fraud Crimes*, Arizona: Createspace Independent Pub., 2014.

[④] Jefferis Eric, *Criminal places: A Micro-level Study of Residential Theft*, Ph. D. dissertation, University of Cincinnati, 2004.

[⑤] Hemenway D, Azrael D, Miller M, "Whose Guns Are Stolen? The Epidemiology of Gun Theft Victims", *Injury Epidemiology*, Vol. 4, No. 1, Dec. 2017, p. 11.

窃和抢劫可能会给员工带来的创伤。结果表明,盗窃和抢劫的受害者承受了更大的工作量、更高的心理—身体投诉以及更倾向于寻求社会支持。与那些仅"经历过盗窃"的人相比,他们还经历了更多的创伤后症状和感知较低的应对自我效能感。[1] Lambert M. Surhone(2011)等人的著作研究了科索沃的器官盗窃问题。[2] Emeka Clement Ikezue(2011)的著作研究了尼日尼亚阿齐克韦大学的学生手机被盗的方式。[3] 美国的 Sean Gauge(2012)的著作研究了有组织零售盗窃的相关罪行。[4] 美国的 Dan Burges(2012)的著作详细阐述了货物盗窃对国家经济的威胁,研究了货物盗窃对从制造商到消费者的各个供应链利益相关者的影响,并为建立供应链安全和损失预防计划提供了方法。[5] Patrick Edobor Igbinovia(2014)的著作研究了尼日利亚的石油盗窃和管道破坏问题。[6] Pretorius William Lyon(2015)等人的著作研究了南非豪登省境内的铜电缆盗窃现象。[7] James R. Youngblood(2016)的著作研究了如何检测与预防商业盗窃及欺诈。[8] Alain Deneault(2018)的著作研究了加拿大的避税问题。[9] 德国的 Mburu

---

[1] Sommovigo V., Giorgi G., O'Shea D., Argentero P., "Well-Being and Functioning at Work Following Thefts and Robberies: A Comparative Study", *Frontiers in Psychology*, Vol. 9, Feb. 2018, p. 168.

[2] Lambert M. Surhone, Mariam T. Tennoe, *Organ Theft in Kosovo*, Mauritius: Betascript Publishing, 2011.

[3] Emeka Clement Ikezue, *Theft of Mobile Phones*, Saarbrücken: LAP Lambert Academic Publishing, 2011.

[4] Sean Gauge, *The Police Officer's Guide to Investigating Organized Retail Theft*, Arizona: Createspace Independent Pub., 2012.

[5] Dan Burges, *Cargo Theft, Loss Prevention, and Supply Chain Security*, Oxfork: Butterworth-Heinemann, 2012.

[6] Patrick Edobor Igbinovia, *Oil Thefts and Pipeline Vandalization in Nigeria*, Ibadan Nigeria: Safari Books Ltd., 2014.

[7] Pretorius William Lyon, Prinsloo Johan, *A Criminological Analysis of Copper Cable Theft in Gauteng*, Saarbrücken: LAP Lambert Academic Publishing, 2015.

[8] James R. Youngblood, *Business Theft and Fraud: Detection and Prevention*, Boca Raton: CRC Press, 2016.

[9] Alain Deneault, *Legalizing Theft: A Short Guide to Tax Havens*, Halifax & Winnipeg: Fernwood Publishing Co. Ltd., 2018.

和荷兰的 Helbich（2016）研究了英国伦敦的自行车盗窃问题。①

2. 国外矫正社会工作的研究

（1）国外矫正社会工作的著作成果

关于社区矫正社会工作的著作成果，例如，Shannon M. Barton-Bellessa（2012）认为，20 世纪 60 年代末 70 年代初，人们认识到传统监禁作用有限，于是寻求和发展社区矫正作为另一种选择。它被认为是一种更进步、更人道、更有效的制度，特别是对那些犯罪不太严重的人。监狱人口急剧增加，法院命令"修复"过度监狱设置和经济上寻求节省成本，都是社区矫正的促成因素。虽然社区矫正计划已经实施了约 40 年，但一直没有全面的参考资料来处理这个问题。对此，作者对社区矫正的各个方面进行了总结与综合。② 社区矫正项目正在成为监禁涉毒罪犯的有效替代方案，以减少累犯，改善公共卫生和公共安全。基于证据的实践，在社区系统和药物滥用治疗中，其都被视为成功的因素，Faye S. Taxman 和 Steven Belenko（2012）的著作将两者进行了结合探讨。③

关于监狱矫正社会工作的著作成果，例如，Stephen Ralph Duguid（2000）认为，个人通过监禁进行康复或改造是虚幻的。监禁的批评者和辩护者都犯了错误，他们把囚犯当作谈话的对象而不是主体；批评者认为囚犯是一个可怕制度的受害者，而辩护者则认为，只有通过胁迫或操纵才能说服这些不可救药的人。首先，Duguid 回顾了其哲学和文化背景，这些背景导致通过治疗和监禁来"治愈"罪犯想法的产生。其次，Duguid 讨论了现代矫正的两种主要方法，一种是基于社会学的方法，另一种是基于心理学的方法，后者被认为是 20 世纪矫正医学方法兴起的原因。而正是这种"医学"模式的崩溃为刑罚学的创新方法提供了可能性。Duguid 着重描述了加拿大、英格兰、苏格兰和美国的监狱矫正社会工作

---

① Mburu L. W., Helbich M., "Environmental Risk Factors Influencing Bicycle Theft: A Spatial Analysis in London", UK. *Plos One*, Vol. 11, No. 9, Sep. 2016, pp. 41–45.

② Shannon M., Barton-Bellessa, *Encyclopedia of Community Corrections*, Thousand Oaks: SAGE Publications, Inc., 2012.

③ Faye S. Taxman, Steven Belenko, *Implementing Evidence-based Practices in Community Corrections and Addiction Treatment*, Berlin: Springer, 2012.

是如何成功的，主要是因为这些囚犯兼学生的关系建立在互惠、相互尊重和个人发展的理念之上。来自加拿大项目的广泛后续研究的经验数据，被作为使用这些方法的潜在成功的证据。然而，在每一个案例中，这些项目及其他类似的项目，最终都被监狱当局缩减了。最后，Duguid 探讨了监狱系统和参与监狱内部项目的外界人士之间的紧张关系。它反对一种新的医学模式的重新出现，这种模式倾向于以更人道的方式对待个人的改变和改革。[1]

关于矫正社会工作的方式方法的著作成果，例如，Jerome Beker 和 Jerome Stumphauzer（1986）的著作放弃了针对惩罚或医学模式的犯罪倾向，提出了一种犯罪学观点，强调学习适应性、亲社会行为，并为青少年提供机会，让他们有机会选择自己的目标和方法来改变他们的行为。[2] David Polizzi & Michael Braswell（2009）的合著研究了改造性矫正问题，提供了一种目前在有关刑事司法系统中个人的理解，以及治疗方式的现有文献中所没有的另一种观点，即提出用人文主义的方法来矫正和对待罪犯。[3] Brayford（2011）等人的著作指出，目前对罪犯"一刀切"的矫正方法，不可避免地受范围和有效性的限制，应当消除视缓刑服务使用者为"罪犯"、将被社会排斥的人视为需要管理和治疗的"问题"的观点，考虑用更具创造性的替代方案，以减少再犯和社会排斥。[4] Kimberley a Garth-James（2015）博士的著作研究了"伊柳塞拉（Eleuthera）模式"，即通过电子教学和工作模式，改善矫正工作，以拯救社区。她认为，由于惩教制度的各个方面都在失灵，对罪犯的关押和囚禁也存在问题，将许多多元文化罪犯，包括照顾我们未来孩子的妇女拒之门外的政策，并不是最有效利用公共资金的方式。使用远程技术（电子教学）的教育模

---

[1] Stephen Ralph Duguid, *Can Prisons Work?*: *The Prisoner as Object and Subject in Modern Corrections*, Toronto: University of Toronto Press, 2000.

[2] Jerome Stumphauzer, *Helping Delinquents Change*: *A Treatment Manual of Social Learning Approaches*, New York·London: Haworth Press, 1986.

[3] David Polizzi, Michael Braswell, *Transforming Corrections*: *Humanistic Approaches to Corrections and Offender Treatment*, Durham: Carolina Academic Pr., 2009.

[4] Jo Brayford, Francis Cowe, John Deering, *What Else Works?*: *Creative Work with Offenders*, New York: Routledge, 2011.

式、带有批判性文化理论的课程，以及结合教授适销对路的工作技能、支付适当的工资、受害者赔偿和强制囚犯储蓄的实用替代项目，才是一种务实的选择，而不是仅仅把罪犯们关起来。她提倡使用有效的管理实践，将违法者作为社会资产而不是掠夺者归还给社区，恢复性司法和社区恢复涉及罪犯、受害者及社区。①

此外，国外矫正社会工作的著作成果还有，William J. Chambliss（2011）的著作研究了惩教制度，对包括假释、缓刑、监禁和死刑适用在内的各种法律和政策的实践，提出了支持和反对的论点，讨论了一些有争议的主题，还审查了监狱条件和囚犯的待遇，以及不断变化的残酷和不寻常惩罚的定义。② 在过去的30年里，对罪犯矫正中"什么有效"的问题，一直是罪犯再犯研究领域的主要问题。刑事司法系统试图降低罪犯重犯率的主要方法之一，是使用认知行为规划（CBP）作为监狱干预策略。该项目的目的是教会罪犯以适合社会的方式思考和行动，这样，他们出狱后就不太可能再犯罪。Jennifer A Schlosser（2015）的著作深入研究了一个认知行为项目，考察了其内部运作方式，以及它对囚犯叙述经历的影响，并考虑了当质量和诚信不合格的 CBP 被用于囚犯的后果。③

（2）国外矫正社会工作的论文成果

首先，美国在矫正社会工作方面的论文成果最多。关于矫正社会工作的价值观方面，例如，Beckerman Adela 和 Fontana Leonard（1987）调查了大学社工学生和在监狱中同一大学课程的囚犯的价值取向。结果显示，这两组人似乎都表现出责任感、承认个人价值、赞成自决和积极的自我评价，两组之间没有实质性差异。④ Severson Margaret（1994）提出

---

① Kimberley A. Garth-James, *Eleuthera: Improve Corrections' Performance and Save Our Communities with Elearning and Work Models*, Maryland: America Star Books, 2015.

② William J. Chambliss, *Corrections*, Thousand Oaks: SAGE Publications, Inc., 2011.

③ Jennifer A. Schlosser, *Inmates' Narratives and Discursive Discipline in Prison: Rewriting Personal Histories Through Cognitive Behavioral Programs*, New York: Routledge, 2015.

④ Beckerman Adela, Fontana Leonard, "Value Orientations of Prison and Non-prison Social Work Students", *Journal of Offender Counseling, Services & Rehabilitation*, Vol. 11, No. 2, Spr. -Sum. 1987, pp. 21–32.

社会工作的价值观应当适应矫正的环境。他认为，对被监禁人群的有效工作，需要在不寻常的环境中应用社会工作价值观。[①] 关于矫正社会工作者的角色方面，例如，Travisono Anthony（1996）研究了社工在惩教设施中的角色，包括：一是帮助囚犯接受包括犯罪、毒品、非法性行为或任何形式的暴力在内的生活方式，继续阻止他们在没有"法律的长臂"监督下生活；二是帮助个人采取一些预防措施，与没有创伤和暴力的人见面和互动；三是帮助犯人接受对自己的行为负责；四是走出办公室，加入惩教主任的行列，鼓励惩教人员每天建设性地运用职权；五是与处于危险中的儿童共度有质量的时光，减少来自易受伤害家庭的儿童的数量，这些儿童将来有可能走上犯罪的道路；六是寻找那些专注于为受害者提供服务的项目；七是花时间宣传刑事司法。此外，如果在21世纪监狱仍人满为患，那么社工必须坚持让犯人学习基本技能，接受适当的职业培训和教育。[②] 关于矫正社会工作的作用或地位方面，例如，Gumz Edward（2004）探讨了社会工作在矫正中的存在和这种存在的减少，以及恢复性司法的理念如何在矫正领域内激活社会工作。[③] Schorr Earlena（2015）论述了美国惩教协会的惩教认证计划在把社会工作和惩教结合起来方面所发挥的作用。[④] 关于矫正对象的问题或需求方面，例如，Andrews Danielle（2011）探讨了美国不同监狱提供的关于药物滥用治疗方案，分析了在囚犯待遇中应用的理论观点，并就如何扩大这些人已完成的工作量提出了建议。研究发现，在各种类型的药物滥用治疗中，使用的主要理论模型是生物—心理—社会的、系统的和基于资产的社区发展模型。此外，作

[①] Severson Margaret M., "Adapting Social Work Values to the Corrections Environment", *Social Work*, Vol. 39, No. 4, Jul. 1994, pp. 451 – 456.

[②] Travisono Anthony P., "Social Work and Corrections: Let's Step up to the Plate". *Corrections Today*, Vol. 58, No. 3, Jun. 1996, p. 16.

[③] Gumz Edward, "American Social Work, Corrections and Restorative Justice: An Appraisal", *International Journal of Offender Therapy & Comparative Criminology*, Vol. 48, No. 4, Aug. 2004, pp. 449 – 460.

[④] Schorr Earlena, "Bringing Social Work and Corrections Together Through Certification", *Corrections Today*, Vol. 77, No. 3, May/June 2015, pp. 106 – 107.

者还制定了策略和干预措施,并在此过程中考虑了对社会工作实践的影响。[①] Fedock Gina (2017) 指出,随着监狱中妇女人数的增加,了解被监禁妇女的心理健康状况是一项及时和必要的研究,以指导监狱内的政策和做法。这种理念影响监狱设计、服务协调和干预开发。监禁期间,妇女心理健康的检查一般有两种主要理论:剥夺理论和输入理论。剥夺理论认为,监狱环境的各个方面都会影响妇女的心理健康。输入理论侧重于犯罪层面的变量,如人口统计和逆境历史,与监禁妇女的心理健康有关。作者从这两个理论角度,认为这些理论的结合可能会促进对监狱中妇女心理健康的认识,并概述了理论发展和社会工作研究、实践和政策方向的具体意义。[②] Granse Barbara (2003) 认为,美国监狱人口正在以惊人的速度增长,许多罪犯在狱中死亡。通常很少人关注囚犯独特的医疗、心理和精神需求。随着监狱系统在提供医疗保健方面面临挑战,出现了临终关怀、舒适护理和同情慰藉等应对措施。作者探讨了在监狱系统范围内提供临终关怀所面临的挑战,并主张更频繁地使用慈悲慰藉。[③] Mallett 和 Kirven (2015) 研究了青少年在伴随着一些困难的情况下,社会工作如何预防青少年犯罪与严重行为。作者认为,大多数正式参与少年法庭并被拘留或监禁的青少年,以前或当前都面临被虐待、受伤害、学习障碍、精神健康、药物滥用等方面的困难。如何解决这些问题,是预防犯罪和打破青少年罪犯重犯的一个不可或缺的部分,而再犯往往预示着成年罪犯的犯罪和监禁。幸运的是,社会工作领域都有一些有效的项目。可惜,这些社会工作预防项目在青少年司法系统中使用尚少。[④] 关于矫正

[①] Andrews Danielle, Feit Marvin D., Everett Krystle, "Substance Abuse Treatment in United States Prisons: A Social Work Perspective", *Journal of Human Behavior in the Social Environment*, Vol. 21, No. 7, Oct. 2011, pp. 744 - 751.

[②] Fedock Gina L, "Women's Psychological Adjustment to Prison: A Review for Future Social Work Directions", *Social Work Research*, Vol. 41, No. 1, Mar. 2017, pp. 31 - 42.

[③] Granse Barbara L., "Why Should We even Care? Hospice Social Work Practice in a Prison Setting", *Smith College Studies in Social Work*, Vol. 73, No. 3, Jun. 2003, pp. 359 - 376.

[④] Mallett C. A., Kirven J., "Correction to: Comorbid Adolescent Difficulties: Social Work Prevention of Delinquency and Serious Youthful Offending", *Journal of Evidence-informed Social Work*, Vol. 12, No. 6, 2015, p. 637.

社会工作的方法方面，例如，Goodman Harriet（1997）认为，刑事司法机构越来越多地在惩教项目中使用认知重组小组，因为它们在减少暴力再犯方面是有效的。然而，小组工作者并没有站在这项重要工作的前列。作者探讨了城市感化部门与社会工作学院为罪犯建立认知重组小组的独特合作。它为小组工作者提供了一个重要的机会，使他们能够接触到城市社区中暴力犯罪的高危人群。[1] 关于矫正机构方面，例如，美国的 Sliva（2018）等人指出，监狱行业是美国发展最快的行业之一，主要受到监狱私有化的推动。联合国指导方针和美国联邦政策描画了监狱工作人员标准的轮廓，但有证据表明，保护措施被忽视或规避。目前的监狱劳工制度，使公司能够从不成比例地分配给有色人种和穷人的惩罚中获利。作者对美国的监狱劳工政策进行了批判性分析，并为社会工作者在伦理和囚犯劳动恢复性使用方面提供了一个视角。作者认为，有意义的监狱企业可以提供一种能力，即将资源返还给被犯罪和监禁消耗殆尽的社区，并使囚犯获得完全公民身份。[2]

其次，澳大利亚在矫正社会工作方面有一些成果，例如，Agllias Kylie（2004）指出，随着政府继续在执法和监狱建设上投入越来越多的资金，社会工作者将越来越多地面对与刑事司法和惩教系统有联系的服务对象。尽管越来越多的妇女进入刑事司法系统，但她们仍然是澳大利亚社会中最边缘的群体之一。作者回顾了有关这一群体的社会工作文献，认为社会工作在矫正妇女方面发挥着重要作用。基于生态系统框架的理念模型，作者研究了不同社会工作实务原则在不同干预层面的相互关系，以及社会工作者在提升矫正中的妇女在生活中所充当的角色。[3] Harding Richard（2014）指出，《什么有用？》一书已经证实，监狱改造项目可以

---

[1] Goodman Harriet, "Social Group Work in Community Corrections", *Social Work with Groups*, Vol. 20, No. 1, 1997, pp. 51–64.

[2] Sliva S. M., Shannon M. Sliva, Samimi C., Shannon M., Sliva, Ceema Samimi, "Social Work and Prison Labor: A Restorative Model", *Social Work*, Vol. 63, No. 2, Apr. 2018, pp. 153–160.

[3] Agllias Kylie, "Women in Corrections: A Call to Social Work", *Australian Social Work*, Vol. 57, No. 4, Dec. 2004, pp. 331–342.

降低某些罪犯在获释后的再犯率。其他人类服务领域的经验表明，在积极的监狱社会环境中开展的项目，应当比在消极的监狱环境中开展的项目更有效。然而，这两条研究线是平行的，没有直接相交。作者检视了相关研究证据，其结论是，围绕积极的监狱社会环境不会对再犯率产生任何影响的观点来制定刑法管理政策是错误的。有证据表明，在其他条件相同的情况下，良好的监狱社会氛围似乎有可能通过行之有效的康复计划来改善结果。建立这种相关性的研究方法是复杂的。作者最后解决了这些复杂性，并提出了一种可行方法。[1]

最后，其他国家在矫正社会工作方面也取得了一些成果，例如，爱尔兰的 Garrett Paul Michael（2016）论述了爱尔兰共和国的监狱危机，提出应用社会工作专业的价值基础及其对促进社会正义的承诺，可以促使社会工作者更好地了解刑事财产的增长情况，并更多地致力于为囚犯及其家属争取更好的条件，减少对监禁的依赖。[2] 智利的 Sanhueza Guillermo（2018）等人基于第一次智利全国评估的调查数据，从反压迫、社会工作的角度分析了智利的监狱情况，建议对监狱系统和社会工作在其中的作用进行一些改革。[3] 西班牙的 Caravaca Sánchez 和 Carrión Tudela（2018）研究了西班牙监狱社会工作者的职业倦怠综合征与工作满意度的关系，发现在社会人口统计学（年龄）和工作水平（职业时间）方面，职业倦怠的不同维度与工作满意度之间存在显著相关性，并具有预测价值。[4]

---

[1] Harding Richard, "Rehabilitation and Prison Social Climate: Do 'What Works' Rehabilitation Programs Work Better in Prisons that Have a Positive Social Climate?", *Australian & New Zealand Journal of Criminology* (Sage Publications Ltd.), Vol. 47, No. 2, Aug. 2014, pp. 163 – 175.

[2] Garrett Paul Michael, "Confronting Neoliberal Penality: Placing Prison Reform and Critical Criminology at the Core of Social Work's Social Justice Agenda", *Journal of Social Work*, Vol. 16, No. 1, Jan. 2016, pp. 83 – 103.

[3] Sanhueza Guillermo, Brander Francisca, Fuenzalida Fernando, "First Survey on Prison Life in Chile: A Social Work Call for Prison Reform", *International Social Work*, Vol. 61, No. 6, Nov. 2018, pp. 1139 – 1153.

[4] Caravaca Sánchez F., Carrión Tudela J., Pastor Seller E., "Burnout Syndrome and Work Satisfaction in Professionals of Social Work in Prisons of Spain", *Revista Espanola De Sanidad Penitenciaria*, Vol. 20, No. 2, May-Aug. 2018, pp. 40 – 46.

综观国外关于盗窃与矫正社会工作的相关研究成果,有不少值得借鉴之处,首先,不少国家关于盗窃的研究已非常细致,研究内容非常广泛,有些已超出了汉语语境中的"盗窃"的内涵,如逃税、欺诈、"时间盗窃"和"国家盗窃"等,当然,纳入广义上的"盗窃"范畴也未尝不可。其次,在研究方法方面,国外有些学者非常注重定量研究方法的采用,或者将定性与定量相结合。这有利于人们对盗窃问题或矫正社会工作问题的准确把握。不过,国外相关研究也存在不足,例如,社会工作介入盗窃问题尚缺乏系统性的研究成果,相关研究成果也主要集中在美国。

(二)国内相关研究

1. 国内相关研究著作

国内关于本课题研究的相关研究著作,一是关于盗窃的著作;二是关于矫正社会工作的著作。

关于盗窃的著作,国内最早的相关文献是由苏联库利诺夫著、刘玉瓒等翻译的《盗窃国家财产和盗窃公共财产的刑事责任》(法律出版社1955年版)。该著作论述了同盗窃国家财产和盗窃公共财产的犯罪行为做斗争的意义,出台相关法律的原因及意义,盗窃国家财产和盗窃公共财产的概念、方式、罪行、刑罚以及不检举者应负的责任等。尽管这本书出版年代已比较久远,但对中国的法制建设还是发挥过一些作用。除了这本著作外,国内关于盗窃的著作都是近三十年的产物,其研究内容主要包括以下方面。

(1)从历史的视角研究盗窃的著作

首先是王绍玺所著《窃贼史》(广西民族出版社2000年版),论述了窃贼的起源,并依次阐述了西周、战国、秦汉、魏晋南北朝、唐五代、宋元、明清时期窃贼的行窃伎俩、帮规帮习及治盗的法律问题。其次是郭佑、青禾所著《窃贼的历史》(中国文史出版社2005年版),论述了窃贼的文化内涵、窃贼行为的多元性、窃贼行为方式的发展与转化、窃贼的类型与特点、对窃贼的法律制裁、重大盗窃案述实等。再有是王子今所著《中国盗墓史:一种社会现象的文化考察》(中国广播电视出版社

2000年版),描述了中国历史上的盗墓活动和盗墓故事,揭示了盗墓者常用的技术手段和反盗墓措施、盗墓行为背后的心理动机以及盗墓在中国文化发现上的历史作用。

(2) 对盗窃罪进行综合性研究的著作

最早的属赵永林所著《我国刑法中盗窃罪的理论与实践》(群众出版社1989年版),以我国刑法为依据,就盗窃罪的基本问题、基本特征、认定与处罚及未遂、共犯、惯窃等几种形态,盗窃案件的几种特殊情况等,从理论和实践上进行了比较细致的论述与探讨。其次是赵秉志主编的《侵犯财产罪研究》(中国法制出版社1998年版),论述了我国盗窃罪的历史沿革和现状、盗窃罪的基本概念和特征、对盗窃罪争议最多的犯罪对象及数额问题等。再有就是董玉庭所著《盗窃罪研究》(中国检察出版社2002年版),论述了盗窃罪犯罪客体、盗窃罪之罪与非罪的界限、盗窃罪与相关犯罪的界限、盗窃罪的犯罪形态、盗窃罪的刑事处罚等内容。此外,吴大华所著的《盗窃犯罪的惩治与防范》(西苑出版社1999年版),除了探索盗窃罪的特点、原因之外,还论及了盗窃犯罪的现状、危害、惩治防范对策、盗窃犯罪的形态等。

(3) 关于盗窃犯罪的特点与原因的著作

吴大华所著《盗窃犯罪的惩治与防范》(西苑出版社1999年版)认为盗窃罪的特点包括:犯罪主体的特定性、侵害对象的特定性、作案地点的特定性、作案时间的规律性、作案手段的智能性、盗窃犯罪的专业性、盗窃国有财产案件增多、流窜作案、未成年盗窃犯罪稳中有降等。至于盗窃犯罪的原因,吴大华认为:一是经济拮据与畸形消费的需要是产生盗窃罪的重要原因;二是好逸恶劳、金钱至上思想及其生活方式的影响和腐蚀,是产生盗窃犯罪的直接原因;三是不良社会风气的影响;四是盗窃犯罪与其他违法犯罪行为集于一身,恶性循环,助长了盗窃犯罪的增多;五是单位和社会控制、防范机制不健全和管理的漏洞,为盗窃分子提供了作案的条件;六是公民自我防范意识差,为盗窃犯罪提供了作案的条件;七是被盗单位未履行特定法律义务,司法机关未追究失盗责任;八是执法不严,打击不力,社会放纵罪犯。

(4) 关于盗窃罪证据的著作

首先是李文燕主编的《盗窃犯罪证据调查与运用》（中国人民公安大学出版社 2002 年版），主要从证据的角度探讨了盗窃罪，包括：一般盗窃罪；为境外窃取、刺探、收买非法提供国家秘密、情报罪；为境外窃取、刺探、收买非法提供军事秘密罪；盗窃枪支、弹药、爆炸物罪；盗窃国家机关公文、证件、印章罪；盗窃武装部队公文、证件、印章罪；盗掘古文化遗址、古墓葬罪；盗掘古人类化石、古脊椎动物化石罪；盗伐林木罪等。其次是柯汉民等所著《盗窃罪证据运用及实证分析》（中国检察出版社 2006 年版），根据盗窃罪及其证据的特点，在对刑事证明标准理论进行研究的基础上，首次提出了盗窃罪证据标准，并提出了证明盗窃罪构成要件的证据要求，对刑事证明标准原理在盗窃案件中的运用进行了全面的分析。

(5) 关于盗窃罪的定罪与量刑的著作

主要是王礼仁编著的《盗窃罪的定罪与量刑》（人民法院出版社 2008 年版），他在论述盗窃罪的起源、发展、特点及危害的基础之上，着重探讨了盗窃罪的构成，犯罪对象的认定，盗窃预备、未遂、既遂和中止的认定，共同犯罪的认定，盗窃罪的一罪与数罪等内容。

(6) 关于盗窃犯心理的著作

主要有朱济民主编的《来自监狱的报告：中国盗窃犯心理研究》（百家出版社 1999 年版），从法律学、犯罪学与心理学相互渗溶的交汇处入手，通过对数百万个数据的科学处理，对罪犯的犯罪心理、刑罚心理、改造心理及其行为特征进行了深入论述。李秀云所著《大学生盗窃犯罪心理问题研究》（中国政法大学出版社 2013 年版），深入研究了大学生这一群体的盗窃犯罪心理问题，试图预防和矫正大学生犯罪，她基于法学、心理学、社会学、教育学等学科，从动机理论、学习理论等多种理论出发，深入分析和研究了大学生盗窃犯罪的原因、特点和规律，进而对大学生盗窃犯罪的心理问题进行了比较系统的研究。

(7) 关于盗窃罪的实务研究的著作

主要是段启俊主编的《刑事案例诉辩审评：盗窃罪》（中国检察出版社 2014 年版），他从诉、辩、审、评四个角度全方位解析了盗窃罪的操作实务。

（8）关于盗窃罪问题的著作

主要有丁友勤所著《盗窃罪疑难争议问题研究》（吉林大学出版社2008年版），探讨了盗窃罪的概念、对多次盗窃的解读、窃取的对象、盗窃罪的主观条件、盗窃罪与他罪的界限等。高巍所著《盗窃罪基本问题研究》（中国人民公安大学出版社2011年版），通过对盗窃罪的相关问题进行梳理和检讨，努力构建盗窃罪研究的理论共识、反思偏离刑法证成模式的情绪化偏见。

（9）关于铁路领域盗窃的著作

主要有吕萍等所著《盗窃铁路运输货物犯罪与追诉研究》（中国人民公安大学出版社2008年版），论述了盗窃铁路运输货物犯罪的现状、案件的特点与侦查、证据收集等。杨佩正等所著《刑法视角下的铁路保障》（中国检察出版社2008年版），针对铁路运输过程中的发案情况，分析了案件的特点，总结了案发规律，并论述司法对策及预防对策，为打击和预防盗窃铁路犯罪提供了一些有益启示。

此外，魏海所著《盗窃罪研究——以司法扩张为视角》（中国政法大学出版社2012年版），论述了盗窃罪司法扩张概论、盗窃罪对象的司法扩张、盗窃罪客体的司法扩张、盗窃罪目的的司法扩张等内容。

另一方面，关于矫正社会工作的著作，主要有以下方面。

（1）关于矫正社会工作的综合性著作

主要有张昱主编的《矫正社会工作》（高等教育出版社2008年版），论述了矫正社会工作的理论基础、价值观和伦理、工作模式、工作过程、工作方法等。范燕宁、席小华主编的《矫正社会工作研究》（中国人民公安大学出版社2009年版），论述了矫正社会工作的理论基础、社区矫正与社会工作理念方法、抗逆力与青少年犯罪预防等内容。陈校编著的《矫正社会工作》（复旦大学出版社2017年版），将社会工作在矫正工作中的运用进行了详细的梳理研究。

（2）关于社区矫正社会工作的综合性著作

主要是范燕宁等编著的《社区矫正社会工作》（中国人民公安大学出版社2015年版），总结了我国矫正社会工作理念方法介入社区矫正的路径、特点、实务模式及经验,揭示了在开展社区矫正实务工作时,矫正社会工作者在立法依据、组织机构、管理体制、运行机制、保障机制等方面遇到的各种困难和问题,并对我国矫正社会工作者为解决这些困难和问题所创造的各种实际实务工作模式作了一定的政策分析。

(3) 关于社区矫正社会工作实务的著作

主要有王丹丹等编著的《社区矫正社会工作服务指南》(中国社会出版社2017年版),论述了社区矫正社会工作的价值观和理论基础、个案社会工作方法的运用和指引、小组社会工作方法的运用和指引、社区社会工作方法的运用和指引等。李全彩、于海平所著《社区矫正社会工作实务研究》(华东理工大学出版社2018年版),该著作的理论部分论述了社区矫正的发展概况和江苏省社区矫正发展概况;实务部分包括了社区矫正实务调研状况分析、社区矫正社会工作实务实践介入路径、社区服刑人员家庭社会工作介入案例和矫正社会工作者能力提升等;最后基于徐州市的社区矫正社会工作实务情况,对专业社会工作在社区矫正的嵌入进行了探讨。方舒、胡洋所著《社会工作介入社区矫正的本土经验研究:基于京沪等地的实践》(经济科学出版社2018年版),探讨了社会工作介入社区矫正的相关问题、理论基础,分析了我国社会工作介入社区矫正的政策以及社会工作介入社区矫正的功能等。

此外,曹海青、苗泳所著《政府购买社区矫正社会工作服务法律问题研究》(中国政法大学出版社2017年版),在借鉴域外经验的基础上,重点分析论证了政府购买社区矫正社会工作服务的内容、缔约程序、监督管理、法律责任等问题。该书为规范政府购买社区矫正社会工作服务实践提供了指引。熊贵彬所著《后劳教时代社会工作融入下的社区矫正》(中国社会出版社2017年版),描述性分析了矫正对象、社区矫正工作人员、劳教制度废止对北京社区矫正工作的影响、社区工作服务机构介入北京社区矫正现状等。

2. 国内相关论文研究成果

国内关于本课题研究的相关研究论文,一是关于盗窃的论文;二是关于矫正社会工作的论文。

关于盗窃的论文,主要有以下方面。

(1) 关于盗窃特点的研究

例如，成锡奎、杨放通过对上海市盗窃案件的调查，认为盗窃的原因包括：一是有计划的商品经济发展，市场机制活跃，社会控制难度骤增，管理跟不上，使盗窃分子有机可乘；二是大量的盗窃活动围绕着个体户；三是盗窃的对象发生了变化，由贵重物品居多转向市场紧俏品。[①] 贵福、朝臣、双恒认为，盗窃犯罪出现的一些显著变化包括：一是犯罪主体趋向低龄化；二是犯罪动机多数为追求享乐；三是犯罪形式趋向共同作案；四是犯罪成员有前科劣迹的多。[②] 季发严认为，近年来盗窃犯罪的特点包括，第一，从犯罪主体看，青少年所占比重越来越大，其中一些地方的在校中小学生犯罪情况突出。第二，从犯罪方式看，一是团伙、集团犯罪所占比重大，且气焰嚣张，惯作大案，其中有些由过去单纯扒窃、盗窃向扒窃、盗窃、抢劫、杀人、伤害、流氓等综合型、暴力型犯罪发展，有的甚至还带有黑社会性质，破坏性、危害性增大。二是犯罪分子跨区域、城乡跳跃、流窜作案不断增多。第三，从作案手段看，其手段日趋技术化、智能化，反侦查能力增强，犯罪分子利用新技术、新手段盗窃的日益增多。第四，从犯罪动机看，已由过去满足一般生活需要向享乐型转变。[③] 柴俊勇认为，刑事案件中盗窃犯罪活动已成为当前危害社会治安最普遍最突出的问题，具有四大特征：一是盗窃案件占全部刑事案件的比重大；二是盗窃大案上升的幅度大；三是盗窃案件危害大；四是盗窃案件继续上升的可能性大。[④] 汪扬通过对鹤山市盗窃情况的分析发现当地盗窃的特点包括：一是以青少年为主体的盗窃犯罪令人触目惊心；二是作案手段日趋多元化、智能化；三是犯罪分子侵害的客体出现了"一个扩展""两个转化"，即将侵害的部位目标从居民住宅区、厂矿企业、大机关、商场等向日益繁荣的第三产业及金融部门扩展，案犯窃取的对象从生活资料转向工业用材、物资及通信设备、设施，从不分多少的贵重物品、

---

① 成锡奎、杨放：《当前盗窃案件的特点、原因、趋势和对策——对上海市盗窃案件的调查》，《法学》1986年第5期。
② 贵福、朝臣、双恒：《盗窃犯罪产生的原因》，《河北法学》1988年第2期。
③ 季发严：《盗窃犯罪发展趋势、特点、原因及对策研究》，《河北法学》1989年第3期。
④ 柴俊勇：《关于盗窃案件上升的原因和对策》，《社会》1990年第4期。

现金等物转向一次性攫取最大限度数量物品以及摩托车、汽车等物；四是盗窃犯罪伴生的其他犯罪与日俱增，并呈"恶性递进"之势。① 李华欣、余波论述了机动车盗窃犯罪的特点：一是发案数逐年上升，袭击目标扩大；二是侵害个体车辆突出；三是从犯罪分子的作案时间看，盗窃机动车案件多发生在深夜；四是从作案形式及特点看，多以团伙为主，预谋作案，大多数形成盗、运、改、销一条龙犯罪；五是流窜作案突出，作案手段高明。② 马金起、郭贞研究了办公场所盗窃犯罪的特点，具体包括：一是盗窃犯罪主体结构的变化；二是盗窃犯罪心理需要的变化；三是盗窃犯罪目标的变化；四是盗窃犯罪手段的变化；五是盗窃犯罪年龄的变化，年龄趋向年轻化；六是盗窃犯罪类型的变化。③ 罗军、王文显、刘彩萍通过分析广州市东山区（今已并入越秀区）破获的盗窃案件，论述了白天入室盗窃案件的特点，具体包括：一是侵害对象多为上班族，作案时机多选在上班时段；二是选择处所多在居民小区，其中三楼以上居民住户是被侵害的重点；三是从作案手段看，有事先踩点的，有敲门试探的，在敲门试探时如有人在家便推说找错人而逃走，如无人在家便用工具开锁、撬撞门或撬窗等手段入室作案；四是从盗窃物品看，多为易携带的小件物品，如现金、首饰等；五是作案工具多为开锁工具、凿类、螺丝批等；六是作案类型，有单独作案、结伙作案，但多为外地流窜作案；七是作案人多是30岁左右的青年，着装时髦，打扮得像公司职员或老板等。④ 胡旭认为机动车盗窃的特点主要包括：一是作案时间随意性，作案地点流窜性；二是作案手段多样化、专业化、智能化；三是销

---

① 汪扬：《试论市场经济条件下盗窃犯罪的特点、原因及对策》，《政法学刊》1997年第1期。
② 李华欣、余波：《盗窃机动车犯罪的特点、原因及对策》，《河南公安高等专科学校学报》2000年第6期。
③ 马金起、郭贞：《浅谈办公场所盗窃犯罪的特点、原因及治理对策》，《政法论丛》2001年第5期。
④ 罗军、王文显、刘彩萍：《浅谈白天入室盗窃案件的特点、原因及对策》，《广东公安科技》2002年第1期。

赃渠道顺畅，销赃程序化。① 芦克功研究了高校盗窃案件的特点，认为主要包括：一是人员的特定性；二是作案时间的规律性；三是作案方式的多样性；四是内外勾结。② 布鹏研究了自行车盗窃的主要特点：一是作案主体团伙化，且低龄化倾向严重；二是作案地点特定化；三是作案目标明确化；四是作案专业化；五是作案手段多样化。③ 操光亮以武汉某大学2005年全年案件为例，认为高校盗窃案的特点包括：一是盗窃案占案件总数的绝大多数。二是从作案的时间上看，50%以上盗窃案发生在晚上至次日凌晨，此外，是学生上课、自习、外出、睡觉之时，下午次之，上午较少。在整个学期发案的高峰是开学学生报到和期末复习考试的时候。三是从作案的地点上看，学生宿舍排第一，占29%，教室排第二，占10%，田径场、篮球场、广场等室外占9%，依次为食堂、澡堂、车棚，再余下的发生在家属区。四是从作案的方式上看，主要有下列方式：以撬门、踹门等破坏性手段入室的占31%；溜门入室的占30%；田径场、篮球场、广场、草坪等室外拎包、拎衣服的占21%。五是从作案盗走的物品上看，在室内盗窃时选择的物品主要为：电脑及内部元器件、手机、现金三种，顺带电子词典、u盘、mp3等；在室外盗窃时选择的主要物品为：自行车、提包、衣服、手机等。六是从盗窃案的类型上看，既有少数大学生品德败坏实施内部盗窃，也有外来人员进入高校盗窃，还有内外联合盗窃。杨沂锟、毛欣娟认为，当前盗窃案件的特点包括：多有踩点窥测等准备活动；犯罪现场多有痕迹物证；作案主体具有一定的特定性；流窜作案突出等。④ 此外，乔顺利以我国广东省某区、山东省某区、辽宁省某县和内蒙古自治区某旗四个地区的盗窃案件为样本，分析了盗

---

① 胡旭：《盗窃机动车辆犯罪的特点、原因及对策》，《重庆职业技术学院学报》2004年第3期。

② 芦克功：《高校盗窃案件的特点、发生原因及对策分析》，《教育与职业》2006年第10期。

③ 布鹏：《盗窃自行车违法犯罪活动的特点、原因及对策》，《河北公安警察职业学院学报》2008年第1期。

④ 杨沂锟、毛欣娟：《当前盗窃案件特点与侦办中存在的问题》，《哈尔滨师范大学社会科学学报》2019年第4期。

窃案件的发案规律，包括时间规律、地点规律等。①

（2）关于盗窃原因的研究

例如，成锡奎、杨放认为盗窃的原因包括：一是剥削阶级思想是产生盗窃违法犯罪的主要原因；二是盗窃、销赃、收赃活动相结合，互相推动；三是某些国营企事业思想麻痹，管理不严；四是街道里弄热衷于第三产业，削弱和影响地区治保力量；五是立法不健全、执法不严格。②贵福、朝臣、双恒认为，盗窃犯罪产生的原因主要有：一是剥削阶级的思想意识和影响是产生盗窃的根本原因；二是管理制度不适应形势的需要是造成盗窃的客观条件；三是思想教育工作薄弱是形成盗窃的重要因素。③季发严认为，近年来盗窃犯罪的原因包括：一是由于经济、思想、文化等多种因素所致，"金钱万能""一切向钱看"的拜金风气日渐浓厚，生活水平的差距和高消费现象对人们的刺激也加大，加之贪污、受贿、赌博、以权谋私等腐败现象的影响，都对那些好逸恶劳、法制观念淡薄之徒，起到了强化靠盗窃致富享乐的犯罪意识的作用，刺激了盗窃犯罪活动的增长。二是改革开放深化，人们的物质利益关系不断被调整，积极因素与消极因素交织，人们的思想十分活跃但也较混乱，而思想政治工作却显得十分软弱无力。三是一些企事业单位与个人思想麻痹，安全防范制度不落实，客观上为盗窃犯罪提供了漏洞。四是社会治安管理机制的改造与改革、开放、搞活形势发展的要求不相适应。五是打击不力，助长了盗窃分子的嚣张气焰。④汪扬认为当前盗窃犯罪的原因包括客观外在原因和内在原因。前者包括：一是市场经济带来的负效应；二是社会行政管理机制的相对失控。后者包括：一是市场经济条件下个体需要的冲突和异化是产生盗窃犯罪的根本原因；二是犯罪分子行为自控力的无

---

① 乔顺利：《我国盗窃案件规律特点的新发展与对策研究——以四地盗窃案件统计数据为样本的比较分析》，《政法学刊》2020 年第 1 期。

② 成锡奎、杨放：《当前盗窃案件的特点、原因、趋势和对策——对上海市盗窃案件的调查》，《法学》1986 年第 5 期。

③ 贵福、朝臣、双恒：《盗窃犯罪产生的原因》，《河北法学》1988 年第 2 期。

④ 季发严：《盗窃犯罪发展趋势、特点、原因及对策研究》，《河北法学》1989 年第 3 期。

限丧失。① 李华欣、余波分析了机动车盗窃犯罪的原因：一是盗窃机动车利润大、风险小；二是安全防范措施不力、防范意识不强，给犯罪分子以可乘之机；三是销赃渠道畅通，为犯罪分子提供了便利条件；四是交通管理部门的管理漏洞，为赃车的存在提供了容身之地；五是农村地区已成为一个潜在的赃车买方市场。② 马金起、郭贞分析了办公场所盗窃犯罪案件的原因，主要包括：一是宣传教育不够；二是防范意识缺乏；三是防范时间有死角；四是防范措施不严密；五是防范技术不先进。③ 罗军、王文显、刘彩萍分析了广州东山区"白天入室盗窃"案件增多的主要原因：一是城市居民法制意识较弱；二是社会消极因素影响；三是防范设施跟不上，群众防范意识差；四是对刑释、解教人员缺乏相应管理，对盗窃犯罪的打击不狠，在一定程度滋长了该种犯罪的发生；五是销赃渠道畅通无阻；六是广州对外来人口的管理不力，缺乏有效的管理措施，使公安机关对犯罪打击不力，给流窜盗窃案犯创造了可乘之机。④ 胡旭研究了机动车被盗的主要原因，包括：一是机动车辆管理薄弱，控赃乏力；二是多种因素制约案侦工作，影响对盗窃机动车辆犯罪的打击力度；三是车主安全防范意识差，公共场所停车管理混乱；四是盗窃机动车辆利润高、风险低。⑤ 胡俊文分析了青少年盗窃犯罪原因的心理，认为主要包括：一是主体因素与客观现实的矛盾；二是成熟方面存在着严重缺陷；三是适应中的障碍与冲突；四是社会化过程中的严重缺陷。⑥ 芦克功认为，高校盗窃发生的原因主要包括：一是安全防范意识差；二是法制观

---

① 汪扬：《试论市场经济条件下盗窃犯罪的特点、原因及对策》，《政法学刊》1997 年第 1 期。
② 李华欣、余波：《盗窃机动车犯罪的特点、原因及对策》，《河南公安高等专科学校学报》2000 年第 6 期。
③ 马金起、郭贞：《浅谈办公场所盗窃犯罪的特点、原因及治理对策》，《政法论丛》2001 年第 5 期。
④ 罗军、王文显、刘彩萍：《浅谈白天入室盗窃案件的特点原因及对策》，《广东公安科技》2002 年第 1 期。
⑤ 胡旭：《盗窃机动车辆犯罪的特点、原因及对策》，《重庆职业技术学院学报》2004 年第 3 期。
⑥ 胡俊文：《青少年盗窃犯罪原因的心理分析及预防》，《湖南科技学院学报》2005 年第 2 期。

念淡薄,缺乏自制力;三是高校体制改革中出现的新情况;四是高校内部的治安防范存在薄弱环节;五是破案率低,打击不力。① 布鹏探讨了盗窃自行车违法犯罪活动猖獗的主要原因,包括:主观方面,车主防范意识淡薄,群众在车主与失主角色间的互换。客观方面,自行车保有量大;自行车盗窃易得手,偷窃成本低,技术含量低;地下黑车市场的存在为偷窃者打开了销售渠道;自行车管理无序,防护设施少,防范功能差。② 操光亮认为高校发生盗窃案的原因主要包括:一是社会治安形势严峻,高校也不能独善其身;二是大学生自我防范较差;三是学生宿舍、教学楼等管理部门安全值班时不到位;四是安全技术防范投入不足。③ 赵志刚认为农民工盗窃的一般原因主要包括:一是社会化缺陷与人格偏差;二是务工求职处境艰难,生存压力大;三是作案机会多,作案成本低。④

(3) 关于盗窃的相关理论解释的研究

主要有:窦宝国运用相对剥夺理论分析了农村盗窃问题,他认为,因为失地问题、基层干部腐败、贫富差距拉大等使农民产生相对剥夺感,导致一些农民盗窃。⑤ 闫金山用社会学的社会网理论解释了农村盗窃现象兴起的原因。他认为,改革开放引发的农村社会变迁引起原有社会网解体,这是导致农村盗窃现象兴起的重要原因。⑥ 高国其论述了公开盗窃理论。他认为,公开盗窃学说在理论前提的认识上和构建方法上都存在问

---

① 芦克功:《高校盗窃案件的特点、发生原因及对策分析》,《教育与职业》2006年第10期。
② 布鹏:《盗窃自行车违法犯罪活动的特点、原因及对策》,《河北公安警察职业学院学报》2008年第1期。
③ 操光亮:《高校盗窃案的发生原因及防范措施》,《中国电力教育》2008年第15期。
④ 赵志刚:《农民盗窃行为原因分析及矫正对策》,硕士学位论文,中国政法大学,2010年。
⑤ 窦宝国:《"相对剥夺"理论视角下的农村盗窃问题研究》,《学理论》2009年第4期。
⑥ 闫金山:《农村盗窃现象何以兴起——一个社会学的社会网理论解释》,《合肥学院学报》(社会科学版)2009年第4期。

题。在盗窃罪学说上应当进行理论辨证,维护盗窃罪秘密窃取的罪质内涵。① 方颖基于理性选择理论,探讨了孕妇与哺乳期妇女盗窃犯罪问题。她认为,孕妇与哺乳期妇女盗窃问题中,主要是基于收益高、风险低与成本低三方面理性因素。② 肖露子等人从理性选择理论中的潜在收益和风险两大维度,探讨了人口特征及住房特征等社区环境对入室盗窃的影响。③

(4) 关于盗窃对策的研究

例如,成锡奎、杨放提出的盗窃对策包括:一是建立一个以上海市政法委员会为领导的综合治理调研中心;二是提高道德水准,消除侥幸心理;三是对个体户既要保护,又要严格管理;四是抓住环节,系统管理,综合治理。④ 季发严提出盗窃的对策包括:一是必须坚持"两个文明建设一起抓";二是动员、组织全社会力量,加强对青少年的思想、道德、文化、法制和劳动观念的教育;三是立章建制、狠抓落实,堵塞企事业和社会层面安全防范上的漏洞;四是进一步加强基层基础工作建设,严密对流动、暂寄住人口、旅店、收旧业等特业的控制,把住农民进城盗窃和流窜犯罪"吃住行销"四道关口;五是加强公安政法队伍的现代化建设,提高战斗力;六是坚定不移地贯彻执行严打方针。⑤ 柴俊勇提出盗窃犯罪的对策有,一是继续严厉打击严重盗窃犯罪活动;二是动员和依靠各方力量,实行社会整体防范;三是完善人口管理,加强思想教育,从根本上减少盗窃犯罪的发生;四是下大力气加强基层建设,筑起预防盗窃犯罪的第一道防线。⑥ 汪扬提出当前盗窃犯罪的对策包括:一是及时

---

① 高国其:《公开盗窃理论构建的认识论与方法论质评》,《重庆大学学报》(社会科学版) 2014 年第 3 期。

② 方颖:《孕妇与哺乳期妇女盗窃犯罪问题探析——基于理性选择理论的视角》,《北京城市学院学报》2015 年第 4 期。

③ 肖露子:《基于理性选择理论的社区环境对入室盗窃的影响研究》,《地理研究》2017 年第 12 期。

④ 成锡奎、杨放:《当前盗窃案件的特点、原因、趋势和对策——对上海市盗窃案件的调查》,《法学》1986 年第 5 期。

⑤ 季发严:《盗窃犯罪发展趋势、特点、原因及对策研究》,《河北法学》1989 年第 3 期。

⑥ 柴俊勇:《关于盗窃案件上升的原因和对策》,《社会》1990 年第 4 期。

建立社会主义市场经济的新秩序；二是切实强化守法教育、道德教育，提高个体自身的管理、控制能力；三是严打、严防、严管、严治多管齐下，同步进行；四是增强公安机关整体作战的能力，形成对盗窃犯罪的震慑力量。① 李华欣、余波提出的机动车盗窃犯罪的对策有：一是主动预防，提高自我防范意识和能力；二是积极侦查，提高办案水平；三是采取措施，加强阵地控制，堵塞销赃渠道；四是针对目前盗窃机动车犯罪的规律特点，制定有效措施，适时组织专项打击活动；五是运用高科技手段，提高侦破盗窃机动车案件的科技含量，为侦查工作注入活力；六是严把车辆入户关，堵住犯罪分子的销赃渠道；七是迅速建成机动车管理系统，达到信息共享。② 马金起、郭贞探讨了办公场所盗窃犯罪的防范措施，具体包括：一是加强宣传教育，提高广大干部职工的治安防范意识；二是充分发挥基层群防群治组织作用，形成治安防范的铜墙铁壁；三是加大人防、物防、技防力度，完善防范网络；四是建立健全严密高效的运行机制；五是加大反腐倡廉的力度，杜绝贪污受贿现象。③ 罗军、王文显、刘彩萍针对城市"白天入室盗窃"提出的对策包括：一是加强法制教育，增强法制观念；二是加强公安基础工作，搞好专案侦查；三是落实刑释解教人员社会帮教措施；四是对单位和民居的门，安装质量好、比较牢固的锁，使案犯不能轻易打开，同时群众也应增强意识，争取安装防盗报警系统；五是加强刑事技术建设，走"科技强警"之路；六是加强对外来暂住人口和"三无"人员的管理，实行群防群治，加大防范力度。④ 胡旭提出机动车盗窃的对策主要包括：一是建立一支反盗车犯罪的专业队伍，加大对盗窃机动车辆犯罪的打击力度；二是加强对销赃渠道的控制和完善对机动车辆的管理制度；三是加强对车辆违章停放

---

① 汪扬：《试论市场经济条件下盗窃犯罪的特点、原因及对策》，《政法学刊》1997年第1期。

② 李华欣、余波：《盗窃机动车犯罪的特点、原因及对策》，《河南公安高等专科学校学报》2000年第6期。

③ 马金起、郭贞：《浅谈办公场所盗窃犯罪的特点、原因及治理对策》，《政法论丛》2001年第5期。

④ 罗军、王文显、刘彩萍：《浅谈白天入室盗窃案件的特点、原因及对策》，《广东公安科技》2002年第1期。

的管理和对驾驶人员的安全防范的宣传教育工作。① 胡俊文从心理预防的角度，对青少年盗窃犯罪提出了对策：一是加大正面教育和积极性刺激的强度；二是利用青少年意识心理的可塑性，帮助其树立正确的人生观；三是利用青少年需要心理的可调性，帮助其树立正确的需要观；四是利用青少年情感心理的可导性，加强心理教育、心理咨询和心理治疗。② 芦克功认为，针对高校盗窃应采取的对策主要包括：一是加强学生思想道德和法制教育，提高学生的自控能力；二是加强防范意识教育，并采取有效措施，确保校园财产安全；三是强化治安防范和管理；四是发挥群防群治的作用；五是加大破案力度，打击校园犯罪行为。③ 布鹏提出的针对自行车盗窃的对策包括：一是加强法制宣传教育，增强广大群众的法制观念；二是大力加强宏观调控，将自行车管理规范化；三是加大公安机关打击偷窃自行车违法犯罪活动的力度。④ 操光亮提出的高校防盗的措施主要有：一是宿舍、教学楼管理部门要严把楼栋进出口，加强安全值班；二是学生工作部门和院系辅导老师要加强对大学生的安全教育；三是学校要增加人力、财力和技防的投入。此外，大学生加强自我防盗意识，要掌握一些必要的实用的防盗知识技巧。⑤ 乔顺利提出的盗窃案件的侦查对策包括：变革现场勘查机制，提升现场勘查水平；强化分析研判工作，提升串并案侦查水平；拓展侦查阵地范围，提升阵地控制水平；完善侦查机制，提升侦查信息化水平；切实研判地域规律，提升措施运用水平。⑥

（5）关于盗窃相关法律的研究

从法律的角度研究盗窃是国内关于盗窃问题研究的热点，也是成果

---

① 胡旭：《盗窃机动车辆犯罪的特点、原因及对策》，《重庆职业技术学院学报》2004年第3期。
② 胡俊文：《青少年盗窃犯罪原因的心理分析及预防》，《湖南科技学院学报》2005年第2期。
③ 芦克功：《高校盗窃案件的特点、发生原因及对策分析》，《教育与职业》2006年第10期。
④ 布鹏：《盗窃自行车违法犯罪活动的特点、原因及对策》，《河北公安警察职业学院学报》2008年第1期。
⑤ 操光亮：《高校盗窃案的发生原因及防范措施》，《中国电力教育》2008年第15期。
⑥ 乔顺利：《我国盗窃案件规律特点的新发展与对策研究——以四地盗窃案件统计数据为样本的比较分析》，《政法学刊》2020年第1期。

最多的一个领域。影响较大的有雷鹰研究了如何认定贪污罪与盗窃罪。他认为，两者都是故意犯罪，都具有将财产转为非法所有的目的，又都实施了侵犯财产所有权的犯罪行为，但贪污罪的主体是特殊的，而盗窃罪不要求特殊主体；贪污罪必须是利用职务之便，而盗窃罪不存在这一问题，它采用窃取手段；贪污罪侵犯公共财产所有权，而盗窃罪侵犯公私财产所有权。[1] 胡新研究了盗窃罪的构成问题，包括盗窃罪的客体和对象、盗窃罪的客观方面、盗窃数额较大的公私财物、盗窃的故意和目的等。[2] 陆惠芹从历史的角度对盗窃罪进行了考证。[3] 刘柱彬则研究了中国古代盗窃罪概念的演进及形态。[4] 李克非研究了盗窃罪在中国历代法律中的有关立法，并与一些国家法律的有关立法进行了比较。[5] 刘明祥论述了盗窃罪犯罪构成中的主、客观相统一问题。他认为，盗窃罪的主观要件与客观要件相统一是盗窃罪构成的基本要求。[6] 吴大华研究了盗窃犯罪的主观特征，认为盗窃罪的主观故意包括认识因素和意志因素两方面内容。[7] 董玉庭对盗窃罪与侵占罪的界限进行了论述，他认为区分一行为构成盗窃罪还是侵占罪，关键是判断行为人在非法占有财物时，该财物受谁占有控制。受行为人合法占有控制的，构成侵占罪；受他人占有控制的，构成盗窃罪。[8] 卢建平、刘传稿从法治语境下探讨了盗窃罪治理模式。作者认为，为了解决二元制治理模式产生的弊端，基于法治语境和相对优势理论，可以考虑将我国《治安管理处罚法》中的盗窃行为全部纳入刑法，以盗窃罪予以处置，尝试建立一元制的盗窃罪治理模式。[9] 黎宏研究了盗窃罪数额犯未遂问题，他认为，我国《刑法》第264条所规

---

[1] 雷鹰：《如何认定贪污罪和盗窃罪》，《法学研究》1981年第4期。
[2] 胡新：《盗窃罪构成的几个问题》，《法学评论》1983年第Z1期。
[3] 陆惠芹：《盗窃罪小考》，《河北法学》1984年第3期。
[4] 刘柱彬：《中国古代盗窃罪的概念及形态》，《法学评论》1993年第6期。
[5] 李克非：《盗窃罪的立法沿革与比较研究》，《政法论丛》1997年第3期。
[6] 刘明祥：《试论盗窃罪犯罪构成中的主客观相统一问题》，《法学评论》1985年第3期。
[7] 吴大华：《盗窃罪犯罪主观特征研究》，《江苏公安专科学校学报》1999年第6期。
[8] 董玉庭：《盗窃罪与侵占罪界限研究》，《人民检察》2001年第2期。
[9] 卢建平、刘传稿：《法治语境下盗窃罪治理模式探究——基于犯罪统计的分析》，《现代法学》2017年第3期。

定的三种盗窃罪数额犯,均有成立未遂犯的可能。有关盗窃罪未遂犯相关司法解释是注意规定而非拟制规定,并不排除对数额较大类型的盗窃罪未遂犯的处罚;针对数额(特别)巨大财物进行盗窃,结果却只是盗窃到数额较大的财物的场合,属于想象竞合,应当择一重罪论处。[①] 贾艳萍研究了新型支付方式下侵财犯罪中盗窃罪与诈骗罪的界域。她认为,新型支付与传统支付相比,这种支付方式的即时性、交易平台的智能性使得这类侵财案件中诈骗与盗窃的适用定性出现较大分歧。两罪可以从行为人与被害者是否有直接的交流沟通,处分财产的意思要否方面进行区分。[②]

徐久生、管亚盟研究了网络空间中盗窃虚拟财产行为的刑法规制,他们认为,物品类虚拟财产不是刑法认可的财产性利益,但针对其进行的盗窃行为损害了用户对网络服务的信赖利益,该利益受到了西方法治发达国家的认可,也符合网络空间运行的诉求,待时机成熟,可以制定专门刑事法律对此进行规制。[③] 王琦研究了逃费行为,认为它应当构成盗窃罪。[④]

此外,还有形形色色的针对各种对象的盗窃问题研究,主要包括:①身份盗窃问题,例如,谈咏梅探讨了身份盗窃的预防体系问题,她认为,身份盗窃是由于社会体系不完善引起的,应该构建新的社会体系,通过个人对政府、企业信息体系的参与和企业的责任保障个人信息的安全。[⑤] 傅芸研究了我国身份盗窃的刑法规制问题。她认为,我国现行刑法并没有为规制身份盗窃设置专门罪名,并且相关规范在行为的内容、主体、对象以及主观方面等要素的规定上存在严重的不足,无法满足规制

[①] 黎宏:《论盗窃罪数额犯的未遂》,《环球法律评论》2018年第1期。

[②] 贾艳萍:《新型支付方式下侵财犯罪中盗窃罪与诈骗罪的界域之分——基于司法裁判实务的分析》,《青海师范大学学报》(哲学社会科学版)2018年第6期。

[③] 徐久生、管亚盟:《网络空间中盗窃虚拟财产行为的刑法规制》,《安徽师范大学学报》(人文社会科学版)2020年第2期。

[④] 王琦:《逃费行为应当构成盗窃罪》,《法学评论》2020年第3期。

[⑤] 谈咏梅:《预防身份盗窃的体系性思考》,《广西社会科学》2010年第7期。

的需要。他还分析了我国完善身份盗窃刑法规制的途径与措施。[①] ②机动车盗窃问题，例如，高伟伦探索了机动车盗窃犯罪的特点、成因和对策。[②] 邵华研究了盗窃、抢劫机动车问题。他认为，这一问题严重的主要原因在于，这类案件侵害客体的成功率高于侵财的同类案件；其可选作案目标的现场比较多；销赃的渠道几乎畅通无阻；作案现场难以获取有价值的证据，给侦破案件造成了困难；法律有些处罚条款使犯罪分子有机可乘。为应对这一问题，一是要进一步加大打击力度；二是强化管理，寓管理于打击之中；三是建立阵地防控网络，提高防范能力；四是加大法制宣传的力度。[③] ③自行车盗窃问题，例如，刘喜庆等探讨了盗窃自行车活动的特点、成因及对策。[④] 王婧研究了盗窃自行车犯罪特点及预防对策。[⑤] ④文物盗窃问题，例如，蒋开富研究了当前盗窃文物犯罪的特点、原因及对策。[⑥] 李洪欣论述了盗窃文物的犯罪行为，认为针对文物盗窃犯罪行为的特殊性及刑法的基本理论，文物盗窃犯罪行为应独立设置为盗窃文物罪。[⑦] ⑤电力设施盗窃，例如，韩旭光研究了盗窃、破坏农用电力、通信设备案件的特点、原因及对策。[⑧] 张民、李建明分析研究了盗窃破坏电力设施的原因及对策。[⑨]

另外，国内关于矫正社会工作的相关论文较少，主要有以下方面。

（1）关于盗窃犯心理矫正的研究

主要有：刘金才研究了盗窃罪错的心理矫正对策，认为可采用不良

[①] 傅芸：《我国身份盗窃的刑法规制研究——兼与美国身份盗窃刑法规制的比较》，《行政与法》2013年第3期。

[②] 高伟伦：《浅析盗窃机动车犯罪的特点、成因及对策》，《法治论丛》1992年第3期。

[③] 邵华：《盗窃、抢劫机动车犯罪透视与对策》，《公安大学学报》1999年第5期。

[④] 刘喜庆、张明堂、张秋生：《城市盗窃自行车活动的特点、成因及对策》，《河南公安学刊》1995年第3期。

[⑤] 王婧：《盗窃自行车犯罪特点及预防对策》，《西安社会科学》2011年第2期。

[⑥] 蒋开富：《当前盗窃文物犯罪的特点、原因及对策》，《河南公安学刊》1993年第3期。

[⑦] 李洪欣：《试论盗窃文物的犯罪行为》，《云南大学学报》（法学版）2007年第6期。

[⑧] 韩旭光：《盗窃、破坏农用电力、通讯设备案件浅析》，《公安大学学报》1990年第6期。

[⑨] 张民：《盗窃破坏电力设施的原因及对策》，《河南机电高等专科学校学报》2008年第5期；李建明：《简析盗窃和破坏电力设施的成因与对策》，《宁夏电力》2010年第2期。

心理披露法、需求辨析法、设身处地法、自责迁移法等方法来进行矫正。① 赵树理、周宗儒研究了对盗窃案由犯罪少年的心理矫治。具体包括：第一，提高认知能力，是矫正盗窃案由犯罪少年人格的可靠基础。第二，发挥对少年犯个别咨询、个别矫正的效能。第三，集体影响和创设良好的监区文化环境，也是矫治盗窃案由犯罪少年人格应注意的一个重要方面。② 赵银河研究了针对盗窃犯的心理认知矫正疗法。认为矫正治疗的第一步是认识自身的思维，第二步是控制管理自身的情绪，第三步是自我激励。积极思维导致积极的记忆联想，消极的思维则会导致消极认知及情感的不稳定。③ 李倩、王本法研究了盗窃罪犯心理矫治的几种主要方法：一是精神分析法；二是行为疗法；三是认知疗法。④ 刘新莉认为，对于盗窃类人员，应该从以下几个方面对他们进行心理矫治：一是帮助他们树立法制观念，摒弃侥幸心理，克服盲目攀比心理；二是帮助他们树立正确的人生观和价值观；三是开展有针对性的帮困解难工作。⑤

（2）关于大学生盗窃犯矫正的研究

例如，谢金彪论述了大学生盗窃行为的矫正，具体有：一是加强世界观、人生观、价值观教育；二是做到心理相容；三是把行政处理与思想政治教育工作有机结合起来；四是"对症下药"，因人施教；五是与家长配合，充分发挥家庭的教育作用；六是创造良好的教育环境，帮助其克服心理障碍。⑥ 赵志刚研究了农民工盗窃的矫正对策，他认为首先要设定矫正目标；其次是确立矫正措施。矫正措施包括：一是增加守法心理；二是树立正确的道德伦理观念；三是开展心理矫治；四是提高文化及职

---

① 刘金才：《盗窃罪错的心理及心理矫治对策》，《当代青年研究》1989 年第 3 期。
② 赵树理、周宗儒：《少年盗窃犯人格特点及监管期间矫正对策》，《天津市政法管理干部学院学报》2000 年第 4 期。
③ 赵银河：《盗窃犯人格特点与心理认知矫正的思考》，《知识经济》2012 年第 2 期。
④ 李倩、王本法：《盗窃犯罪的心理成因及矫治》，International Conference on Psychology, Management and Social Science（PMSS 2013），深圳，2013 年 1 月 23 日，第 55—57 页。
⑤ 刘新莉：《如何对盗窃类刑释解教人员进行心理矫治》，《人民调解》2011 年第 4 期。
⑥ 谢金彪：《大学生盗窃行为的心理分析及矫正》，《思想政治教育研究》2004 年第 4 期。

业技能；五是加强社会帮教。①

此外，赵振虎、高德贵研究了常习性盗窃类劳教人员矫治防控对策，具体包括：第一，坚持以人为本，建立以劳教人员矫治需求为导向的社会化的教育矫治新平台；第二，适应社会经济形势发展，加强对刑释解教人员社会管理教育，扩大管理范围，创新安置帮教工作形式，解决刑释解教人员的就业安置工作，促进和谐社会建设。②

总之，目前国内也尚无"盗窃"与"社会工作"的专门研究成果。前述国内学者关于盗窃或矫正社会工作的相关研究成果，为本课题研究打下了良好的基础，但也存在以下问题：一是现有研究成果中，从法律角度研究的较多，但从社会学、社会工作角度进行研究的非常薄弱，亟须进一步深入探索；二是从某一层面分析盗窃问题的不少，而对盗窃问题从宏观、中观、微观进行全方位剖析的很少；三是对盗窃问题的理论分析研究仍显不够深入，亟须进一步深刻总结；四是研究方法上，采用定性研究的占多数，而用定量研究的较少。本课题试图在这些方面有所突破。

四 研究思路

首先，要研究新型城镇化背景，分析新型城镇化不同于以往城镇化的本质特征。其次，进行文献研究，包括前期对国内外相关研究文献的梳理，探讨盗窃现象发生的相关理论、原因、现状等。第三，深入进行实地调查研究，并对一些文献资料进行统计分析，探讨、把握当前城镇盗窃问题的现状，以及深刻剖析城镇盗窃现象发生的原因。第四，系统研究社会工作介入城镇盗窃问题的理论基础。最后，详细从宏观、中观、微观三个层面，全面、深入探索社会工作介入城镇盗窃问题的方式、方法、技术等。本课题的研究思路可大致用图1—1表示：

---

① 赵志刚：《农民工盗窃行为原因分析及矫正对策》，硕士学位论文，中国政法大学，2010年。

② 赵振虎、高德贵：《常习性盗窃类劳教人员矫治防控对策研究》，《中国司法》2010年第9期。

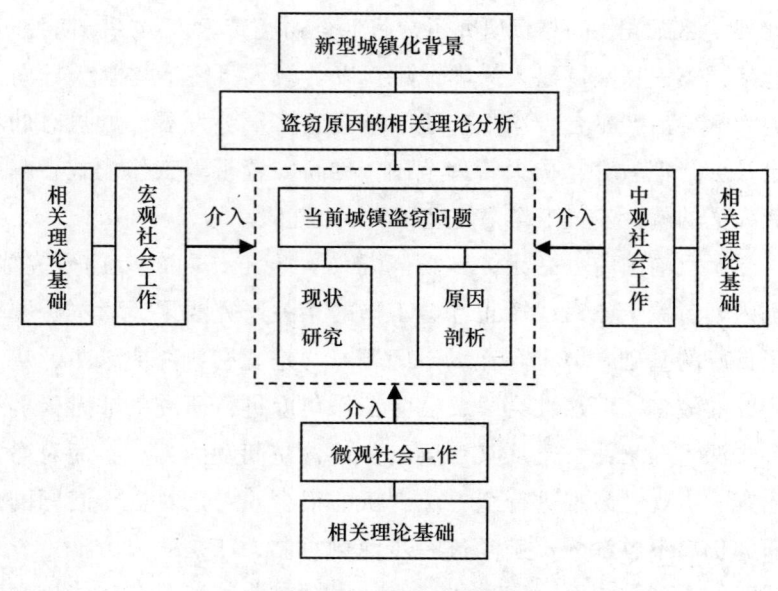

图1—1 课题研究思路

五 主要研究内容

第一章，绪论，主要包括本课题选题的缘起、研究意义、国内外文献综述、研究思路、主要研究内容、研究重点与难点、主要研究方法以及创新之处等。

第二章，研究新型城镇化的特征。在对城镇化进行一般性论述的基础上，准确界定新型城镇化的含义，然后详细探讨新型城镇化的特征。

第三章，研究盗窃原因的相关理论，以使本课题建立在扎实的理论基础之上。一方面，研究中国古代关于盗窃原因的相关理论；另一方面，系统研究西方国家关于盗窃原因的相关理论。

第四章，探索当前城镇盗窃的现状。首先，以国家统计部门的数据，宏观描述当前中国城镇盗窃的现状，再以分析整理2017年中国江西网的盗窃相关文章及我们的实地调研所得数据，更具体地描述当前城镇盗窃的特点。

第五章，剖析当前城镇盗窃问题产生的原因，一是揭示当前城镇盗窃问题产生的个体原因，二是深入分析当前城镇盗窃问题产生的社会原因。

第六章，研究社会工作介入城镇盗窃问题的理论基础，具体包括：社会工作介入城镇盗窃问题的宏观理论基础、中观理论基础与微观理论基础。

第七章，研究宏观社会工作介入城镇盗窃问题的具体政策，为解决城镇盗窃问题提供良好的外部环境。

第八章，研究中观社会工作介入城镇盗窃问题。首先，准确界定中观社会工作的含义。其次，研究中观社会工作介入城镇盗窃问题的具体方式方法。

第九章，针对盗窃问题产生的个体原因，研究微观社会工作介入城镇盗窃问题的具体方法、技术等。

六 研究重点和难点

第一，深入城镇一些社区、派出所、监狱等地方，收集第一手资料，同时大量分析文献资料，调查研究当前城镇盗窃问题的现状。调查问题的隐私性、调查对象的特殊性，决定了这是本课题研究的一个重点与难点。这也是社会工作介入城镇盗窃问题的关键所在。

第二，深刻剖析当前城镇盗窃现象发生的原因。当前城镇盗窃现象日益严重化，原因是多方面的，本课题将从个体与社会两个层面深入分析其原因，为社会工作介入城镇盗窃问题提供铺垫。

第三，研究社会工作介入城镇盗窃问题的理论依据。社会工作介入城镇盗窃问题要具有可行性和科学性，必须有充足的理论依据，否则会导致社会工作介入的盲目性，影响社会工作介入的效果。

第四，研究社会工作如何从宏观、中观、微观层面介入城镇盗窃问题。这是本课题研究的重中之重，特别是要研究如何从宏观上制定出一些有效的社会政策，为解决或大大缓解城镇盗窃问题创造良好的外部社会环境。

七　主要研究方法

本课题坚持以马克思主义的辩证唯物主义与历史唯物主义的方法论为指导，主要研究方法包括以下几个方面。

第一，文献研究法，本课题大量采用文献研究法，通过梳理并分析中英文文献及统计资料，以把握当前城镇盗窃问题的相关理论、社会工作介入盗窃问题的相关理论、我国城镇盗窃问题的整体演变状况以及当前城镇盗窃问题的特点，并进行理论分析、比较研究和历史研究。另外，对中国江西网 2017 年报道的江西省城镇范围内关于盗窃的文章进行分析，共计获得 433 个盗窃案件样本，以 SPSS 23.0 统计分析软件进行分析，探索当前城镇盗窃的现状。

第二，调查研究法，包括对派出所警察、监狱狱警等执法人员，社区居民，盗窃犯等对象的调查研究，主要了解各类人员对盗窃的看法、态度、实践经历、评价等，深入剖析城镇盗窃问题的原因。2015 年 6—9 月，本课题组选择了江西省南昌、景德镇、萍乡三个市，向三地派出所警察发放了 300 份问卷，回收 266 份，有效率 88.67%。样本的基本情况是：性别：93.6% 为男性，6.4% 为女性；年龄：平均为 40.71 岁；文化程度：71.4% 为本科，15.6% 为大专，13.1% 为高中或中专；对城镇盗窃问题的了解程度：85.7% 的警察表示比较熟悉，14.3% 的警察表示非常熟悉。同时，课题组还对三个市范围内的 15 个派出所、3 所监狱的 20 名警察进行了深入访谈。

第三，案例分析，对通过直接或间接方法获得的 20 个左右有关盗窃的案件进行了深入分析，包括不同性别、年龄、性质、职业状况的盗窃犯的案例。

第四，制度及政策分析方法，对专业社会工作介入城镇盗窃问题的目标、体制机制、方式方法、技术、社会工作人才队伍建设等方面的政策与实务技巧进行了深入分析。

八　创新之处

第一，视角新，选题具有创新性。尽管盗窃问题已是一个有较多研究成果的老问题，社会工作介入其他社会问题的也不少，但是从社会学、社会工作视角出发，系统研究社会工作介入城镇盗窃问题的并不多见。

第二，有不少新发现。本课题组成员不畏艰难，克服诸多障碍，深入城镇社区，对许多派出所警察、监狱狱警、社区居民、社区干部、一线社会工作者、社会工作研究专家、民政部门工作人员、盗窃罪犯等诸多人员进行了深入调查与访谈，并以SPSS 23.0统计分析软件，分析了大量文献资料，取得了不少新发现。

第三，除了整体理论框架具有新颖性之外，本书还提出了一些新的观点。在城镇盗窃问题的现状、城镇盗窃现象发生的原因、社会工作介入城镇盗窃问题的方法等方面，都提出了一些新观点。

第二章

新型城镇化的特征

2013年11月,党的十八届三中全会提出,坚持走中国特色新型城镇化道路,推进以人为核心的城镇化。这是我国城镇化发展的又一新的里程碑。2014年3月,国家发布《国家新型城镇化规划(2014—2020)》,提出了包括"城市生活和谐宜人"的发展目标,要"推动新型城市建设""实施社会治理精细化""完善城市治理结构""强化社区自治和服务功能""创新社会治安综合治理"。2017年10月,党的十九大再次强调,"推动新型工业化、信息化、城镇化、农业现代化同步发展"。这些文件力图进一步促进我国新型城镇化的快速发展。

一 城镇化概述

1859年,马克思在《政治经济学批判》中首次提到城市化。他指出,现代的历史是乡村城市化,而不像古代那样,是城市乡村化。[①] 1867年,西班牙工程师塞尔达(A. Serda)在《城市化的基本理论》中第一次使用了"Urbanization"这一概念。[②] 一百多年来,国内外关于城镇化的研究至今方兴未艾。

城镇化、城市化,两者其实并无本质区别,它们都源于英文词语

[①] 中央编译局:《马克思恩格斯全集》第46卷(上册),人民出版社1979年版,第480页。

[②] 许学强、周一星、宁越敏编:《城市地理学》,高等教育出版社2009年第2版,第54—55页。

"Urbanization",在日本和中国台湾地区,一般都翻译为"都市化"。1982年,中国城市与区域规划学界和地理学界在南京召开了"中国城镇化道路问题学术讨论会",会议明确指出"城市化"与"城镇化"为同义语,并建议以"城市化"替代"城镇化",以避免误解。从法律层面而言,1989年12月26日,《中华人民共和国城市规划法》[①]颁布实施,该法明确指出,"本法所指的城市,是指国家按行政建制设立的直辖市、市、镇"。[②]

一般来说,城镇化是指把农村人口转变为城镇人口的过程,或者是指把农业人口转变为工业人口的过程。[③]

城镇化是一个复杂的过程,它涉及许多要素,包括人口、土地、空间、产业、制度、文化、政府、全球化等。人们根据不同的标准,将这些要素划分为:内部的和外部的、直观的和抽象的、主体的和客体的等。[④]

关于城镇化水平的测量,通常采用的指标有:一是城镇人口比重;二是非农人口比重;三是城镇用地比重等。其中,城镇人口比重是世界公认的常用指标,普遍为各学科所接受。[⑤]

有资料表明,人类城市发展史迄今已有9000年。不过,世界城镇化却是从18世纪中叶的工业革命开始的。随着18世纪工业化迅速兴起、发展,城镇化作为伴生物也迅速发展。据估计,1800年,世界城镇化水平只有3%,[⑥] 1990年上升为45.5%,预计2025年将达到65%。[⑦]

纵观世界城镇化进程,城镇化自18世纪60年代开始,大致经历了三个阶段。

第一阶段是1760—1851年。这一阶段世界城镇化的主体是英国。在

[①] 该法于2008年1月1日废止。
[②] 周彦国等:《"新型城镇化"的概念与特征解读》,《规划师》2013年增刊。
[③] 吴友仁:《关于我国社会主义城市化问题》,《城市规划》1979年第5期。
[④] 王旭等:《新马克思主义视角下中国新型城镇化的本质特征剖析》,《规划师》2017年第2期。
[⑤] 汪冬梅:《中国城市化问题研究》,中国经济出版社2005年版,第24—25页。
[⑥] 谢文蕙、邓卫编:《城市经济学》,清华大学出版社1996年版,第58页。
[⑦] 饶会林:《城市经济学》,东北财经大学出版社1999年版,第57、59页。

这一阶段 90 年的时间里，英国的城镇化率由不到 10% 增至 50% 以上，基本实现了城镇化，而同期世界城镇化率只有 6.4%。

第二阶段是 1851—1950 年。这一阶段世界城镇化的主体是欧美发达国家。在这一阶段，英国进入高度发达的城镇化阶段，而其他发达国家进入基本城市化阶段，发展中国家的城镇化则进入起步阶段。到 1950 年，英国城镇化率达 78.9%，美国为 64%，德国为 70.9%，法国为 54.4%；整个发达国家为 52.5%，发展中国家为 16.7%；世界平均城镇化率为 28.6%。

第三阶段是 1950 年至今。这一阶段是城镇化的普遍实现阶段，世界范围内的城镇化进程普遍加快，全世界基本实现城镇化。多数发达国家城镇化进程中，量的增长过程已基本完成，增长速度趋缓，进入缓慢的质的提升阶段；而发展中国家城镇化增长速度加快，其城镇化正处于量的扩张、加速阶段，世界城镇化的主流已经从发达国家转至发展中国家。到 2000 年，发达国家城镇化水平为 79.5%，发展中国家为 44%，世界城镇化平均水平为 51%。[1]

至于中国城镇化的历史与其他许多国家有较大不同。1949 年，中华人民共和国成立，我们党的工作重点由乡村转到城市，党和政府非常重视城镇化工作。1955 年 6 月，中华人民共和国第一个市镇建设法规——《国务院关于设置市、镇建制的决定》颁布。[2] 1955 年 11 月，国务院全体会议第二十次会议又通过了《关于城乡划分标准的规定》。[3] 这些法规使城镇化发展开始步入规范化轨道，极大地推动了城镇化发展。[4]

纵观改革开放前，虽然城镇化曾经出现过反复，但还是取得了不小的成就。1949 年，中国有市 135 个，镇 2000 个，市镇人口 5765 万人，城镇化率 10.6%。到 1978 年，市的数量增至 193 个，镇的数量增至 2173 个，市镇人口增至 1.72 亿人，城镇化率 17.9%。[5] 这一阶段的城镇化有

---

[1] 汪冬梅：《中国城市化问题研究》，中国经济出版社 2005 年版，第 31—32 页。
[2] 《国务院关于设置市、镇建制的决定》，《山西政报》1955 年第 22 期。
[3] 《国务院关于城乡划分标准的规定》，《山西政报》1955 年第 22 期。
[4] 汪冬梅：《中国城市化问题研究》，中国经济出版社 2005 年版，第 83 页。
[5] 数据来源：《中国统计年鉴》（1979）。

如下几个特点。

第一，计划性。农村人口转化为城镇人口均在国家的控制之下，基本没有农村人口盲目流入城镇。这个特点与当时的计划经济体制的特点是一致的。

第二，城乡关系是相互结合、相互促进，比较和谐的关系。尽管城乡差别还存在，但比新中国成立之初，城乡差别在逐步缩小。

第三，各类型城镇之间的关系是分工合作、相互支援的关系。国家根据四个现代化建设的客观需要，各城镇之间基本做到了合理分工、密切协作，保持恰当规模，尽管也还存在一些问题。①

第四，服务业人口比重较低。工业职工占50%—60%，生产性劳动职工占65%—85%，而商业、市政公用、文化教育、科学研究和医疗卫生等部门职工所占比重都比较小。② 这主要是因为新中国成立的基础太过薄弱、农业等行业的劳动生产率还不高、中国开启社会主义建设的历史非常短的缘故。

改革开放后，中国城镇化速度加快。其发展过程可分为以下阶段。③

（一）1978—1984年：农村改革推动城镇化的阶段

1978年，农村开始实施分田到户。2000万知青、干部及技术人员因失去了农活而不得不返城就业；国家开放了城乡集贸市场，大量农村商业人员成为城市暂住人口；国家鼓励部分农民自带口粮发展乡镇企业，并由此带动了一些建制镇的发展。同时，1978年召开的第三次城市工作会议制定了"控制大城市规模，多搞小城镇"的发展方针，④ 还提出了要在部分大城市试行将工商利润的5%用于城市维护和建设费等规定。所有这些措施使城镇化率迅速提高。1984年，中国城市总数增至300个，建制镇7186个，⑤ 市镇人口2.40亿人，城镇化率23.01%。⑥

---

① 宗寒：《试论我国的城市化道路》，《求索》1982年第2期。
② 吴友仁：《关于我国社会主义城市化问题》，《城市规划》1979年第5期。
③ 汪冬梅：《中国城市化问题研究》，中国经济出版社2005年版，第87—91页。
④ 马海龙、杨建莉：《新型城镇化空间模式》，宁夏人民出版社2016年版，第7页。
⑤ 1984年建制镇个数突然增加，是因为民政部当年调整了设镇标准。
⑥ 数据来源：《中国城镇统计年鉴》（1985）。

（二）1985—1992 年：城市改革推动城镇化发展的阶段

1984 年 10 月，十二届三中全会通过了《中共中央关于经济体制改革的决定》。城市经济体制在恢复资金制的基础上引入了承包制，由此拉开了全面改革城市经济体制的序幕。

经济结构的调整，使得劳动密集型轻工业得到迅猛发展。这非常适合广大具有原料优势的农村乡镇企业的发展。因此，在中国东部靠近大中城市的地区，乡镇企业率先迅速发展，并且由此聚集形成了大量小城镇，大大促进了城镇化水平的提升。

与此同时，国家制定了一些有利于农村人口进城以及设立新城镇的政策。继 1984 年开始"撤社建乡"并降低建制镇设镇标准后，1986 年，国家又修订了新的设市标准，即设市非农业人口标准由原先的 10 万人降至 6 万人。1989 年颁布的《中华人民共和国城市规划法》，[①] 提出了要合理发展中等城市和小城市，该法使小城市和建制镇的发展有了法律依据，大大促进了城镇化水平的提高，尤其是小城镇的发展。到 1992 年，中国城市总数增至 517 个，建制镇 1.45 万个，城镇化率 27.63%。[②]

（三）1992—2000 年：建立社会主义市场经济体制推动城镇化发展的阶段

1992 年，邓小平南方谈话和十四大的召开，标志着中国进入全面建立社会主义市场经济体制阶段。这一阶段，开发区是经济建设的主要形式，而开发区建设大都是以城市基础设施和房地产开发起步的，其实质是在原有城市周围建设新城区，或者对旧城区进行更新改造。由此推动了城镇化发展。到 1999 年，全国城市数增至 667 个，建制镇增至 19756 个，城镇化率提高到 30.89%。[③] 1999 年 3 月，国家统计局发布新的城乡划分标准——《关于统计上划分城乡的暂行规定》和《国家统计局统计

[①] 《中华人民共和国城市规划法》，《城市规划》1990 年第 2 期。

[②] 数据来源：《中国城市统计年鉴》（1993）；胡顺延等：《中国城镇化发展战略》，中共中央党校出版社 2002 年版，第 100 页。

[③] 数据来源：《中国城镇统计年鉴》（2000）。

上划分城乡工作管理办法》。① 因此，根据第五次全国人口普查结果计算，2000 年城镇化水平为 36.1%，城镇化水平猛增。② 在这一阶段，中国的城镇化水平第一次突破了 30%，进入城镇化发展的中期阶段。③

进入 21 世纪，中国的城镇化又到了一个新的阶段，即以空间拓展为主要特征的城镇化发展阶段。④ 截至 2018 年年末，中国大陆常住人口城镇化率为 59.58%，户籍人口城镇化率为 43.37%。⑤

二　新型城镇化的含义

中国城镇化尽管取得很大成就，但也伴随着一些问题，例如，城镇化不完全、持续动力不足、城镇人与人之间关系不够和谐等。因此，进入 21 世纪后，党和政府希望进一步提升城镇化的质量，逐步解决这些问题。新型城镇化便应运而生。

2002 年 11 月，党的十六大提出，要逐步提高城镇化水平，坚持大中小城市和小城镇协调发展，走中国特色的城镇化道路。

2007 年 10 月，党的十七大提出，走中国特色城镇化道路，按照统筹城乡、布局合理、节约土地、功能完善、以大带小的原则，促进大中小城市和小城镇协调发展。

2012 年 11 月，党的十八大提出，坚持走中国特色新型工业化、信息化、城镇化、农业现代化道路。

2013 年 11 月，十八届三中全会正式提出，完善城镇化健康发展体制机制，坚持走中国特色新型城镇化道路，推进以人为核心的城镇化；形成以工促农、以城带乡、工农互惠、城乡一体的新型工农城乡关系，让广大农民平等参与现代化进程、共同分享现代化成果；坚持走中国特色

---

① 《关于统计上划分城乡的暂行规定》，《城镇规划通讯》2006 年第 11 期。
② 数据来源：《中国城镇统计年鉴》(2000)《2000 年第五次全国人口普查主要数据公报》(第一号)。
③ 马海龙、杨建莉：《新型城镇化空间模式》，宁夏人民出版社 2016 年版，第 11 页。
④ 叶嘉安、徐江、易虹：《中国城市化的第四波》，《城市规划》2006 年第 1 期。
⑤ 数据来源：《中华人民共和国 2018 年国民经济和社会发展统计公报》。

新型城镇化道路，推进以人为核心的城镇化，推动大中小城市和小城镇协调发展，产业和城镇融合发展，促进城镇化和新农村建设协调推进。可以说，从2013年开始，中国的城镇化建设正式进入一个新的发展阶段。

2014年3月，中共中央、国务院印发当前推进城镇化的纲领性文件——《国家新型城镇化规划（2014—2020年）》，明确推进以人为核心的新型城镇化。①

2017年10月，党的十九大再次强调，推动新型工业化、信息化、城镇化、农业现代化同步发展。

关于新型城镇化的含义，不少学者从不同角度作了界定，主要有以下几种。

彭红碧认为，新型城镇化是以科学发展观为引领思想，以集约化和生态化为发展模式，以城镇功能的多巧化和城镇体系的合理化为基本内容，以城乡一体化为基本目标的城镇化。②

王发曾认为，新型城镇化与传统城镇化有着根本区别，是有中国特色的健康城镇化，它包括功能、结构、质量的内涵优化和规模、数目、地域的外延扩张，是能够适应和推动社会进步与生产力提高的城镇生产生活方式、性质状态逐步扩展和深化的过程。③

张占仓认为，新型城镇化与传统城镇化是相对而言的，新型城镇化是经济高效、资源节约、环境友好、社会和谐、文化繁荣、大中小城市与小城镇协调、城乡互促共进、个性鲜明的城镇化。④

牛文元认为，新型城镇化是以城乡一体化为重点，着力改善农村和新增城镇居民的生活生存质量，根本上是城乡动力、城乡质量和城乡公平的有机统一的城镇化。⑤

张占斌认为，新型城镇化是强调要素城镇化与人的城镇化的双核驱

---

① 《国家新型城镇化规划（2014—2020年）》，2016年5月5日，http://ghs.ndrc.gov.cn/zttp/xxczhjs/ghzc/201605/t20160505_800839.html，2019年4月17日。
② 彭红碧、杨峰：《新型城镇化道路的科学内涵》，《经济研究》2010年第4期。
③ 王发曾：《中原经济区的新型城镇化之路》，《经济地理》2010年第12期。
④ 张占仓：《河南省新型城镇化战略研究》，《经济地理》2010年第9期。
⑤ 牛文元主编：《中国新型城市化报告》，科学出版社2012年版，第34页。

动、协调并举、水平适当、速度适中、城乡协调、布局合理和发展可持续的城镇化。新型城镇化包括人口、资源、经济和环境协调,生态文明和中华民族永续发展;以城市群为主体,大中小城市与小城镇协调;农业转移人口市民化和公共服务协调的全面发展。①

张向东、李昌明、高晓秋认为,新型城镇化是完全不同于以往的城镇化,主要表现在以下方面:(1)新型城镇化不仅表现为城市的个数增加和人口的比重提高,而是要在增加城市人口比重的同时,提升城市的质量和完善城市的功能。(2)新型城镇化不是只重视大城市的建设和发展,而是大中小城市和小城镇并举,协调发展,形成梯队有序、分工明确的城市群体系。(3)新型城镇化不应是以牺牲农村、农业和农民的利益来换取城镇化的发展,而是城乡统筹、城乡互动、城乡一体式的发展。(4)新型城镇化的建设和发展不再是以环境的恶化和资源的枯竭为代价,而是更加注重城市发展与生态建设和经济发展与环境保护之间协调,实现人与自然的和谐共处。(5)新型城镇化不应延续经济发展方式的粗放型,而更强调城市的集约式发展,降低资源和能源的消耗。(6)新型城镇化并非社会割裂、层级分化的发展,而是更加强调科学发展与和谐社会,也就是说,新型城镇化建设应该使最广大人民的利益极大化。②

王凯认为,新型城镇化是以人为本、四化协调、布局合理、生态文明和弘扬文化的城镇化,它是未来社会经济发展的必然选择。③

单卓然认为,新型城镇化是以民生、质量和可持续发展为核心,以幸福、平等、绿色、转型、集约、健康城镇化为目标,以区域统筹与协调、产业升级和低碳转型、集约高效和生态文明、制度改革和体制创新为重点内容的崭新的城镇化过程。④

马永欢认为,新型城镇化以城镇化、工业化、农业现代化和信息化

---

① 张占斌:《新型城镇化的战略意义和改革难题》,《国家行政学院学报》2013年第1期。
② 张向东、李昌明、高晓秋:《河北省新型城镇化水平测度指标体系及评价》,《中国市场》2013年第20期。
③ 王凯:《新型城镇化的内涵与模式思考》,《上海城市规划》2013年第6期。
④ 单卓然、黄亚平:《"新型城镇化"概念内涵、目标内容、规划策略及认知误区解析》,《城市规划学刊》2013年第2期。

的同步发展为导向,以城乡统筹为特征,以资源节约型和环境友好型"两型"社会的建设为契机,以城乡均质化理念为引领,提升农村生产生活与文化方式,实现土地的单一资源属性向"资源—资产—资本"方向转变。①

方创琳认为,新型城镇化是高效低碳、节约创新、智慧平安、生态环保的可持续健康城镇化,是一种综合型、质量型、主动型、渐进式、市场主导型的城镇化,与全面建成小康社会和实现可持续现代化的战略目标一致。②

方彦明认为,新型城镇化是坚持以人为本,以新型工业化为动力,以统筹兼顾为原则,推动城市现代化、城市集群化、城市生态化、农村城镇化,全面提升城镇化质量和水平,走科学发展、集约高效、功能完善、环境友好、社会和谐、个性鲜明、城乡一体、大中小城市和小城镇协调发展的城镇化建设路子。③

徐斌认为,新型城镇化是指走以人为本、集约紧凑、绿色低碳、"四化"同步的新型城镇化道路,以人口城镇化为核心,以城市群为主体形态,以产城融合为抓手,以综合承载能力为支撑,以体制机制创新为保障的城镇发展过程。④

尹鹏认为,新型城镇化是在科学发展观和可持续发展理念引领下,坚持四化协调、生态文明、城乡统筹、集约高效和因地制宜等基本原则,将以人为本理念贯穿于城镇化发展始终,通过实现人口城镇化、提升城镇化质量、优化城镇化格局以及创新体制机制等,探索并创新城镇化发展的新模式、新机制和新路径,最终促进经济转型升级与社会和谐进步的城镇化过程,是一种可持续的城镇化发展道路。⑤

---

① 马永欢、张丽君、徐卫华:《科学理解新型城镇化推进城乡一体化发展》,《城市发展研究》2013年第7期。
② 方创琳等:《中国新型城镇化发展报告》,科学出版社2014年版,第41、75—111页。
③ 方彦明:《新型城镇化与农村剩余人口转移》,吉林人民出版社2015年版,第11页。
④ 徐斌编:《中国新型工业化与新型城镇化研究:基于中部六省的视角》,复旦大学出版社2015年版,第96页。
⑤ 尹鹏:《吉林省新型城镇化发展的特征、机制与路径》,博士学位论文,东北师范大学,2016年。

综合诸多学者的定义,我们认为,新型城镇化与"旧型"城镇化是相对而言的,它是在习近平新时代中国特色社会主义思想指引下,以人民为中心,以新型工业化为根本动力,产业协调、集约高效、环境友好、社会和谐、城乡一体、旨在促进全体人民共同富裕的可持续发展的城镇化。

三　新型城镇化的特征

新型城镇化与以往城镇化相比,具有以下明显特征。

(一)　新型城镇化是以人民为中心的城镇化

中国是社会主义国家。社会主义社会与封建社会、资本主义社会有本质的区别,它是人民当家做主的社会形态。我国社会主义国家中,人民的中心位置得到了宪法的认可。1954年的《宪法》规定,中华人民共和国的一切权力属于人民。此后,1975年、1978年、1982年的《宪法》都做出了同样的规定,1982年之后历次修正的《宪法》,包括2018年最新修正的《宪法》都是如此。

《宪法》规定人民在中国的地位状况,其理应在国家的路线、方针、政策中得到具体体现与切实贯彻,理应体现在中国的新型城镇化政策中。

习近平总书记执政以来,在多个场合反复阐述了"以人民为中心"的思想,[①] 这一思想也写入了党和政府的文件中。

2015年11月,习近平总书记在《中共中央关于制定国民经济和社会发展第十三个五年规划的建议》中首次提出了"坚持以人民为中心的发展思想"。

2016年3月,十二届人大四次会议中,李克强总理在《政府工作报告》中指出,坚持以人民为中心的发展思想,努力补齐基本民生保障的短板,朝着共同富裕方向稳步前进。

[①] 孙大海:《自觉树立和践行习近平总书记坚持以人民为中心的价值取向》,《行政管理改革》2017年第10期。

2017年3月，十二届人大五次会议中，李克强总理在《政府工作报告》中指出，政府的一切工作都是为了人民，要践行以人民为中心的发展思想，把握好我国处于社会主义初级阶段的基本国情。对群众反映强烈、期待迫切的问题，有条件的要抓紧解决，把好事办好；一时难以解决的，要努力创造条件逐步加以解决。我们要咬定青山不放松，持之以恒为群众办实事、解难事，促进社会公平正义，把发展硬道理更多体现在增进人民福祉上。

2017年10月，习近平总书记在十九大报告中指出，必须坚持以人民为中心的发展思想，不断促进人的全面发展、全体人民共同富裕。人民是历史的创造者，是决定党和国家前途命运的根本力量。必须坚持人民主体地位，坚持立党为公、执政为民，践行全心全意为人民服务的根本宗旨，把党的群众路线贯彻到治国理政全部活动之中，把人民对美好生活的向往作为奋斗目标，依靠人民创造历史伟业。

2018年3月，十三届人大一次会议中，李克强总理在《政府工作报告》中指出，"我们所做的一切工作，都是为了人民。要坚持以人民为中心的发展思想，从我国基本国情出发，尽力而为、量力而行，把群众最关切最烦心的事一件一件解决好，促进社会公平正义和人的全面发展，使人民生活随着国家发展一年比一年更好"，"提高新型城镇化质量。……新型城镇化的核心在人，要加强精细化服务、人性化管理，使人人都有公平发展机会，让居民生活得方便、舒心"。

2019年3月，十三届人大二次会议中，李克强总理在《政府工作报告》中再次强调，"要坚持以人民为中心的发展思想，尽力而为、量力而行，切实保障基本民生，推动解决重点民生问题，促进社会公平正义，让人民过上好日子"，"深入推进新型城镇化。……新型城镇化要处处体现以人为核心，提高柔性化治理、精细化服务水平，让城市更加宜居，更具包容和人文关怀"。

然而，相当长时间以来，中国城镇化率尽管增长很快，但一些地方并未完全考虑人民群众的实际需要。在"九五"和"十五"期间，城镇化的发展甚至出现"冒进"的态势。这种城镇化带来了严重的资源与环境问题，并引发了严重的社会问题。许多地方政府一味追求城镇化指标，动用行政力量，片面做大城市规模，使土地城镇化远远快于人口城镇化，一些地方"要地不要人"的问题极其严重。1996—2008 年，全国城市用地增长了 53.5%，建制镇用地增长了 52.5%，但是，农业户籍人口仅仅减少了 2.5%。2000—2008 年，21 个省（自治区、直辖市）城镇用地增长率也大大快于城镇非农人口增长率。有些地方为了扩大新增建设用地指标，违反城乡建设用地"增减挂钩"政策，擅自扩大挂钩规模，导致强拆强建等恶性事件屡见不鲜。

与此同时，中国传统城镇化相当大程度存在的忽视"以人民为中心"的现象还表现在，较大程度只注重城镇空间的蔓延和扩张，即政府豪华办公大楼、宽马路、立交桥、高速公路、铁路等交通基础设施的超前建设。有人将其称为"空间失控"。大规模发展交通运输建设，是近年来我国各地区发展战略的重要组成部分，是 GDP 增长的重要支撑。2008 年起，我国高速公路建设进入快速发展阶段。按照各地区的规划，全国高速公路的总里程要达到 18 万千米，许多省份提出了"县县通高速"。这造成许多省份高速公路的里程、密度大大超过实际需要。远程城际高铁、大城市的城郊铁路系统的盘子过大，大项目上得过快。超大规模的交通规划和建设，导致交通投资占 GDP 的比重上升到 7%—9%，这是很不正常的。[1]

新型城镇化以人民为中心，是对过去城镇化深刻反思的结果。新型城镇化并不是以"摊大饼"、扩大外延为内容，以巧取豪夺农村土地为手段，以单纯追求人口的"城镇化率"为标杆的造城运动，而是重在保障人民的合法权益、满足人民的实际发展需求、提高人民的幸福感、提升城镇化的品质。[2]

总之，新型城镇化以人民为中心，旨在推动实现全体人民的幸福，这是新型城镇化的最终目标。新型城镇化以人民为中心的特点，或者说以人民为中心的城镇化，要求城镇化建设要站在人民立场，坚持人民的

---

[1] 胡玉鸿主编：《新型城镇化——中国特色城镇化研究报告 2012》，苏州大学出版社 2014 年版，第 4 页。

[2] 胡玉鸿主编：《新型城镇化——中国特色城镇化研究报告 2012》，苏州大学出版社 2014 年版，第 13—14 页。

主体地位，坚持城镇化发展为了人民、城镇化发展依靠人民、城镇化发展成果由人民共享的原则。

（二）新型城镇化是以新型工业化为核心动力的城镇化

1. 工业化与城镇化的关系

在长期的封建社会中，城镇化速度很低。这主要是因为传统农业社会很难解决城镇化的核心动力问题。

人类社会进入工业社会以后，城镇化速度大大提升，这缘于它解决了城镇化的动力问题。工业化是城镇化的发动机，是城镇化的核心动力。

工业化成为推动城镇化的核心动力，主要是因为它具有以下几个特性。

第一，比较利益特性。交通区位、资源禀赋、劳动力等条件都是影响工业发展的重要因素，而这些因素的整合会产生地区之间比较利益差异。具有较高比较利益的地区往往成为工业企业的聚集地带，这实质上正是城镇化进程的开端。

第二，规模化与专业化。规模化和专业化是工业生产的重要特征。它包括工业企业内部、外部的规模化和专业化。企业追求外部规模经济的客观结果是企业在有利的区位聚集，相关产业的聚集必然导致聚集地生产的专业化，进而促使聚集地经济的发展，从而促进城镇化进程。

第三，存在初始利益棘轮效应。在工业化过程中，"棘轮效应"是指某一市民对未来和现在所作出的决策是基于某一城市现在和过去的基本状况。一旦工业在最初布局时选择了某个城市，那么棘轮效应会促使行为主体对该城市的期望值更高，进而作出继续在该城市发展的决策。因为一个有一定工业基础的城市总会比一块空地能为居民的生产、生活提供更好的条件。初始利益的棘轮效应会使城市在工业经济的基础上实现自我生长。

第四，存在产业联系及连锁效应。工业化实质上是一个由工业领域里的革命逐渐向其他产业领域推进的过程，正如马克思所说"一个工业部门生产方式的变革，会引起其他部门生产方式的变革"。[①] 一方面，工

---

① 《马克思恩格斯选集》第 2 卷，人民出版社 2012 年第 3 版，第 217 页。

业革命彻底改变了农业的技术基础，推进了机器在农业上的广泛使用，催生了按工业方式经营的大农业；另一方面，工业革命本身即是机器的普遍运用，使工业物质技术条件得到改善，工业向纵深发展；最后，工业领域内生产力的极大提高、工业生产方式的分工和专业化，促使一部分人从事非生产性劳动，当工业的分工和聚集达到一定程度后，便极大地促进了第三产业的发展。换句话说，工业化不仅直接推动城镇化，而且通过产业的连锁反应，间接地推动城镇化。

第五，循环累积因果关系特性。循环累积因果关系是指，在社会经济发展动态过程中，各种影响因素是相互联系、相互影响、互为因果的。工业方面的各种社会经济因素互相影响、互相作用，也会自然而然地推动城镇化发展。[①]

工业化的这些特征，对城镇化产生了巨大的推动作用。

第一，工业化为城镇人口集聚提供了动力。工业生产的集中性和大规模化使生产力发展到一定阶段就要求大规模、大批量的生产模式，这可降低生产成本，节约交易费用。因此，工业化的发展客观上要求产业的空间聚集。这不仅需要生产要素的优势集中，也需要大量的技术人才和管理人才。随着工业化过程的推进，人口从第一产业到第二产业、再到第三产业转移。这同时也是劳动力从农村向城市转移的过程，随着农村人口不断向城镇集中，城镇化过程就不断推进。

第二，工业化为城镇化提供了产业支撑。以工业作为经济主体的城镇化发展，在很大程度上取决于人口聚集和要素集中。反过来，城镇化发展的关键在于产业的支撑。产业支撑是城镇化的前提和条件，缺乏产业的有力支撑，城镇化难以发展。比如，中国中部一些省份，有不少地方的工业内部产值构成趋于单一，资源性产业在国民经济中的比重越来越高，其他门类行业在工业内部的比重相对下降，推动城镇化的动力机制"单一化"，其他产业发展不足，能够吸纳的劳动力就有限，因而，中部省份很多人口流向东部。这就要求必须把产业支撑放在城镇化的重要位置，通过产业与城镇，促进城镇发展，带动产业集聚，促进产业发展，

---

① 汪冬梅：《中国城市化问题研究》，中国经济出版社2005年版，第54—56页。

完善城镇功能。

第三，工业化为城镇的繁荣提供了基础。城镇化的本质是人口和要素在地理空间上的积聚。城镇化进程就是人口和要素在区域间的自由流动和优化配置。而工业化的一个重要特征就是产业集聚，工业园区就是一种最为普遍的产业集聚方式。工业化促进了人口和要素向城镇集聚，促进了城市经济的繁荣，进而带动整个区域经济和社会的发展，成为城镇形成和发展的"发动机"。没有工业化的支撑，城镇化就缺乏赖以存在的基础，已经城镇化的人口就不能安居乐业，没有产业，就没有就业，最终会导致城镇人口向农村逆流。缺少产业支撑，城镇化不会持久。因此，坚持工业化带动城镇化是一条十分明确的原则。①

综上，从质的方面来分析，工业由于其本身的特性，天然地承担了城镇化根本动力的使命，为城镇化不断提供动力。②

另外，我们还可以从量上来分析工业化对城镇化产生的巨大影响，可参见表2—1。

由表2—1可以看出，工业化与城镇化密切相关。二者的基本关系表现为，工业劳动人口比重每增长一个百分点，就有可能推动城市人口比重增长1.799个百分点。城镇化水平比工业人口比重增长要快，这主要是由于工业的发展还会带动第三产业发展的缘故。③

客观地说，城镇化的推动因素既存在经济方面，也存在政治、军事等其他方面。但是，城镇化动力中，工业化居于核心地位。这不仅仅是因为它有助于其他动力要素如经济增长、第三产业的形成与发展，而且是因为工业化的发展阶段可以决定城镇化的发展速度，甚至决定着城镇化的模式。在工业化的起步期，主导产业是轻纺工业。这一时期的国民经济总体实力较弱。英国在这一时期城镇化水平年均增长仅为0.16%，法国为0.20%，美国为0.24%。④ 在工业化的扩张期，工业和国民经济

---

① 徐斌编：《中国新型工业化与新型城镇化研究：基于中部六省的视角》，复旦大学出版社2015年版，第186—188页。
② 汪冬梅：《中国城市化问题研究》，中国经济出版社2005年版，第54—56页。
③ 汪冬梅：《中国城市化问题研究》，中国经济出版社2005年版，第56—57页。
④ 谢文蕙、邓卫编：《城市经济学》，清华大学出版社1996年版，第48—49页。

进入加速发展、国民经济总体实力迅速增强的时期,城镇化水平的年均增长率是工业化起步期的1.5—2.5倍。[①] 而到了工业化的成熟期,第二产业比重缓步下降,国民经济进入后工业化阶段,城镇化的速度也有所降低。[②]

表2—1　　　　1950—2018年世界主要地区和国家的
工业化水平与城镇化水平　　　　（单位:%）

	1950年		1970年		1991年		2011年		2018年	
	工业劳动人口比重	城镇化水平	工业劳动人口比重	城镇化水平	工业中男性就业人员占男性就业的比重	城镇化水平	工业中男性就业人员占男性就业的比重	城镇化水平	工业中男性就业人员占男性就业的比重	城镇化水平
世界	18.81	34.05	24.17	41.84	24.38	43.28	27.06	51.94	27.32	55.27
东非（撒哈拉以南非洲地区）	3.66	5.5	6.32	10.69	10.68	27.56	12.82	35.75	14.13	40.18
温带拉美	31.06	64.77	31.32	77.87	26.20	70.73	27.57	78.68	26.75	80.58
北美	36.54	63.84	34.19	70.45	33.43	75.80	27.77	80.96	29.38	82.17
西欧（欧盟）	39.74	63.92	44.49	74.38	43.15	70.67	35.47	73.94	35.16	74.52
大洋洲（澳大利亚）	31.17	61.24	30.38	70.77	31.96	85.4	30.98	88.88	30.09	86.01
日本	23.62	50.20	34.48	71.30	39.27	77.47	33.46	91.25	32.52	91.62

---

① 谢文蕙、邓卫编:《城市经济学》,清华大学出版社1996年版,第48—49页。
② 汪冬梅:《中国城市化问题研究》,中国经济出版社2005年版,第57—59页。

续表

	1950 年		1970 年		1991 年		2011 年		2018 年	
	工业劳动人口比重	城镇化水平	工业劳动人口比重	城镇化水平	工业中男性就业人员占男性就业的比重	城镇化水平	工业中男性就业人员占男性就业的比重	城镇化水平	工业中男性就业人员占男性就业的比重	城镇化水平
苏联（俄罗斯）	21.62	39.30	37.65	56.70	42.31	73.39	37.34	73.73	37.28	74.43
中国	6.00	12.51	8.15	17.40	23.09	27.31	32.25	50.57	30.34	59.15

注：括号内国家或地区的数据是 1991—2018 年数据。

资料来源：①马侠：《工业人口、国民生产总值与城市发展》，《中国社会科学》1987 年第 5 期，第 37 页；②世界银行网站数据库。

总之，一般说来，城镇化赖以存在和发展的物质基础主要是工业。城镇化是工业化的必然结果，城镇化的进程也取决于工业化的速度。[①] 工业化和城镇化必须协调发展。如果工业化快于城镇化，就会因城镇配套设施跟不上而出现交通堵塞、城市拥挤、资源短缺、环境污染等问题；反之，如果工业化慢于城镇化，则会由于城镇化缺乏必要的产业支撑，出现产业"空心化"和失业"隐性化"现象，进而产生"贫民窟"或者"鬼城"等一系列问题。[②]

2. 新型工业化与新型城镇化的关系

从 1978 年开始，我国工业所有制开始出现多元化，工业化也开始出现一些问题，有些问题越来越严重。新型工业化便应运而生。

2002 年，党的十六大首次提出走新型工业化道路，并指出，实现工业化仍然是我国现代化进程中艰巨的历史性任务。信息化是我国加快实现工业化和现代化的必然选择。坚持以信息化带动工业化，以工业化促

[①] 吴友仁：《关于我国社会主义城市化问题》，《城市规划》1979 年第 5 期。
[②] 徐斌编：《中国新型工业化与新型城镇化研究：基于中部六省的视角》，复旦大学出版社 2015 年版，第 100 页。

进信息化，走出一条科技含量高、经济效益好、资源消耗低、环境污染少、人力资源优势得到充分发挥的新型工业化路子。

2007年，党的十七大提出，要坚持走中国特色新型工业化道路，坚持扩大国内需求特别是消费需求的方针，促进经济增长由主要依靠投资、出口拉动向依靠消费、投资、出口协调拉动转变，由主要依靠第二产业带动向依靠第一、第二、第三产业协同带动转变，由主要依靠增加物质资源消耗向主要依靠科技进步、劳动者素质提高、管理创新转变。

2012年，党的十八大提出，坚持走中国特色新型工业化、信息化、城镇化、农业现代化道路，推动信息化和工业化深度融合、工业化和城镇化良性互动、城镇化和农业现代化相互协调，促进工业化、信息化、城镇化、农业现代化同步发展。

2017年，党的十九大提出，推动新型工业化、信息化、城镇化、农业现代化同步发展，主动参与和推动经济全球化进程，发展更高层次的开放型经济，不断壮大我国经济实力和综合国力。

综上所述，新型工业化是一种有别于过去工业化的新的工业化发展道路和发展模式。具体来说，新型工业化具有以下几个方面的特征。

第一，新型工业化是科技含量高的工业化。

科学技术进步是新型工业化的动力。加快科学技术进步以及先进科技成果在各个领域的推广与应用，使国民经济各个环节特别是工业领域中，从投入到产出，从生产到流通，都尽可能应用先进技术和装备，努力提高科学技术在经济增长中的贡献率，使经济发展建立在主要依靠科技进步的基础上。而科技进步的关键是必须加强基础研究和高技术创新，必须掌握核心技术，真正拥有一批自主知识产权。在这方面，习近平总书记多次做出极其深刻的论述。2013年3月，在参加全国政协十二届一次会议科协、科技界委员会联组讨论时，他指出，今天我们发展了，谁都不愿卖技术给我们，因为怕我们做大做强，"在引进高新技术上不能抱任何幻想，核心技术尤其是国防科技技术是花钱买不来的。人家把核心技术当'定海神针''不二法器'，怎么可能提供给你呢？核心技术要掌握在自己手中"。2014年6月，在中国科学院第十七次院士大会、中国工程院第十二次院士大会上，习近平总书记强调，自力更生是中华民族自立于世界民族之林的奋斗基点，要把关键技术掌握在自己手里。2015年2月，习近平总书记在考察中科院西安光学精密机械研究所时再次强调，核心技术靠化缘是要不来的，必须靠自力更生。

第二，新型工业化是以信息化带动的工业化。

我们认为，工业化与信息化的关系是不对等的。从整体而言，在国家产业结构中，工业化处核心位置；但信息化对工业化的影响越来越深刻，甚至一定意义上会对工业化产生决定性作用。因而，我们也必须辩证地看待二者之间的关系。

可以说，信息化是新型工业化的标志。信息技术是当代先进技术的代表，是新技术革命的火车头，信息产业是当今世界发展最快的产业，走新型工业化道路就必须发展信息产业，用最先进的信息技术武装各个行业，以信息化推动工业化。

第三，新型工业化是就业协同、人力资源优势得到发挥的工业化。

新型工业化与传统工业化分处不同的经济发展阶段。到新型工业化时代，经济增长中各种生产要素的作用发生了根本性变化。传统工业化主要靠自然资源等物质资本的大量投入，而新型工业化时代，经济的增长主要靠知识、人力资本、智力投入。因此，新型工业化要求提高广大劳动者的科学文化素质，培养大量人才、留住人才、用好人才，同时又要充分利用我国劳动力资源丰富的优势，发展劳动密集型产业，做到发挥比较优势与增加就业。总之，重视人力资源的开发和利用，是新型工业化的关键。

第四，新型工业化是城乡良性互动的工业化。

城镇与农村都是国家不可或缺的组成部分。过去的工业化较大程度是以农村的衰败来支撑城镇的繁荣，许多城镇日益繁华多姿，而农村却愈发萧条与"空心化"。新型工业化力图促进城镇与农村的统筹发展，共同繁荣，促进整个国家经济良性循环和社会协调运行。

第五，新型工业化是产业协调的工业化。

新型工业化通过积极推进产业结构的优化升级，试图形成以高新技术产业为先导，基础产业和制造业为核心，带动服务业全面发展的产业格局。因此，新型工业化要优先发展信息产业，大力发展高新技术产业，并以此改造传统产业，振兴装备制造业，继续发展基础设施，全面发展服务业。

第六，新型工业化是资源节约、环境友好，实现经济、资源、环境协调发展的工业化。

走新型工业化道路必须坚持可持续发展，使经济、资源、环境与人口协调发展。新型工业化通过技术创新、管理创新等方式，努力提高能源和原材料的利用效率，普遍推广清洁、文明的生产方式，发展绿色、环保产业，拓展循环经济，尽力降低经济发展对生态环境的破坏，做到经济发展与青山绿水共存。新型工业化不会为了经济发展而胡乱开发资源，肆意破坏环境，要对那些大量占用稀缺资源、造成环境污染的工业实施严格控制。

总之，新型工业化是工业化的升级版，是新型城镇化的核心动力，它能有效推动城镇化的可持续发展。

（三）新型城镇化是人与人和谐相处的城镇化

自1978年以来，我国城镇化建设取得了很大成绩，但也存在许多不和谐现象，突出表现在庞大的违法犯罪、各类纠纷案件数量方面。

第一，从法院的刑事案件收案情况来看，近年来许多犯罪案件数量快速增长，详见表2—2。

表2—2　　　　2015—2017年全国法院审理刑事案件
一审收案情况统计　　　　　　　　　　（单位：件）

年份	危害公共安全罪	破坏社会主义市场经济秩序罪	侵犯公民人身权利、民主权利罪	侵犯财产罪	妨害社会管理秩序罪	贪污贿赂罪	渎职罪	其他	合计
2015	247795	61639	183526	318680	279822	28846	5779	439	1126748
2016	27158	58946	167304	319007	254357	24011	5131	558	1101191
2017	346856	59461	172203	329575	55179	25443	5278	441	1294377

资料来源：《中国法律年鉴》（2016—2018）。

由表 2—2 可见，近几年刑事案件数量庞大，犯罪问题严重。2017 年全国法院审理刑事案件一审收案数量为 129.4377 万起，而 1986 年为 29.9720 万起，[①] 2017 年是 1986 年的 4.32 倍。

第二，从公安机关刑事立案情况来看，2017 年各类犯罪立案数量继续比上年大幅下降，减少了 14.70%，但形势仍然不容乐观，详见表 2—3。

表 2—3　　　　2015—2017 年全国公安机关刑事案件分类统计

案件类别	2015 年 数量（起）	比重（%）	2016 年 数量（起）	比重（%）	2017 年 数量（起）	比重（%）
杀人	9200	0.13	8634	0.13	7990	0.15
伤害	132242	1.84	123818	1.93	111124	2.03
抢劫	86747	1.21	61428	0.96	39230	0.72
强奸	29948	0.42	27767	0.43	27664	0.50
拐卖妇女儿童	9150	0.13	7121	0.11	6668	0.12
盗窃	4875561	67.96	4304321	66.97	3459742	63.10
其中：入室盗窃	1335194	18.61	1184052	18.42	925441	16.88
盗窃机动车	547906	7.64	435221	6.77	291227	5.31
财产诈骗	1049841	14.63	979956	15.25	927583	16.92
走私	2199	0.03	2407	0.04	3277	0.06
伪造、变造货币 出售、购买、运输、持有、使用假币	992	0.01	1163	0.02	1467	0.03
其他	978157	13.64	910918	14.17	897825	16.38
合计	7174037	100.0	6427533	100.0	5482570	100.0

资料来源：《中国法律年鉴》（2016—2018）。

1981 年，全国公安机关立案的刑事案件数为 89.281 万起，2017 年则是 1981 年的 6.14 倍，其中，1981 年盗窃案为 74.4374 万起，2018 年则

[①] 数据来源：《中国法律年鉴》（1987—1997）。

是1981年的4.65倍。①

第三，从公安机关受理的治安案件情况来看，尽管近年违法案件的数量稍有减少，但违法现象仍然非常突出（见表2—4）。

表2—4　　2016—2017年全国公安机关受理治安案件情况

	数量（起）			每万人口案件数量（起）		
	2015年	2016年	2017年	2015年	2016年	2017年
合计	11795124	11517195	10436059	85.7	83.6	75.0
扰乱单位秩序	93326	78316	67901	0.7	0.6	0.5
扰乱公共场所秩序	452474	481862	361120	3.3	3.5	2.6
寻衅滋事	74955	77451	86493	0.5	0.6	0.6
阻碍执行职务	32779	34405	41128	0.2	0.2	0.3
非法携带枪支、弹药、管制工具	81668	97941	95067	0.6	0.7	0.7
违反危险物质管理规定	24766	33283	65838	0.2	0.2	0.5
殴打他人	3001840	2803995	2578537	21.8	20.4	18.5
故意伤害	216716	220193	204054	1.6	1.6	1.5
盗窃	2343731	2285424	2151885	17.0	16.6	15.5
敲诈勒索	13085	11707	10858	0.1	0.1	0.1
抢夺	29691	23508	16600	0.2	0.2	0.1
盗窃、损毁公共设施	11561	11856	13334	0.1	0.1	0.1
伪造、变造、倒卖有价票证、凭证	5978	4124	5379	0.0	0.0	0.0
违反旅馆业管理	102894	106225	112571	0.7	0.8	0.8
违反房屋出租管理	124600	158860	141812	0.9	1.2	1.0
诈骗	510505	470129	343876	3.7	3.4	2.5
卖淫、嫖娼	75756	82877	88091	0.6	0.6	0.6
赌博或为赌博提供条件	323386	306094	265826	2.3	2.2	1.9
毒品违法活动	798695	773313	679500	5.8	5.6	4.9
其他	3476718	3455632	3106189	25.3	25.1	22.3

资料来源：《中国法律年鉴》（2016—2018）。

---

① 数据来源：《中国法律年鉴》（1987—1997）和《中国法律年鉴》（2018）。

1986年，全国治安案件发案数是111.5858万起，[①]由表2—4可见，2017年为1043.6059万起，是1986年的9.35倍。

第四，从法院的民事案件收案情况来看，各类纠纷案件数量惊人。1986年，全国人民法院一审收案的民事案件为98.9409万起，经济纠纷32.2153万起，合计131.1562万起。[②] 2017年，全国法院民事案件一审收案数量则为1137.3753万起，[③]是1986年民事案件和经济纠纷案件数量之和的3.45倍。

第五，从人民检察院受理的职务犯罪案件情况来看，职务犯罪问题形势仍然严峻。1991年，全国检察机关的立案中贪污案2.8551万起、贿赂案1.7668万起、挪用公款案1.1041万起，[④]而到2017年仍然分别有8233起、15570起、2735起。[⑤]可见当前我国的反腐败任务依然艰巨。

总之，传统的城镇化较大程度忽视了正确处理人与人之间的关系，因而导致各类违法犯罪、各类纠纷层出不穷，难以遏制。有研究表明，改革开放以来，城镇化水平与犯罪总量的相关系数高达1.95，而城镇化水平与经济犯罪总量之间的相关系数达0.8。我国城镇化与犯罪之间为高度正相关关系。[⑥] 1996—2003年是中国城镇化发展最快的时期，城镇人口占总人口的比例一直保持在1.4%—1.5%的高增长，2006年，中国的城镇化率达到了43.9%。与此同时，犯罪率迅速攀升，1992—2006年，中国城镇化水平与犯罪率的相关系数高达0.935。[⑦]

与传统城镇化相反，新型城镇化尤其注重采取措施，促进人与人之间的和谐，包括先富者与后富者之间的和谐、各类职业人群之间的和谐、本地人与外来人之间的和谐等。可以说，这是新型城镇化区别于过去城

[①] 数据来源：《中国法律年鉴》（1987—1997）。
[②] 数据来源：《中国法律年鉴》（1987—1997）。
[③] 数据来源：《中国法律年鉴》（2018）。
[④] 数据来源：《中国法律年鉴》（1992）。
[⑤] 数据来源：《中国法律年鉴》（2018）。
[⑥] 田鹤城：《经济发展与犯罪关系研究》，博士学位论文，西北农林科技大学，2009年。
[⑦] 张荆：《都市化与犯罪率同步增长的原因研究》，《中国犯罪学学会第十八届学术研讨会论文集》（上册），浙江绍兴，2009年，第27—36页。

镇化的一个本质特征。反之，如果继续忽视人与人之间的和谐，即便给城镇化冠以"新"的美名，实际仍未摆脱"旧"型城镇化的窠臼。

（四）新型城镇化是基本公共服务均等化的城镇化

基本公共服务均等化，是指政府为全体社会成员都提供与经济社会发展水平相适应的、能够体现公平正义原则的基本公共产品和服务。简单地说，基本公共服务均等化就是，人人都能享受到公共服务、人人享受公共服务的机会都是平等的。[①] 基本公共服务均等化是新型城镇化的重要特征。

相当长时间以来，中国城镇化过程中的基本公共服务是极其不均等的，它体现在城乡之间、区域之间等诸多方面。

1. 从基本公共教育方面可见中国基本公共服务不均等

1995年生均公共教育经费支出中，全国地方普通小学平均为476.25元，地方初级中学平均为918.50元，但东、中、西部地区之间包括各地区内部之间差别较大（见表2—5）。

表2—5　　1995年东、中、西部地区地方普通小学、初中生均教育经费支出　　　　　　　　　　（单位：元）

东部			中部			西部		
省(市、区)	小学	初中	省(市、区)	小学	初中	省(市、区)	小学	初中
北京	1040.05	1960.52	江西	319.86	531.16	贵州	206.16	433.83
天津	718.53	1344.52	安徽	355.40	640.87	陕西	393.38	829.80
上海	1591.53	2085.97	河南	306.16	698.13	西藏	597.63	1752.04
广东	857.33	1536.63	山西	483.31	894.54	新疆	582.39	1058.95
山东	405.48	868.54	湖南	443.99	795.80	宁夏	347.00	584.94

资料来源：《中国教育经费统计年鉴》(1996)。

近年来，政府为推动教育公平做了很多工作，但教育领域的基本公

[①] 江泽林：《新型城镇化的价值内涵和基本特征——基于西咸新区的探索与实践》，《理论导刊》2014年第12期。

共服务均等化仍然不够理想。到 2017 年，生均一般公共财政预算教育经费支出中，全国地方普通小学平均为 10344.40 元，地方初级中学平均为 14858.63 元，但各地区之间及地区内部差距仍然非常明显，详见表 2—6：

表 2—6　　　2017 年各地区地方普通小学、初中生均一般
公共财政预算教育经费支出　　　　　　（单位：元）

东部			中部			西部		
省(市、区)	小学	初中	省(市、区)	小学	初中	省(市、区)	小学	初中
北京	30710.24	58509.67	江西	8617.15	11525.57	贵州	9880.36	11402.08
天津	18765.23	30949.79	安徽	9113.01	13378.04	陕西	11316.24	15569.95
上海	20689.51	31416.28	河南	5853.70	9166.17	西藏	28579.74	29983.69
广东	11632.15	16539.98	山西	10200.75	13605.89	新疆	12117.58	19017.91
山东	9184.03	15265.35	湖南	8449.81	12689.87	宁夏	9704.63	13877.27

资料来源：《中国教育经费统计年鉴》(2018)。

2. 从基本医疗卫生支出可见中国基本公共服务不均等

1990 年我国人均卫生总费用中，城镇居民为 158.8 元，农村居民为 38.8 元，前者是后者的 4.09 倍。1990 年，城市人口占中国大陆人口的比重为 26.41%，农村人口占比为 73.59%,[①] 但是，1990 年全国卫生费用中，城市却占了 48.5%，农村只占 51.5%。1995 年我国人均卫生总费用中，城镇居民为 401.3 元，农村居民为 112.9 元，前者是后者的 3.55 倍，城市占了全国卫生费用的 54.9%，农村只占了 45.1%;[②] 而城市人口只占 29.04%，农村人口占 70.96%。[③]

到 2014 年，全国常住人口城镇化率为 56.10%,[④] 但城市卫生费用为 26575.60 亿元，乡村为 8736.80 亿元,[⑤] 城市仍然是乡村的 3.04 倍。

到 2015 年，全国人均卫生总费用为 2980.80 元，但各区域之间及区

[①] 数据来源：《中国统计年鉴》(1991)。
[②] 数据来源：《中国卫生统计年鉴》(2003)。
[③] 数据来源：《中国统计年鉴》(1996)。
[④] 数据来源：《2015 年国民经济和社会发展统计公报》。
[⑤] 数据来源：《中国卫生与计划生育统计年鉴》(2017)。

域内部差别很大,详见表2—7:

表2—7　　　　　2015年各地区人均卫生总费用　　　　（单位:元)

东部		中部		西部	
北京	8453.14	江西	2143.54	贵州	2136.78
天津	4866.32	安徽	2376.98	陕西	3307.08
上海	6362.02	河南	2382.38	西藏	3208.66
广东	3043.29	山西	2518.82	新疆	3691.00
山东	2888.09	湖南	2402.06	宁夏	3411.75

资料来源:《中国卫生与计划生育统计年鉴》(2017)。

3. 从文化公共服务可见中国基本公共服务不均等

1990年,我国城镇居民家庭人均生活费支出中,文娱用品支出68.04元,书报杂志11.40元;农民家庭人均生活消费支出中,文化娱乐用品12.11元,书报杂志3.20元。[①] 2016年教育文化娱乐支出中,城镇居民人均为2637.6元,农村居民人均只有1070.3元。[②] 城乡居民文化(教育)支出固然与个人收入存在较大差异有关,但也与城乡文化公共服务存在较大差异相关。不少农村地区,即便有钱也无处购买文化服务。

2016年有线广播电视实际用户数占家庭总户数的比重,全国平均水平是52.75%,其中北京最高,为109.66%,甘肃最低,只有24.70%。全国农村平均水平为33.17%,其中北京为81.83%,西藏只有4.68%,宁夏则无统计数据。[③] 由此也可看出,城乡文化公共服务存在较大差异。

4. 从社会保险情况可见中国基本公共服务不均等

第一,我国《宪法》赋予每个公民都应平等享有社会保险的权利,这方面的公共服务应当均等化,中国是社会主义国家,公民享有的社会保险服务更应当均等化。

然而,一直以来,政府机关公务员、事业单位工作人员实行的都是

[①] 数据来源:《中国统计年鉴》(1991)。
[②] 数据来源:《中国统计年鉴》(2017)。
[③] 数据来源:《中国统计年鉴》(2017)。

属于体制内的社会保险制度，福利水平高、保障齐备。实行机关事业单位社会保险改革以后，公务员与事业单位工作人员与城镇职工一样，都纳入社会保险体系，但他们的仍然属水平较高、种类齐备的社会保险。相比之下，工人、农民、农民工等群体拥有社会保险方面的基本公共服务状况则相差很多（见表2—8）。

表2—8　　2008—2014年外出农民工拥有的社会保险情况　　（单位：%）

年份	2008	2009	2010	2011	2012	2013	2014
养老保险	9.8	7.6	9.5	13.9	14.3	15.7	16.7
工伤保险	24.1	21.8	24.1	23.6	24.0	28.5	26.2
医疗保险	13.1	12.2	14.3	16.7	16.9	17.6	17.6
失业保险	3.7	3.9	4.9	8.0	8.4	9.1	10.5
生育保险	2.0	2.4	2.9	5.6	6.1	6.6	7.8

资料来源：《全国农民工监测调查报告》。

从表2—8可见，进城农民工享有各类社会保险的比例都是非常低的，比例最高的是工伤保险，2013年是28.5%，2014年反而下降到26.2%。

2014年之后，国家统计局发布的全国农民工监测调查报告，都不再公布农民工的社会保险情况。从诸多区域的调查来看，情况并不容乐观。2015年，有对陕西省10地市51个区县农民工状况的监测调查显示，陕西省农民工很少享受"五险"。绝大多数农民工都在户籍所在地参加了新型农村合作医疗、新型农村社会养老保险，比例分别为95.6%、82.7%；但是，外出农民工中享受"五险一金"的比例却非常低，养老保险仅有10.4%，工伤保险为14.5%，医疗保险为10.9%，失业保险仅有5.4%，生育保险仅4.4%；在本地非农务工农民工中，能够享受到"五险"的农民工比例则更低。[①]

第二，从居民养老金水平，更可以看出基本公共服务不均等。相当长时

[①] 毛浓曦：《陕西外出农民工享"五险一金"比例较低》，《工人日报》2016年4月7日第6版。

间以来，只有机关事业单位工作人员、工人退休有养老金，而其他居民没有。2009年，中国大陆实行新农保试点，规定基础养老金的最低标准是每人每月55元。2014年，新农保和城居保实现并轨。2015年的全国两会上，国务院总理李克强在政府工作报告中明确城乡居民基础养老金标准统一由55元提高到70元。① 2018年初开始，全国城乡居民基本养老保险基础养老金最低标准再次提高到每人每月88元。② 可见，尽管标准一再提高，但城乡居民基础养老金仍然非常低，远不能与机关事业单位退休人员的养老金水平相比。2017年，城镇职工参保离退休人员1.1026亿人，全年基金总支出38 052亿元，每人月均2876元，而同年城乡居民实际领取养老金人数为1.5598亿人，基金支出2372亿元，每人月均127元，③ 前者是后者的22.65倍。

第三，从工伤保险可见基本公共服务不均等。2017年年末全国就业人员7.7640亿人，但有工伤保险的人数只有2.2724亿人，④ 仅占全国就业人员的29.27%。

第四，从失业保险可见基本公共服务不均等。2017年年末，中国大陆就业人员7.7640亿人，城镇登记失业人数972万人，而拥有失业保险的只有1.8784亿人，但是全年只有458万名失业人员得到了月均1111元期限不同的失业保险金，⑤ 剩下514万名登记失业人员则没有失业金。实际上，还有不少失业人员并未登记入册。

第五，从生育保险可见基本公共服务不均等。2017年年末，中国大陆参加生育保险人数有1.9300亿人，全年共有1113万人次享受了生育保险待遇⑥，而2017年，全年出生人口1723万人⑦，这意味着，有大约610

---

① 吴斌：《去年全国城乡居民基础养老金标准由55元提高到70元》，《南方都市报》2016年2月22日第AA13版。
② 《人力资源社会保障部 财政部 关于2018年提高全国城乡居民基本养老保险基础养老金最低标准的通知》，2018年5月10日，http://www.mohrss.gov.cn/gkml/zcfg/gfxwj/201805/t20180511_293808.html，2020年5月18日。
③ 数据来源：《2017年度人力资源和社会保障事业发展统计公报》。
④ 数据来源：《2017年度人力资源和社会保障事业发展统计公报》。
⑤ 数据来源：《2017年度人力资源和社会保障事业发展统计公报》。
⑥ 数据来源：《2017年度人力资源和社会保障事业发展统计公报》。
⑦ 数据来源：《2017年国民经济和社会发展统计公报》。

万妇女未享受生育保险。

综上,中国要实现新型城镇化的目标,在基本公共服务均等化方面还有很多工作要做,并且基本公共服务不仅仅只有以上这些方面,还有其他重要内容。根据《国务院关于印发"十三五"推进基本公共服务均等化规划的通知》,[①] 中国当前基本公共服务包括:

第一,基本公共教育(九年义务教育);

第二,基本劳动就业创业(城镇新增就业、农民工职业技能培训);

第三,基本社会保险(基本养老保险、基本医疗保险);

第四,基本医疗卫生[孕产妇死亡率(1/10万)、婴儿死亡率(‰)、5岁以下儿童死亡率(‰)];

第五,基本社会服务[养老床位中护理型床位比例(%)、生活不能自理特困人员集中供养率(%)];

第六,基本住房保障(城镇棚户区住房改造,包括建档立卡贫困户、低保户、农村分散供养特困人员、贫困残疾人家庭等4类重点对象农村危房改造);

第七,基本公共文化体育[公共图书馆年流通人次,文化馆(站)年服务人次,广播、电视人口综合覆盖率(%),国民综合阅读率(%),经常参加体育锻炼人数];

第八,残疾人基本公共服务[经济困难残疾人生活补贴和重度残疾人护理补贴覆盖率(%)、残疾人基本康复服务覆盖率(%)]。

总之,只有上述指标达到比较高的水平,基本公共服务实现了均等化,中国的城镇化才有别于过去的"旧型"城镇化,否则就称不上新型城镇化。

(五)新型城镇化是城乡一体化发展的城镇化

著名社会学家费孝通先生曾指出,城乡对立是病态,它们本是相辅

[①] 《国务院关于印发"十三五"推进基本公共服务均等化规划的通知》,2017年3月1日,http://www.gov.cn/zhengce/content/2017-03/01/content_5172013.htm,2020年5月18日。

相助的经济配合体。①

1949年3月,毛泽东在中国共产党七届二中全会报告中指出,从1927年到1949年,中国共产党的工作重点是乡村,在乡村聚集力量,用乡村包围城市,然后取得城市。从1949年开始,党的工作重心由乡村移到城市。但是,城乡必须兼顾,必须使城市工作和乡村工作,使工人和农民,使工业和农业,紧密地联系起来。决不可以丢掉乡村,仅顾城市。如果那样想,那就是完全错误的。

1959年12月至1960年2月,毛泽东在《读苏联〈政治经济学教科书〉的谈话》中说:"在社会主义工业化过程中,随着农业机械化的发展,农业人口会减少。如果让减少下来的农业人口,都拥到城市里来,使城市人口过分膨胀,那就不好。从现在起,我们就要注意这个问题。要防止这一点,就要使农村的生活水平和城市的生活水平大致一样,或者还好一些。"②

毛泽东还指出,工人在城市建设,农民在农村里建设,农民要和工人一面合作,一面比赛,把农村也改造得和城市差不多,这才是真正的工农联盟;要农村生活不低于城市,或者大体相同,或者略高于城市,各公社都要有自己的经济中心。③

可见,费孝通和毛泽东,尤其是毛泽东,已经很清楚地指出了,与中国传统的城镇化不同,中国新型城镇化应当是城乡一体化发展的城镇化。

2000年,湖北省监利县棋盘乡党委书记李昌平曾经写信给时任国务院总理朱镕基,说"农村真穷,农民真苦,农业真危险"。李昌平曾深刻总结过农民贫困的原因,充分反映了一段时间以来,中国的城镇化忽略了城乡一体化发展。他认为主要有以下方面原因。

第一,基础设施投入方面重视城镇,忽略农村。过去较长时间,农村电力、电话都是由农民自己集资兴建,城里的电力、电话由国家投资,

---

① [美]费孝通:《费孝通文集》第5卷,群言出版社1999年版,第548页。
② 毛泽东:《毛泽东文集》第8卷,人民出版社1999年版,第128页。
③ 张毅:《对毛泽东关于农村工业化思想的研究》,《毛泽东百周年纪念——全国毛泽东生平和思想研讨会论文集》(下册),北京,1993年,第172—188页。

城市用电和电话比乡村便宜；农村学校由农民自己集资建，教师工资由农民自己出，城市学校由国家建，教师工资由国家财政出；城市里的公路由国家修，一千米就是几百万元甚至上千万元，农村里的公路主要是农民自己修。可以说，农村几乎所有的基础设施建设都是农民自己集资的，而国家财政支持多流向了城市。

第二，金融更多支持城市，较少支持农村。相当长时间里，城里人可用身份证贷款买房，农村人却不可以；城里人可用房屋作抵押贷款，农民却不能用房子、土地去抵押贷款。农民贷款不仅难，而且利息也比城市高几倍。农民很难获得金融支持，但国家又不允许乡村民间金融存在。

第三，就业方面重视城市，忽略农村。很长时期内，政府谈就业问题、失业问题，只谈城镇劳动力，农民不在这个话语之中。相当长时间内，《劳动法》能保护的也只是城市的职工，失业保障与农民工没有关系。北京、上海这样的城市还存在严重的就业歧视。更为严重的是，国家在采用财政税收资源解决劳动力就业时，很少考虑农村居民，20世纪90年代的"再就业工程"根本就与农民无关。并且，国家的金融资源也更偏向于解决城市居民和国有企业职工的就业问题，当时每年有数百亿元的贷款给了国有企业，证券市场也有非常多的资源流向国有企业，以保障城市职工就业。相比之下，农村获得的就业资源少之又少。

第四，城乡职工工资制度对农民非常不利。20世纪90年代，城市职工的工资里面包含结婚、生儿育女、孝敬父母等部分，还有继续教育、培训及养老部分。而城市里的农民工工资却不包含这些，农民工的工资水平很难完成劳动力再生产、承担不了赡养老人的义务，自己养老的问题也无法解决。根据陆学艺、郭书田等学者的计算，平均每个农民工每年在城里创造的价值是2.5万元，但每个农民工得到的平均工资充其量只有6000—8000元。城市和发达地区每年可从农民工身上得到1.6万元以上的剩余价值。如果进城1亿农民，农民工每年被剥夺的剩余价值就超过1.6万亿元。

第五，土地制度利于城市，不利于农村。宪法规定，农村土地属集体所有，产权非常明晰。农民的土地不能自主进入市场交易，只能先由国家征用，再由国家出卖。国家征用1亩地几千、几万不等，转手卖几万、几十万、几百万不等。国家每年从农村土地上拿走数百亿甚至更多。而这些钱，主要投向了城市。

第六，科技推广制度利于城市，不利于农村。科技推广制度也是一个抽水机。农村无疑亟须科技服务。农业大学的学生读了四年大学，几年的硕士、博士，毕业后很少到农村当技术员。因为农村很难支付高价读大学后所需要的回报。市场配置资源（技术），结果就是有农业技术的大学生远离农民，远离小农经济，农村的技术人员越来越少。而推广到农村的技术，比如杂交种子，为了追求高额回报，以一种物化的特殊垄断方式下乡，农民不得不付出使用"技术"的高额代价。靠市场配置技术的结果，一是技术人才远离农村；二是农民使用技术必须付出高成本。实际上，历次乡镇机构改革，工商要加强，税务要加强，财政要加强，土地要加强，凡是找农民收钱的部门都要加强；凡是农民需要的技术服务部门，比如农业技术推广站、渔业技术推广站、林业技术推广站……统统推向市场，任其自生自灭，自谋生路。这样改革的结果就是农业科技推广体系"网破、人走、技黄"，农民获得廉价的技术服务的权利被剥夺，为资本市场下的技术获得垄断收益创造了可能，结果大大加重了农民使用技术的成本，导致贫困的农民更加贫困。

第七，户籍制度不利于农村发展。户籍制度也是一个抽水机。城市户口相对于农村户口更值钱。相当长时间内，拥有城市户口的人有很强的优越感，有城市户口的儿童吃的、穿的、住的、玩的都和农村儿童不一样。很多农民想解决户口问题，而户口需要粮食、公安、民政等好几个部门联合办公，最后还要分管的县长签字才能解决。解决一个户口除了要花很多钱外，还需要很多时间和精力。到了20世纪90年代初期，县城户口每年出售100个、200个、500个不等，每个2万元、3万元不等。一些农民，借债也要给自己的孩子买户口，买高价户口还要走"后门"。再到后来，全国都开始卖户口了，有的城市一个户口卖十几万甚至更高。户口吸走了农村相当多的财富。

第八，人大代表制度不利于农村。县里面开人民代表大会，农民的代表权大大低于城里人的代表权。乡镇开人民代表大会,参加会议的绝大多数都是干部,没有几个是"纯"农民。这决定了人数最多的农民缺乏话语权。①

总之,相当长时期内城乡发展没有坚持一体化的理念,城乡发展失衡。这引起了党中央的高度重视。

2012年,党的十八大报告中,花了相当长的篇幅论述统筹城乡发展、"推动城乡发展一体化"。十八大报告深刻指出:"解决好农业农村农民问题是全党工作重中之重,城乡发展一体化是解决'三农'问题的根本途径。要加大统筹城乡发展力度,增强农村发展活力,逐步缩小城乡差距,促进城乡共同繁荣。坚持工业反哺农业、城市支持农村和多予少取放活方针,加大强农惠农富农政策力度,让广大农民平等参与现代化进程、共同分享现代化成果。加快发展现代农业,增强农业综合生产能力,确保国家粮食安全和重要农产品有效供给。坚持把国家基础设施建设和社会事业发展重点放在农村,深入推进新农村建设和扶贫开发,全面改善农村生产生活条件。着力促进农民增收,保持农民收入持续较快增长。坚持和完善农村基本经营制度,依法维护农民土地承包经营权、宅基地使用权、集体收益分配权,壮大集体经济实力,发展多种形式规模经营,构建集约化、专业化、组织化、社会化相结合的新型农业经营体系。改革征地制度,提高农民在土地增值收益中的分配比例。加快完善城乡发展一体化体制机制,着力在城乡规划、基础设施、公共服务等方面推进一体化,促进城乡要素平等交换和公共资源均衡配置,形成以工促农、以城带乡、工农互惠、城乡一体的新型工农、城乡关系。"

经过几年的努力,城乡发展不协调问题在许多方面有所改善,成绩斐然。2017年,为了进一步推动城乡一体化发展,党的十九大提出"乡村振兴战略""区域协调发展战略"等。

总之,城镇与乡村是两个不同质的经济社会单元和人类聚集空间,新型城镇化要求统筹城乡发展,促进公共资源在城乡之间均衡配置、生

---

① 李昌平:《中国农民怎能不贫困》,2005年6月1日,http://theory.people.com.cn/GB/40557/46473/46574/3434142.html,2019年4月17日。

产要素在城乡之间自由流动，推进城乡基本公共服务均等化，从根本上打破阶级社会以来城乡"二元"经济结构，从而推动城乡经济社会发展融合。①

新型城镇化一体化的特征，终将改变马克思所说的"旧型"城镇化状况，即"一切发达的、以商品交换为中介的分工的基础，都是城乡的分离"。② 这种状况也就是社会主义国家要实现的最终目标——共同富裕。

---

① 江泽林：《新型城镇化的价值内涵和基本特征——基于西咸新区的探索与实践》，《理论导刊》2014 年第 12 期。
② 《马克思恩格斯选集》第 2 卷，人民出版社 2012 年第 3 版，第 215 页。

第三章

盗窃原因的相关理论

本课题并不致力于盗窃理论的创新，而试图致力于解决社会工作实务领域的社会问题，即城镇盗窃问题，不少读者可能对理论比较反感，但我们认为，恰当的理论是非常必要的，甚至可以说，缺乏正确理论指导的实务问题研究是盲目的。基于这些认识，本章将系统梳理古今中外关于盗窃原因的相关理论。

一 中国古代关于盗窃原因的相关理论

中国传统文化博大精深，在关于盗窃等犯罪原因问题上的许多论述闪耀着智慧的光辉，使今人仍受启发。

早在春秋时期，管子就在《管子·国颂》中指出："凡有地牧民者，务在四时，守在仓廪。国多财则远者来，地辟举则民留处；仓廪实则知礼节；衣食足则知荣辱；上服度则六亲固，四维张则君令行。故省刑之要在禁文巧，守国之度在饰四维……不务天时则财不生；不务地利则仓廪不盈；野芜旷则民乃菅，上无量则民乃妄。文巧不禁则民乃淫，不璋两原则刑乃繁。"管子这段话的意思是说，凡是拥有土地治理民众的人，最重要的事情在于遵从四时保证生产，最关键的职责在于使国库充实。国家财富积累得多，远方的人就前来投奔；土地充分开辟，百姓就会长居而不会离去；仓库充实，民众就懂得礼节；衣食充足，民众就珍惜荣誉，远离耻辱；在统治者衣着、器物等有法度，百姓的家庭就六亲和睦而稳固；高扬礼义廉耻，君主政令就能推行。所以，要减少国家刑罚，关键在于禁止华而不实的东西；捍卫国家的法度，在于强化礼义廉耻四大纲领……不遵从天时，财富就不能生产；不尽量开发地利，国家的储备就不会充盈。田野荒芜，百姓就懒惰；在统治者奢侈挥霍无度，百姓就胆大妄为；华而不实的东西不加禁绝，百姓就不守法度；不禁绝华而不实的东西和挥霍无度这两个祸根，国家就会混乱，刑罚就会繁多。[1] 管子这段话是从治理国家的角度来说的，但它对探讨犯罪的原因也很有启发意义。按管子所说，国家治理最关键的方面是要注重适时发展生产，满足民众的物质需求，否则民众就会无视道德法规，从事违法犯罪活动。

实际上，不仅管子，中国还有很多思想家都对盗窃等犯罪原因作过阐述。

中国古代思想家们关于盗窃等犯罪原因的观点不尽相同，概括来说，主要有"贫穷说""天性说"和"混合说"等。

"贫穷说"认为盗窃等犯罪的原因产生于贫穷。管子、孔子、孟子等人都持这种观点。

孔子在《论语·卫灵公》中说："小人穷斯滥矣。"意思就是说，普通劳动人民穷了，就会犯上作乱，违法乱纪。中国古代思想家还对贫穷导致犯罪的机制作了进一步的解释。

首先，他们认为百姓富裕就会安乡重家，安乡重家就会敬上畏罪，那样就容易统治；相反，百姓贫穷就会危乡轻家，那样就敢于凌上犯禁，很难统治。总而言之，贫穷导致百姓不安于现实生活而从事违法犯罪活动。

其次，贫穷使百姓对统治者的怨恨加重。孔子在《论语·问宪》中指出："贫而无怨难。"意思是说，贫穷很难使百姓不会产生对统治阶级的怨恨。

最后，贫穷使百姓轻视礼义道德、不顾荣辱羞耻，进而违法犯罪。孟子在《孟子·梁惠王上》中说："无恒产而有恒心者，惟士为能。若民，则无恒产，因无恒心。苟无恒心，放辟邪侈，无不为己。及陷于罪，然后从而刑之，是罔民也。焉有仁人在位罔民而可为也？是故明君制民

---

[1] 李山译注：《管子》，中华书局2009年版，第1—3页。

之产，必使仰足以事父母，俯足以畜妻子，乐岁终身饱，凶年免于死亡。然后驱而之善，故民之从之也轻。今也制民之产，仰不足以事父母，俯不足以畜妻子；乐岁终身苦，凶年不免于死亡。此惟救死而恐不赡，奚暇治礼义哉？"孟子的意思是说，没有固定的产业却有坚定的心志，只有士人才能做到。至于普通百姓，假如没有固定产业，就没有坚定的心志。假如没有坚定的心志，就会为非作歹，为所欲为。等他们犯了罪，然后处罚他们，这叫陷害百姓。哪有仁德的人治理国家却做出这样陷害百姓的事呢？因此，英明的君王划定给百姓的产业，一定要使百姓上足以侍奉父母，下足以供养妻儿，年成好天天吃饱，年成坏也不至于饿死。然后，引导百姓向善，于是百姓们都乐于听从。如今，划定给百姓的产业，上不能赡养父母，下不能养活妻子儿女，年成好却天天生活在困苦之中，年成坏免不了就要饿死。这样的情况下要自保都困难，哪有闲功学习礼义呢？[①]

尽管"贫穷说"有着种种错误和缺陷，但它从治国的角度阐明了古代产生盗窃等犯罪的一些具体原因，考察了经济上的贫穷和缺乏德礼思想二者之间的内在联系，从而明确了经济富民与德礼教化两种治理措施的作用和地位，对后世影响深远。

"天性说"则认为，盗窃等犯罪的原因是人的好利恶害等天性所导致的。战国时期，法家的商鞅、韩非等和儒家的荀况都持这种观点，具体包括以下方面。

首先，他们认为好荣恶辱、好利恶害，君子和小人都是一样的。饥而欲食，寒而欲暖，劳而欲息，好利而恶害，是人与生俱来的天性。

其次，他们认为，人的天性会导致犯罪。因为人生而好利，便会发生争夺而不会辞让；生而有嫉恶，于是就有残贼而不讲忠信；生而好声色，则淫乱生而无礼义。《商君书·算地》中说："民之性：饥而求食，劳而求佚，苦则索乐，辱则求荣，此民之情也。民之求利，失礼之法；求名，失性之常。奚以论其然也？今夫盗贼上犯君上之所禁，而下失臣民之礼，故名辱而身危，犹不止者，利也。"商鞅的意思是说，人天生的

---

① 万丽华、蓝丽译注：《孟子》，中华书局2006年版，第15—21页。

本性就是，饿了就要寻找食物，累了就要寻求安逸，痛苦了就寻找欢乐，屈辱了就追求荣耀，这是人之常情。人追求个人私利，就会违背礼制；追求名誉就会丧失人的本性。为什么这样说呢？现在盗贼对上违反了君主的禁令，对下失去了臣民的礼仪，因此他们的名声不好而且生命也有危险，他们仍然不停止，这就是因利益关系。①

最后，他们认为穷人和富人都好利，所以都可能会犯罪。穷人为求温饱而不免有利欲之心，因此而犯罪；富人虽富，仍有更高的物欲、权欲，贪心不已，因而也会犯罪，所以祸根就在于不知足。《韩非子·备内》载："犯法为逆以成大奸者，未尝不从尊贵之臣也。"意思是说，违反法律、叛逆作乱而篡权夺位的人，都属于尊贵的大臣。②韩非子还说："且万乘之主，千乘之君，后妃、夫人、适子为太子者，或有欲其君之蚤死者。何以知其然？……唯母为后而子为主，则令无不行，禁无不止，男女之乐不减于先君，而擅万乘不疑，此鸩毒扼昧之所以用也。……故后妃、夫人、太子之党成而欲君之死也。君不死，则势不重，情非憎君也，利在君之死也。"意思是说，各个大小国君的后妃、夫人、做了太子的嫡子，有的盼着自己的君主早死。如何证明这一点呢？……只有当母亲做了太后而儿子做了君主以后，那就会令无不行，禁无不止，男女乐事不减于先君在时，而无疑要独掌国家大权，这正是用毒酒毙命、用绳索杀人事件产生的原因。……所以，后妃、夫人、太子的私党结成了党派，就会盼望君主早死，如果君主不死，自己的权势就不大。本意并非憎恨君主，而是利益就在君主的死亡上。③

总之，"天性说"认为人生来就具有好荣恶辱、好利恶害的思想。显然，这是唯心主义的观点。不过，"天性说"虽然有许多缺点与错误，但揭示了古代产生犯罪的一个具体原因，并论述了私利思想导致犯罪的机制，因而对后世也产生了一定的影响。

"混合说"认为，盗窃等犯罪是由贫穷、天性等诸多原因所致。汉代

---

① 石磊译注：《商君书》，中华书局2009年版，第67—68页。
② 陈秉才译注：《韩非子》，中华书局2007年版，第82—83页。
③ 陈秉才译注：《韩非子》，中华书局2007年版，第79—81页。

以后的学者大都持这种观点。其中，西汉董仲舒的影响较大。《汉书·食货志》中记载："至秦则不然，用商鞅之法，改帝王之制，除井田，民得卖买，富者田连阡陌，贫者无立锥之地。又颛川泽之利，管山林之饶，荒淫越制，逾侈以相高；邑有人君之尊，里有公侯之富，小民安得不困？……故贫民常衣牛马之衣，而食犬彘之食。重以贪暴之吏，刑戮妄加，民愁亡聊，亡逃山林，转为盗贼，赭衣半道，断狱岁以千万数。"董仲舒的意思是说，到了秦代就不一样了，推行商鞅变法，改变了古代帝王的制度，废除了井田制，允许民间买卖土地。富有的人田地阡陌连片，贫苦的人没有立锥之地。他们又垄断了川泽的鱼盐，控制了山林的铜铁材木的利益，迷恋佚乐无度，互相攀比奢侈排场。以至于出现了城镇里有国君那样尊贵的人，里门中有公侯那样富裕的人，普通百姓怎么不贫困？……因此，贫民常常穿牛马一样的衣服，吃猪狗一样的食物。再加上贪官暴吏，人民无法为生，被迫逃进山林，变成盗贼，以致路上走的大半是穿囚衣的犯人，每年判罪上千万起。① 由此可以看出，董仲舒认为是贫穷导致人们犯罪的。

另外，董仲舒又持"性三品"观点。认为少数剥削者生而性善，能遵守三纲五常，不会犯罪，是上等之性；大多数劳动人民生而性恶，愚昧无知，贪欲很重，是下等之性，不能教化，只能以刑罚威吓；而中等之人，性可以为善，也可以为恶，必须教化才能把善良的本性发挥出来。可见，董仲舒又认为犯罪产生于天性。

总之，"混合说"没有超越"贫穷说"和"天性说"的基本观点，且有两者的缺陷。但"混合说"把两种相互矛盾的观点综合起来，把关于犯罪原因的理论推到了一个新的阶段。②

中国古代除了以上理论解释盗窃等犯罪原因之外，还有其他一些观点。比如，老子说："法令滋彰，盗贼多有。"③ 老子的意思是法令越严越多，盗贼也越多。老子认为："绝圣弃智，民利百倍；绝仁弃义，民复孝

---

① 黄绍筠：《中国第一部经济史——汉书食货志》，中国经济出版社1991年版，第99—103页。
② 胡新：《中国古代的犯罪原因论》，《法商研究——中南政法学院学报》1994年第2期。
③ 饶尚宽译注：《老子》，中华书局2006年版，第138页。

慈；绝巧弃利，盗贼无有。"意思是说，杜绝和抛弃聪明巧智，百姓可以得到百倍的利益；杜绝和抛弃仁义，百姓可以恢复孝慈的天性；杜绝和抛弃巧诈私利，盗贼就不会存在。老子认为，儒家的圣智、仁义、巧利，是统治者扰民的"有为"，是欺骗百姓的"文饰"，是搜刮民利、六亲不和、产生盗贼的原因。

庄子则进一步指出："彼窃钩者诛，窃国者为诸侯；诸侯之门而仁义存焉。则是非窃仁义圣知邪？"① 意思是说，那些偷了一个钩子的人受到处死的惩罚，而那些盗窃国家的人却做了诸侯。诸侯之家有了仁义，那就是偷窃来的仁义圣智。对此，南开大学王处辉教授解释说，圣、智、仁、义、信、孝、慈、利等观念，都是私有制的产物，是统治阶级用来调和阶级矛盾和各种社会冲突的工具，如果没有社会矛盾和冲突，也就不会有这些观念。若是人们都不知道争利斗巧，也就没有盗贼出现。②

墨子也曾论及盗窃等犯罪现象。墨子说："今有人于此，入人之场园，取人之桃李瓜姜者，上得且罚之，众闻则非之，是何也？曰：不与其劳获其实，已（以）非其有所取之故，而况有逾于人之墙垣，担格人之子女者乎？与角人（穴）之府库，窃人之金玉蚤累（布缲）者乎！与逾人之栏牢，窃人之牛马者乎？而况有杀一不辜人乎……今王公大人之加罚此也，虽古之尧舜禹汤文武之为政，亦无以异此矣。今天下之诸侯，将犹皆侵凌攻伐兼并，此为杀一不辜人者，数千万矣，此为逾人墙垣，担格人之子女者，与角人府库，窃人金玉蚤累者，数千万矣……而自曰'义'也。少而示之黑谓之黑，多示之黑谓白，必曰：吾目乱，不知黑白之别。……今王公大人之政也，或杀人，其国家禁之，此蚤越有能多杀其邻国之人，因以为文义，此岂有异蒿黑白……之别者哉！"墨子的意思是说，如果有人拿了别人的一桃一李，被发现都要受罚，人们也会指责他，因为他要不劳而获，拿了不该由他占有的东西，违背了社会规范，人们对他的指责和惩罚是正当的。但那些掌握权力的阶级侵凌、攻伐、兼并别国，抢掠杀人要比任何一个有严重越轨者严重千万倍，却自称

---

① 饶尚宽译注：《老子》，中华书局2006年版，第46—47页。
② 王处辉：《中国社会思想史》（上册），南开大学出版社1989年版，第51页。

"义",还要写在史书上传于后世,以为光彩。以小盗为"盗"正常、合理,而以大盗为"义"则是黑白颠倒的社会怪现象![1] 据此,可以说,二千多年后美国社会学的互动学派所提出的标签理论的一些基本观点,墨子早就提出来了。

二 西方关于盗窃原因的相关理论

(一)天生犯罪人论

1876年,意大利犯罪学家龙勃罗梭的名著——《犯罪人论》问世,标志着天生犯罪人论的提出。

龙勃罗梭是一名监狱医生,1870年12月,在打开意大利著名土匪头子维莱拉尸体的头颅时发现,他的头颅枕骨部位有一个明显的凹陷处,位置同低等动物一样。这一发现触发了龙勃罗梭的灵感,他认为原始人和低等动物的特征必然会在当代重新繁衍,因而提出了天生犯罪人理论。

后来,龙勃罗梭不断完善他的理论,把早期的一本小册子扩展为一部三卷本并附图一卷的鸿篇巨制。

龙勃罗梭天生犯罪人理论主要有以下方面内容。

第一,犯罪者通过许多体格和心理的异常现象区别于非犯罪人;

第二,犯罪人是人的变种,一种人类学类型,一种退化现象;

第三,犯罪人是一种返祖现象,是蜕变到低级的原始人类型;

第四,犯罪行为有遗传特性,从犯罪天赋中产生。

龙勃罗梭还描述了天生犯罪人的生理特征和精神特征。他认为,天生犯罪人的生理特征是:额头扁平,头脑突出,眉骨深陷,颌骨巨大,颊骨同耸;齿列不齐,耳朵很大或者非常小,头骨和脸左右不对称,斜眼睛,指头多畸形,体毛不多等。

龙勃罗梭还认为,天生犯罪人的精神特征是:没有痛觉,视觉却敏锐;性别特征不明显;非常懒惰,无羞耻感及怜悯之心,有着病态的虚荣心及容易被激怒;迷信,喜欢文身,习惯于用手势来表达意思等。

---

[1] 王处辉:《中国社会思想史》(上册),南开大学出版社1989年版,第77—78页。

龙勃罗梭的理论一问世，便遭到很多人的批评。英国犯罪学家查尔斯·巴克曼·格林经过 12 年的研究，根据 96 种特征考察了 3000 名以上的罪犯，得出结论：无论是在测量方面，还是在犯罪人是否存在身体异常方面，罪犯都表现出和那些守法的人类似统计有惊人一致。不存在犯罪人身体类型这种事情。也就是说，根本不存在天生犯罪的人。

实际上，龙勃罗梭自己后来对其理论也没有什么信心了。

不过，龙勃罗梭的理论在 19 世纪末、20 世纪初有着非常大的影响，至今仍有不少追随者。后人不断丰富、修正了龙勃罗梭的理论，形成了一些分支，诸如体型说、血型说、内分泌说、染色体变异说及脑电波说等。[1]

按龙勃罗梭的理论，有些人是天生的犯罪者，既然他的理论很难成立，我们自然不能认为有些人是天生的盗窃者。

（二）社会学习理论

班杜拉（A. Bandura）是美国心理学家、斯坦福大学教授。20 世纪 60 年代，班杜拉提出社会学习理论。1977 年，班杜拉出版《社会学习理论》一书，系统地阐述了他的社会学习理论。

社会学习理论，又叫"造型理论""榜样理论"等，班杜拉认为，人类的习得活动，多数是在社会交往过程中，通过对榜样人物的示范行为的观察、模仿而进行的。学习活动是"模仿—认同—强化"的过程。他认为，人既不受内部力量的直接驱使，也不会因为外界环境的变化而随波逐流，人的活动是个人的内在驱力、行为和环境三者相互作用、相互决定的过程。

观察学习是班杜拉社会学习理论的核心概念和基本内容。班杜拉认为，人类的学习不仅有直接学习方式，也有间接学习方式。直接学习就是学习者通过自身实践活动，同时直接接受反馈而进行的一种学习方式。刺激反应的学习就是直接学习方式。而间接学习即学习者通过观察他人

---

[1] 马立骥、姚峰：《犯罪心理学：理论与实务》，浙江大学出版社 2014 年版，第 32—35 页。

所表现的行为及其结果所发生的学习活动。班杜拉主张的观察学习，就是属于间接学习方式。

班杜拉通过实验表明，观察榜样的攻击行为的儿童，比没有观察过这种行为或观察温和型榜样的儿童，在游戏时明显地表现出更多的攻击性行为，即使给予榜样以强化（奖赏或惩罚），也仅仅影响儿童的成绩，并不影响儿童对榜样的习得。班杜拉的实验说明，人的直接驱力不是学习的必要条件，认知因素在反应的习得中占有非常重要的地位。儿童只是观察榜样的攻击性行为，并没有经过反应—强化这一程序，也同样能够进行学习活动。因此，班杜拉指出人从动作的模拟到语言的掌握，从态度的定势到人格的形成，都要通过观察学习。

班杜拉的社会学习理论十分强调榜样（模型）的示范作用。观察学习过程，通过学习者观察榜样的不同示范而进行。示范大致分为以下几类。

第一，行为示范，就是通过榜样的活动动作传递行为的方式。这种示范方式，在对榜样的观察学习中占有重要地位。儿童坐立姿势的养成、卫生习惯的训练、攻击行为的制止等，大都是通过家长、教师、同辈群体以及其他行为示范，然后在他们头脑中建立条件反射系统。

第二，言语示范，就是通过榜样的言语活动传递行为、技能的方式。言语是人类所独有的心理现象，因而榜样的言语示范在人的语言学习中具有特殊意义。口形的变化、喉头的活动、气流的吐咽、面部肌肉的舒展与收缩、语调声音的长短高低，都可以通过言语示范而进行模仿学习。

第三，象征示范，就是通过幻灯、电视、电影、戏剧、画册等象征性的中介物呈示榜样的方式。

第四，抽象示范，就是通过榜样的各种行为事例，传递隐藏在行为事例背后的道理或规范的方式。它要求榜样遵照一定的道理和规范做出反应，向观察者呈现出来，使观察者按照榜样的行为倾向进行类似的活动。比如，数学教师按某个或某些定理、公式在黑板上演示几道例题后，学生就总结出这些例题所包含的定律，并按照教师的方式解决同一类型的问题。

第五，参照示范，就是在传授抽象概念与复杂技术时，附加呈现具体参照事物和动作的方式。它是对抽象示范的补充及强化。

第六，参与性示范，就是把观察和实施结合起来，以提高学习效果的示范方式。先观察榜样的示范，并立即让观察者模仿进行实际尝试性操作，然后再让他们观察榜样示范和实际模仿操作。

第七，创造性示范，就是基于若干榜样示范，使观察者产生一种新的行为模式。观察者由于受不同模型的作用，在大脑中建立了若干暂时联系，这些暂时联系通过大脑的整合作用出现了不同于任何榜样示范的新模型。

第八，延迟示范，就是观察者在观察榜样之后，并未立即表现出模仿行为，而是经过一段时间之后才显示出示范作用。儿童看到大人抽烟，并未马上模仿，等到长大也抽烟，这就是延迟示范的结果。[1]

另外，也有人总结，示范包括家庭中家长的示范、学校中教师的示范、交往中同伴的示范、社会中大众传播媒介的示范等。[2]

班杜拉的社会学习理论告诉我们，家长、学校、同辈群体、社会等方面，包括影视媒体、书刊杂志、互联网等，都应当为儿童树立良好的榜样，否则儿童学习了一些不好的榜样，接受了错误的示范，可能就会走上违法犯罪的道路。有些盗窃犯正是受家长、不良的同辈群体或影视中的示范影响而从事盗窃活动的。

（三）犯罪亚文化理论

1955 年，美国社会学家、犯罪学家艾伯特·科恩在其出版的《少年犯罪者：帮伙文化》一书中，首次使用了"亚文化"概念。

犯罪亚文化理论，是用文化观点解释犯罪，特别是少年帮伙犯罪行为，它是一组理论的总称。这一理论产生并主要流行于美国，对许多国家的犯罪学研究都产生了重大影响。

---

[1] 陈陆生：《班都拉社会学习理论及其对我们的启示》，《心理学探新》1986 年第 4 期。

[2] 蒋晓：《试论班杜拉社会学习理论及其教育意义》，《华东师范大学学报》（教育科学版）1987 年第 1 期。

亚文化，又叫副文化、次文化，它通常包含两种含义：一是在一个社会的某些群体中存在的不同于主文化的一套价值观念和行为模式；二是由奉行这些不同于主文化的价值观念和行为模式的人组成的社会群体。一方面，因为亚文化常与主文化在价值观念、信仰、风俗习惯、行为模式和其他方面存在冲突与对立，所以它又被称为对立文化。亚文化是一种对立文化或反文化，往往会导致违法犯罪，所以，亚文化常与犯罪联系在一起，因此有了"犯罪亚文化"的概念。另一方面，因为亚文化很容易在社会经济地位比较低的下层社会阶级的青少年中形成，所以它又常被称为"下层阶级文化"或者"少年犯罪亚文化"等。

犯罪亚文化理论，从广义上来理解，它应当包括许多人的理论；从狭义上说，仅指艾伯特·科恩的理论或者是哈佛大学人类学家沃尔特·米勒的理论。

犯罪亚文化理论主要包括以下几种。

1. 少年犯罪区理论

20世纪30年代，美国学者克利福德·肖和亨利·麦凯在合著的《少年犯罪和城市区域》中提出了少年犯罪区理论。他们认为，城市中的少年犯罪往往发生在某些特定的区域——"少年犯罪区"，而这些区域的少年犯就是由犯罪亚文化造成的。

2. 文化冲突理论

20世纪30年代末，美国社会学家索尔斯坦·塞林在其所著的《文化冲突与犯罪》一书中提出了文化冲突理论。他认为，刑法是主文化行为规范的表现，犯罪则是与主文化相冲突的下层阶级文化的产物；由于主文化与下层阶级文化相冲突，遵从下层阶级文化就会产生违反刑法的犯罪行为。

3. 帮伙亚文化理论

20世纪50年代，美国社会学家艾伯特·科恩在其所著的《少年犯罪者：帮伙文化》一书中提出了帮伙亚文化理论。他认为，少年犯罪亚文化是下层阶级少年为了克服其社会适应困难或地位挫折感而产生的群体性反应，即结成帮伙；这些帮伙的帮伙亚文化与社会主流的中产阶级的文化相冲突；奉行这种帮伙文化必然会导致违法犯罪。

4. 下层阶级文化理论

20世纪50年代，沃尔特·米勒在其所著的《作为帮伙犯罪的一种生长环境的下层阶级文化》一书中提出了下层阶级文化理论。他认为，犯罪是下层阶级文化对环境自然反应的产物。下层阶级文化本身就含犯罪因素，犯罪行为即下层阶级文化价值观和态度的具体体现，而这种文化价值观及态度可一代一代地传下去。

5. 不同机会理论

20世纪60年代，美国社会学家理查德·克洛沃德和劳埃德·奥林在他们合著的《少年犯罪与机会》一书中提出不同机会理论。他们认为，犯罪是由个人对获得成功的合法机会和非法机会的不同接近程度所决定的；当个人成功的合法机会受阻时，就会采取非法手段（机会）追求成功，因而导致违法犯罪。

6. 暴力亚文化理论

1967年，美国社会学家马文·沃尔夫冈和弗兰克·费拉柯蒂在他们出版的《暴力亚文化》一书中提出了暴力亚文化理论。他们认为，暴力是一些群体亚文化中的一个重要组成部分，它渗透到了这些群体成员的心理品质中，并成为他们生活方式的组成部分，犯罪是使用暴力作为手段来解决日常生活问题的结果。[①]

总之，犯罪亚文化理论是很有解释力的理论流派，对于解释某些类型盗窃的产生原因有比较强的解释力。

（四）标签理论

1. 标签与标签理论

20世纪70年代标签理论形成。该理论流传很广，且影响非常深。标签理论认为，犯罪现象是社会互动的必然产物。当某人一旦被有社会意义的他人，比如父母、教师、警察、单位领导或亲友，贴上了有偏差行为或者犯罪者的标签，他便会逐渐成为偏差行为者或罪犯。犯罪，特别是普遍刑事犯罪行为的产生，社会控制机构应负有非常重要的责任。负

[①] 吴宗宪：《犯罪亚文化理论概述》，《比较法研究》1989年第2期。

面的标签，比如说某人是"坏孩子""愚笨""笨蛋""精神病患者""犯罪者"或者"偏差行为者"等，都是使他人自我形象受到长期损害的主要来源。

标签的本质和标签如何被运用等，对于被标签者的本来行为都有非常大的影响。例如，某人是否被视为罪犯，很可能会影响到他在家庭、学校、工作单位或其他组织中所受到的待遇。过去曾被标签为"罪犯""刑满释放人员""精神病患者"的人会发现他们在社会上找工作时会遇到很多就业歧视。

标签理论还认为，标签会逐渐加剧一个人的犯罪行为并使其逐渐跨入经常性犯罪者的行列。一经被贴上某种标签后，在熟人社区，他会受到来自多方面的监视与提防，也会因此逐渐被从合法社会中排除出去。所以，曾经被标签的人只得物以类聚、人以群分，共同相聚在一块儿，互相寻求协作。被孤立于正常社会之外的他们逐渐成为惯犯，与犯罪集团为伍。

标签理论的基本观点，不仅常常被用来解释犯罪行为的发生和发展变化过程，也常常被用来解释其他社会偏差行为，比如同性恋、精神病行为、酗酒行为、药物滥用行为等。

2. 犯罪定义与标签理论

持标签理论的犯罪学家主要是运用互动理论来为犯罪下定义，他们并不承认存在所谓的"本质上为犯罪"的行为，其代表人物就是艾利克森。艾利克森认为，偏差行为并非某种行为的本质，而是直接或间接的观察者加诸该行为者。因此，偏差行为人或犯罪行为人的行为之所以为偏差（犯罪）行为，完全取决于他人的负面反应，而与行为的本质特征并无关系。行为（无论是杀人行为还是救人行为）本身并无所谓好坏之分，外在的社会才是界定某一行为好坏的重心。标签理论学家许尔对此做了进一步阐述说明："人类的行为是否属于偏差行为，应当视其被认为与团体规范分离的程度而定，而偏差行为则会引发他人或团体的负面反应，使从事该行为的人得到孤立、矫治或惩罚。"

标签理论认为，犯罪行为或偏差行为是由社会公众对该行为及行为人认定的结果，而与该行为的道德内涵无关。典型的标签理论甚至认为，杀人、强奸和伤害等行为也是因他人的标签才使该行为被认定是"不好"的行为或是"罪恶"的行为，从而被认定是犯罪。因为，某行为应受到刑罚处罚或不应受到刑罚处罚的区别，只根源于时间、空间而变化的法律定义而认定的。比如，贩卖人口、吸毒、拥有或携带枪支、赌博等，在不同的时间或不同的国家可能是合法行为，而不被认定为犯罪。另一位标签理论家贝克尔指出，这些非道德行为之所以成为犯罪行为，乃是由一批所谓的"道德企业家"努力争取政策或提倡克制自我而使这些行为犯罪化的结果。

3. 差别执法与标签理论

标签理论有一个重要原则是，法律被差别地执行和引用至不同的团体，因而有利于强势群体而不利于弱势群体。

标签理论认为，一个人受到法律追诉和制裁的可能性与行为人个人的性别、种族及社会地位等有关。警察在多数情况下会逮捕男性或者少数群体中的低阶层者，而对于社会地位较高的人员则给予特殊处理。检察官也比较有可能起诉低阶层的犯罪者并处以更严厉的刑罚。所以，个人的特性和与社会之互动本是决定个人是否会成为罪犯，或者受到哪一种处罚的重要因素，而与是否真正违反刑事法律规范并无太大的关系。

标签理论者还认为，在执法实践中，白领犯罪者通常只会受到轻微处罚，但那些街头罪犯则常常会受到较为严厉的惩罚。

总之，标签理论者不仅认为法律常常被有差别地制定，而且被有差别地执行。法律更有利于强势群体而不利于弱势群体，使得弱势群体更容易被标签为犯罪行为或者偏差行为者。

4. 标签产生的影响

标签理论者认为，一个人如果被贴上标签后主要会产生两个方面的效应：一是形成难以改变的烙印；二是自我形象的修正。

标签理论认为，公共的谴责在贴上标签的过程中发挥了重要作用。如犯罪者之所以要采取公开开庭审判并定罪判刑，其目的就是要将犯罪人的烙印加之于上，并公开向社会宣布他将被从合法社会之中隔离开来，因此他可能无法享受一般人所应当享有的权利。贝克尔称这一过程为"身份贬低仪式"，仪式之后的烙印则是个人的"主要身份"。一旦某人被贴上"犯罪人的身份"这一标签之后，该身份将超过他所拥有的其他许多身份，并成为其主要特征，而且几乎终身无法改变，将永远从事犯罪行为。

同时，标签和烙印也会渐渐导致他人以此修正对被贴标签者形象的认识。例如，被贴上"犯罪者"标签的人必须要符合普通人对犯罪者的形象认识，如有攻击性、不可靠、态度强硬、卑鄙、偷偷摸摸等，人们也就会开始以该种烙印所代表的这些意义与他进行互动，而不再以他行为的真实意义来看待他，过去对他行为的描述也要符合现在对他形象的标签。

贴标签的第二个结果就是个人自我形象的接受。当外在的标签力量渐渐强化时，如父母、老师、朋友、亲戚、警察等都对他有负面而同一的标签时，他也会因此而重新评估和衡量自我身份。他将在偏差行为和犯罪行为的轨道上持续下去，不能自拔。

5. 初级偏差行为与二级偏差行为

标签理论者雷蒙特提出了"初级偏差行为"与"二级偏差行为"概念。他认为，初级偏差行为是指初次违法犯罪的行为。这对个人自我形象的影响很小，人们很快就会遗忘，比如第一次盗窃。不过，二级偏差行为就不一样了，行为人会因二级偏差行为的结果而重组个人的人格或自我形象。犯罪行为如果是由于生物、心理或其他社会因素而产生的，即为初级偏差行为。显然，犯罪行为将会引起他人的负面反应，并对其犯罪人的形象提出质疑。假如行为人不愿意或不能够停止其犯罪行为，他可能要重新审视自我而渐渐接受犯罪人的形象。如果真的是那样，他将会对他人的负面反应构成一定的防御。因为一个人如果承认自己是罪犯，则会对他人的负面反应或由此产生的敌意感到无所谓。这种修正自我角色和重塑自我形象的做法最终会导致其无所顾忌地从事犯罪。这就是二级偏差行为。它的产生原因已与造成初级偏差行为的生理、心理乃至社会其他因素等原因完全不同，而是由罪犯的自我形象所引发的。例如，偶然的药物使用者变为瘾君子，偶然的盗窃者渐渐变为惯窃，而社会开始承认并惩罚这些角色时，违法者会因被日益孤立而必须经偏差行为的角色自我认同，乃至会主动寻求具有相同标签者而渐渐形成犯罪文化。这就是"物以类聚"。因此,二级偏差行为可以说是偏差行为人再社会化的结果,使"偏差行为角色"成为他存在的一个中心事实,用以抵御、攻击或适应外界对他的负面反应。偏差行为就是改变个人形象和认同的过程。

总之,标签理论的最大贡献在于提醒人们,盗窃等犯罪原因的探讨应当超出个人的因素,不能忽略社会环境的影响力,尤其是犯罪定义的变迁。但是,这本来也没有什么特殊之处,因为犯罪定义本来就是随着时间、空间而不断变化的,这是众所周知的定论。问题的关键在于,为什么在同一定义下,有些人是罪犯,有些人则不是。同时,也有人批评标签理论,认为它不能从理论与实践的结合上较好解释初级偏差行为的根本原因,这是标签理论的最大缺陷。为什么某些人会有初次犯罪行为?对此标签理论不能解释。此外,还有人认为标签理论的视野过于狭窄,无法解释犯罪率的变化,标签理论并未获得实证的支持。[1] 但无论如何,标签理论至少对于某些盗窃犯的多次盗窃行为还是具有很强的解释力,一旦他们认同自己是盗窃犯的标签,便很容易"破罐子破摔"而不断再犯,因而也启发人们(至少对于社会工作者而言)不应轻易给他人贴上负面的标签,促使一些人在违法犯罪的道路上越走越远。

(五)马克思主义的犯罪原因理论

马克思、恩格斯指出:"犯罪——孤立的个人反对统治关系的斗争,和法一样,也不是随心所欲地产生的。相反地,犯罪和现行的统治都产生于相同的条件"。在此,"相同的条件"是指"那些绝不依个人'意志'为转移的个人的物质生活,即他们相互制约的生产方式和交往方式"[2]。

比利时统计学家凯特勒曾著《论人和人的能力的发展,或社会物理学的经验》一书,马克思分析了书中的犯罪统计数据后指出,"社会的这一或那一部分国民犯罪行为的平均数与其说决定于该国的特殊政治制度,

---

[1] 王一平:《标签理论——一个犯罪学理论的介绍》,《河南公安学刊》1995 年第 1 期。
[2] 《马克思恩格斯全集》第 3 卷,人民出版社 1960 年版,第 379 页。

不如说决定于整个现代资产阶级社会的基本条件"①。

按马克思主义的观点，犯罪与经济基础的关系是辩证关系，一方面，经济基础决定犯罪，从本质上，经济基础决定着犯罪性质，从根本上对犯罪起支配作用，但是，这并非意味着经济基础是决定犯罪的唯一因素，社会结构当中，除了经济基础之外的各部分、各层次及它们之间的互相影响都会对犯罪产生作用；另一方面，经济基础对犯罪的决定作用是间接的，经济基础并非直接地创造出犯罪现象来，经济基础决定犯罪，是指它决定犯罪的本质、根源，至于犯罪的产生、变化与发展的原因要比经济基础更为广泛、更为复杂得多。②

因而，马克思、恩格斯没有停留在剖析犯罪产生的根源上，而是深入分析了资本主义社会通过以下诸多具体途径引发犯罪的产生。

1. 通过造成一部分人的生活贫穷导致犯罪

1848年，马克思在《"模范国家"比利时》一文中，深刻分析了比利时当时的经济与政治状况，运用比利时公布的赤贫现象与青少年犯罪的材料，揭示了贫穷与犯罪的共变关系。他指出："这种赤贫现象的增长不可避免地会使赤贫现象进一步加剧。所有能靠自己资财生活的人由于负担赤贫同胞救济税而失去了财产的均衡，自己也滚入官方慈善事业的深渊。赤贫现象以加速度产生着赤贫现象。犯罪行为也随着赤贫现象的增长而增长，人民生命的源泉——青年日益堕落。在1845、1846和1847年，这方面的情况是非常可悲的……从1845年以来，18岁以下的少年罪犯的人数每年大约增长一倍。"③ 此后，马克思于1859年8月23日在伦敦写的《人口、犯罪率和赤贫现象》中，用大量的统计资料揭示了英国的犯罪与贫困的关系。马克思发现，从1844年到1854年，英国的犯罪率增长比人口增长率快，1849—1858年，虽然英国的社会状况发生了巨大变化，但赤贫人口的数字几乎没有减少。因此，马克思指出："这种一方面扩大自己财富，但贫困现象又不见减少，而且犯罪率甚至增加得比人

---

① 《马克思恩格斯全集》第8卷，人民出版社1961年版，第580、761页；《马克思恩格全集》第11卷，人民出版社1995年第2版，第619页。
② 刘耀彬：《马克思主义犯罪学思想研究》，博士学位论文，南京航空航天大学，2010年。
③ 《马克思恩格斯全集》第5卷，人民出版社1958年版，第367—368页。

口数目还快的社会制度内部,一定有某种腐朽的东西。"① 在此,马克思实际上阐明了资本主义的社会条件是产生犯罪与贫困的土壤。

在《资本论》这部不朽的巨著中,针对原始积累却被资产阶级描绘成一幅田园诗般的情景,马克思揭露了这一段极其惨痛的历史。残酷的法律使工人阶级的祖先被迫陷入贫困、沦为罪犯。马克思指出:"由于封建家臣的解散和土地断断续续遭到暴力剥夺而被驱逐的人,这个不受法律保护的无产阶级,不可能像它诞生那样快地被新兴的工场手工业所吸引……这些突然被抛出惯常生活轨道的人,也不可能一下子就适应新状态的纪律。他们大批地变成了乞丐、盗贼、流浪者,其中一部分人是由于习性,但大多数是为环境所迫。因此,15世纪末和整个16世纪,整个西欧都颁布了惩治流浪者的血腥法律。现在的工人阶级的祖先,当初曾因被迫转化为流浪者和需要救济的贫民而受到惩罚。法律把他们看作'自愿的'罪犯,其依据是:只要他们愿意,是可以继续在已经不存在的旧的条件下劳动的。"②

不仅如此,马克思还引证了英国空想社会主义者托马斯·莫尔在《乌托邦》中所说的一段话:"当他们游荡到不名一钱的时候,除了偷盗以致被依法绞死以外,除了行乞以外,还能做什么呢?而他们去行乞,就会被当作流浪者投入监狱,理由是他们游手好闲,无所事事,虽然他们努力找工作,但没有人愿意给他们工作做。"③ 在此,马克思不但揭示了资本主义早期贫困与犯罪的密切联系,还触及了犯罪现象中的环境与习性的关系以及法律的影响。

恩格斯在《英国工人阶级状况》一书中,控诉了资产阶级的罪恶,描绘了当时英国工人的悲惨情况,并深刻揭示了贫穷与犯罪之间的关系。恩格斯指出:"他们穷,生活对于他们没有任何乐趣,他们几乎一点享受都得不到,法律的惩罚对他们也再没有什么可怕的。他们为什么一定要克制自己的欲望,为什么一定要让富人去享受他们的财富,而自己不从

---

① 《马克思恩格斯全集》第13卷,人民出版社1962年版,第551页。
② 《资本论》第1卷,人民出版社2004年第2版,第843页。
③ 《资本论》第1卷,人民出版社2004年第2版,第845页。

里面拿一份呢？无产者凭什么理由不去偷呢？当人们谈论'私有财产神圣不可侵犯'的时候，一切都讲得很冠冕堂皇，资产阶级听起来也很入耳。但是对没有任何财产的人来说，私有财产的神圣性也就自然不存在了。金钱是人间的上帝。资产者从无产者那里把钱抢走，从而真的把他们变成了无神论者。如果无产者成了无神论者，不再尊重这个人间上帝的神圣和威力，那又有什么奇怪的呢！当无产者穷到完全不能满足最迫切的生活需要，穷到要饭和饿肚子的时候，蔑视一切社会秩序的倾向也就愈来愈增长了。这一点资产阶级自己大半也是知道的。"①

恩格斯在另一篇题为《英国工人阶级状况》的文章中也指出："英国由于它的工业不但使人数众多的一批无财者成了自己的负担，而且使其中总是人数可观的一批失业者也成了自己的负担，而英国要摆脱这些人是不可能的。这些人必须自己寻找出路；国家不管他们，甚至把他们放逐出去。如果男人拦路抢劫或是破门偷盗，女人偷窃和卖淫，有谁可以怪罪他们呢？但是国家才不关心饥饿的滋味是苦还是甜，而是把这些人抛进监狱，或者放逐到罪犯流放地。如果国家把他们释放出来，那它会得到满意的成果：它把这些失去工作的人变成了失去道德的人。"②

2. 通过产生失业者导致犯罪

马克思和恩格斯指出，资本主义的工业生产除了在短促的最繁荣期外，一定要有失业的工人后备军。这些"多余的人"，成为资本主义社会中的"过剩人口"，他们的人数在经济危机时期更是大大增长。大量人找不到工作，其中不愿起来反抗的，只得靠要饭、当小贩等维持可怜的生活；而其中勇敢的一部分便通过犯罪来谋生，正像恩格斯所说的："这些'多余的人'当中谁要是有足够的勇气和愤怒来公开反抗这个社会，对资产阶级进行公开的战争以回答资产阶级对他们进行的隐蔽的战争，那么就去偷窃、抢劫、杀人。"③

马克思、恩格斯的著作中多次提到了"多余的人"中道德败坏、行

---

① 《马克思恩格斯全集》第 2 卷，人民出版社 1957 年版，第 400 页。
② 《马克思恩格斯全集》第 3 卷，人民出版社 2002 年第 2 版，第 418 页。
③ 《马克思恩格斯全集》第 2 卷，人民出版社 1957 年版，第 371 页。

为堕落的那部分人——流氓无产阶级。他们是产业工人阶级的最下层，包括无业游民、刑事犯等。在《共产党宣言》中，马克思、恩格斯指出："流氓无产阶级是旧社会最下层中消极的腐化的部分，他们在一些地方也被无产阶级革命卷到运动里来，但是，由于他们的整个生活状况，他们更甘心被人收买，去干反动勾当。"① 另外，在《1848年至1850年的法兰西阶级斗争》中，马克思指出，"流氓无产阶级在所有大城市里都是由与工业无产阶级截然不同的一群人构成的。这是盗贼和各式各样罪犯滋生的土壤，是专靠社会餐桌上的残羹剩饭生活的分子、无固定职业的人、游民——gens sans feu et sans aveu；他们依各人所属民族的文化水平不一而有所不同，但是他们都具有拉察罗尼的特点。他们的性格在受临时政府征募的那种青年时期是极易受人影响的，能够作出轰轰烈烈的英雄业绩和狂热的自我牺牲，也能干出最卑鄙的强盗行径和最龌龊的卖身勾当"。② 这些由盗贼、惯匪、敲诈勒索者、职业乞丐、无业游民、妓女、地痞流氓等群体所组成的"各式各样犯罪滋生的土壤"，正是流氓无产阶级的阶级基础。

3. 制造激烈的竞争导致犯罪

马克思和恩格斯指出，资本主义社会犯罪与竞争密切联系。在《国民经济学批判大纲》中，恩格斯指出："竞争贯穿在我们的全部生活关系中，造成了人们今日所处的相互奴役状况。竞争是强有的发条，它一再促使我们的日益陈旧而衰退的社会秩序，或者更正确地说，无秩序状况活动起来，但是，它每努力一次，也就消耗掉一部分日益衰败的力量。竞争支配着人类在数量上的增长，也支配着人类在道德上的进步。谁只要稍微熟悉一下犯罪统计，他就会注意到，犯罪行为按照特殊的规律性年年增长。一定的原因按照特殊的规律性产生一定的犯罪行为。工厂制度的扩展到处引起犯罪行为的增加。我们能够精确地预计一个大城市或者一个地区每年会发生的逮捕、刑事案件，以至凶杀、抢劫、偷窃等事件的数字，在英国就常常这样做。这种规律性证明犯罪也受竞争支配，

---

① 《马克思恩格斯选集》第1卷，人民出版社2012年第3版，第411页。
② 《马克思恩格斯全集》第10卷，人民出版社1998年第2版，第147页。

证明社会产生了犯罪的需求,这个需求要由相应的供给来满足;它证明由于一些人被逮捕、放逐或处死所形成的空隙,立刻就会有其他的人来填满,正如人口一有空隙立刻就会有新来的人填满一样;换句话说,它证明了犯罪威胁着惩罚手段,正如人口威胁着就业手段一样。别的且不谈,在这种情况下对罪犯的惩罚究竟公正到什么程度,我让我的读者去判断。我认为这里重要的是:证明竞争也扩展到了道德领域,并表明私有制使人堕落到多么严重的地步。"①

恩格斯的这段论述阐明了资本主义社会的竞争,破坏着社会秩序,滋生着犯罪行为,犯罪受竞争支配。马克思和恩格斯常常把资本主义社会的竞争比喻为"一切人反对一切人的战争"。恩格斯指出,"竞争最充分地反映了流行在现代市民社会中的一切人反对一切人的战争。这个战争,这个为了活命、为了生存、为了一切而进行的战争,因而必要时也是你死我活的战争,不仅在社会各个阶级之间进行,而且也在这些阶级的各个成员之间进行;一个人挡着另一个人的路,因而每一个人都力图挤掉其余的人并占有他们的位置。工人彼此竞争,资产者也彼此竞争"②。

恩格斯后来又写道:"在这个国家里,社会战争正在炽烈地进行着。每个人都只顾自己,并为了自己而反对其他一切人。他是否要伤害其余所有被他看作死敌的人,那纯粹是由自私自利的打算来决定,就是说,看怎样才对他更有利。没有一个人想到要和自己的同伴和睦相处,一切分歧都要用威吓、武力或法庭来解决。一句话,每一个人都把别人看作必须设法除掉的敌人,或者最多也不过把别人看作一种可以供自己利用的工具。而且这个战争,正如犯罪统计所表明的,是一年比一年激烈、残酷和不可和解了。敌对的各方面已渐渐分成互相斗争的两大阵营:一方面是资产阶级,另一方面是无产阶级。这个一切人反对一切人的、无产阶级反对资产阶级的战争并不使我们感到惊讶,因为它不过是自由竞争所包含的原则的彻底实现而已。"③ 恩格斯在此很清楚地指出了,在资

---

① 《马克思恩格斯全集》第3卷,人民出版社2002年第2版,第471—472页。
② 《马克思恩格斯全集》第2卷,人民出版社1957年版,第359页。
③ 《马克思恩格斯全集》第2卷,人民出版社1957年版,第419页。

本主义社会这种一切人反对一切人的战争，就是资本主义社会阶级对立及其生活条件所造成的必然结果。

马克思在《资本论》第一卷中指出："社会分工则使独立的商品生产者互相对立，他们不承认任何别的权威，只承认竞争的权威，只承认他们互相利益的压力加在他们身上的强制，正如在动物界中一切反对一切的战争多少是一切物种的生存条件一样。"①

总之，马克思、恩格斯把犯罪看作"一切人反对一切人的战争"的一种形式，受竞争支配。这与犯罪产生于一定的物质生活条件是完全一致的。

4. 通过制造贫富悬殊的强烈对比导致穷人犯罪

资本主义制度以生产资料私有制为基础，财富分配不平等造成的贫富悬殊是资本主义社会最突出的表现之一。资本家的富有与无产者的贫穷，形成生活状况的巨大反差与明显对比。这自然会刺激穷人产生强烈不满，导致他们用犯罪的手段去夺取资产阶级的财富，由此引发许多财产犯罪现象。这在工业发展开始不久之后便产生了。因此，恩格斯指出："工人对资产阶级的反抗在工业发展开始后不久就已经表现出来，并经过了各种不同的阶段。……这种反抗心情的最早、最原始和最没有效果的形式就是犯罪。工人过着贫穷困苦的生活，同时看到别人的生活比他好。他想不通，为什么偏偏是他这个比有钱的懒虫们为社会付出更多劳动的人该受这些苦难。而且贫穷战胜了他生来对私有财产的尊重，于是他偷窃了。我们已经看到，随着工业的发展，犯罪事件也在增加，每年被捕的人数和加工的棉花的包数成正比。但是工人很快就发觉这样做是没有什么好处的。罪犯只能一个人单枪匹马地以盗窃来反对现存的社会制度；社会却能以全部权力来猛袭一个人并以占绝对优势的力量压倒他。加之，盗窃只是一种最原始的最不自觉的反抗形式，因此，它不能普遍地表现工人的舆论，虽然工人内心里也赞许它。"②

马克思在《雇佣劳动与资本》中形象地分析了贫富差距问题。他说：

---

① 《资本论》第1卷，人民出版社2004年第2版，第412页。
② 《马克思恩格斯全集》第2卷，人民出版社1957年版，第501—502页。

"一座小房子不管怎样小,在周围的房屋都是这样小的时候,它是能满足社会对住房的一切要求的。但是,一旦在这座小房子近旁耸立起一座宫殿,这座小房子就缩成可怜的茅舍模样了。这时,狭小的房子证明它的居住者毫不讲究或者要求很低;并且,不管小房子的规模怎样随着文明的进步而扩大起来,但是,只要近旁的宫殿以同样的或更大的程度扩大起来,那末较小房子的居住者就会在那四壁之内越发觉得不舒适,越发不满意,越发被人轻视。工资的任何显著的增加是以生产资本的迅速增加为前提的。生产资本的迅速增加,就要引起财富、奢侈,社会需要和社会享受等同样迅速地增长。所以,工人可以得到的享受纵然增长了,但是,比起资本家的那些为工人所得不到的大为增加的享受来,比起一般社会发展水平来,工人所得到的社会满足的程度反而降低了。我们的需要和享受是由社会产生的,因此,我们对于需要和享受是以社会为尺度,而不是以满足它们的物品去衡量的。因为我们的需要和享受具有社会性质,所以它们是相对的。"① 在此,按马克思的观点,贫富具有相对性。它是以社会尺度来衡量的,贫富差距会使个体产生不同感受。

其他研究也表明,在一个社会中,富裕或者贫穷的状况相同,都不会导致犯罪。但是,产生了贫富差距,尤其是贫富悬殊的时候,才是犯罪发生的重要原因。对此,美国犯罪学家路易斯·谢利指出:"当社会的物质财富增加时,犯罪率特别是侵犯财产的犯罪率也在增加。这说明在发达国家中犯罪的动机不是必要的需求,而是那些不断接触属于别人所有的大量物质财富的城市居民更经常地感到自己受到相对地被剥夺。社会发展进程导致国家社会化和随之而来的更大的金钱诱惑。"② 可见,贫困固然可能导致犯罪,但更多的犯罪可能是贫富悬殊而导致的"相对贫困"和"相对剥夺"所引发的。

5. 通过造成无产者的道德堕落导致犯罪

马克思、恩格斯指出,资本主义社会不但制造了工人阶级的贫穷,导致他们为了生存而犯罪,同时也造成人的道德堕落,使贫穷的工人阶

---

① 《马克思恩格斯全集》第6卷,人民出版社1965年版,第492页。
② [美]路易丝·谢利:《犯罪与现代化》,何秉松译,群众出版社1986年版,第88页。

级在道德堕落状态下进行犯罪。在《国民经济学批判大纲》中，恩格斯指出："竞争贯穿在我们的全部生活关系中，造成了人们今日所处的相互奴役状况。竞争是强有的发条，它一再促使我们的日益陈旧而衰退的社会秩序，或者更正确地说，无秩序状况活动起来，但是，它每努力一次，也就消耗掉一部分日益衰败的力量。竞争支配着人类在数量上的增长，也支配着人类在道德上的进步。……我认为这里重要的是，证明竞争也扩展到了道德领域，并表明私有制使人堕落到多么严重的地步。"①

在这种道德状况下，必然会导致人们之间的敌视，引发无数冲突、争端和犯罪。"现代社会促使个人敌视其他一切人，这样就引起了一个一切人反对一切人的社会战争，这个战争在某些人那里，尤其是在文化水平低的人那里不可避免地会采取粗暴的野蛮的暴力形式，即犯罪的形式。"② 对于工人而言，为了生存，会抛弃一切社会秩序和道德规范，在本能的驱使下进行大量的财产犯罪。恩格斯指出："蔑视社会秩序的最明显最极端的表现就是犯罪。只要那些使工人道德堕落的原因起了比平常更强烈更集中的影响，工人就必然会成为罪犯，正像水在列氏 80°时由液态变为气态一样。在资产阶级的粗暴野蛮、摧残人性的待遇的影响之下，工人逐渐变成了像水一样缺乏自己意志的东西，而且也同样必然地受自然规律的支配——到了某一点他的一切行动就会不由自主。因此，随着无产阶级人数的增长，英国的犯罪的数字也增加了，不列颠民族已成为世界上犯罪最多的民族。"③

在恩格斯看来，工人阶级因此而犯罪，都是资本主义制度造成的，并不能怪罪工人阶级本身。恩格斯指出："加在工人头上的全部罪名就是放纵地追求享乐、没有远见以及不遵守现存的社会秩序，就是不能为了较长远的利益而牺牲眼前的享乐。但是这有什么奇怪的呢？一个付出了艰辛的劳动却只能得到极少的报酬和肉体的享乐的阶级，难道能够不盲

---

① 《马克思恩格斯全集》第 3 卷，人民出版社 2002 年第 2 版，第 471—472 页。
② 《马克思恩格斯全集》第 2 卷，人民出版社 1957 年版，第 608 页。
③ 《马克思恩格斯全集》第 2 卷，人民出版社 1957 年版，第 416 页。

目而贪婪地投入这些享乐中去吗？既然谁也不关心这个阶级的教育，既然他们的命运要受各式各样的偶然事件的支配，既然他们的生活朝不保夕，那末他们又有什么理由、又有什么兴趣使自己成为有远见的人，过'踏踏实实的'生活，并为了将来的享乐而牺牲眼前的享乐呢？而这种将来的享乐对于他们这些总是处于动荡不定的、毫无保障的状况中的人来说还是很不可靠的。对于一个忍受了现存社会秩序的一切害处却享受不到它的些微好处的阶级，对于一个只能受到现存社会制度敌视的阶级，难道还能要求他们尊重这个社会秩序吗？这未免太过分了！但是只要这个社会秩序存在一天，工人阶级就一天不能避开它，而如果个别的工人要起来反对这个社会秩序，那末最大灾祸就会落到他的身上。这样，社会秩序就使得工人几乎不可能有家庭生活。在一间零乱肮脏、连做夜店都不够格、家具很坏、往往一下雨就漏水、不生火、空气不流通而且又挤满了人的房子里，是不可能有家庭乐趣的。丈夫整天出去工作，妻子和大一点的孩子也常常是这样，大家都在不同的地方，只有早晨和晚上才能碰到，另外，他们还经常受到烧酒的诱惑，在这种情况下，家庭生活会成什么样子呢？但是工人还是离不开家庭，他们必须在家里生活，这就引起了无休止的家庭纠纷和口角，不仅对夫妇两人，而且特别是对他们的孩子起着极其不良的影响。忽视一切家庭义务，特别是忽视对孩子的义务，在英国工人中是太平常了，而这主要是现代社会制度促成的。对于在这种伤风败俗的环境中——他们的父母往往就是这环境的一部分——像野草一样成长起来的孩子，还能希望他们以后成为道德高尚的人！踌躇满志的资产者对工人的要求真是太天真了！"[1]

资本主义制度不仅导致工人阶级的道德堕落，对资产阶级也是如此。恩格斯指出："我从来没有看到过一个阶级像英国资产阶级那样堕落，那样自私自利到不可救药的地步，那样腐朽，那样无力再前进一步。在这里我指的首先是狭义的资产阶级，特别是反对谷物法的自由资产阶级。在资产阶级看来，世界上没有一样东西不是为了金钱而存在的，连他们自己也不例外，因为他们活着就是为了赚钱，除了快快发

---

[1] 《马克思恩格斯全集》第2卷，人民出版社1957年版，第415—416页。

财，他们不知道还有别的幸福，除了金钱的损失，他们不知道还有别的痛苦。"①

资产阶级如此唯利是图的道德品质，必然导致各种犯罪。马克思引用托·约·邓宁的话说："资本逃避动乱和纷争，它的本性是胆怯的。这是真的，但还不是全部真理。资本害怕没有利润或利润太少，就像自然界害怕真空一样。一旦有适当的利润，资本就胆大起来。如果有10%的利润，它就保证到处被使用；有20%的利润，它就活跃起来；有50%的利润，它就铤而走险；为了100%的利润，它就敢践踏一切人间法律；有300%的利润，它就犯任何罪行，甚至冒绞首的危险。如果动乱和纷争能带来利润，它就会鼓励动乱和纷争。走私和贩卖奴隶就是证明。"②

总之，一方面，资本主义制度以制造失业、贫困、贫富悬殊而导致无产者的道德堕落，进而引发犯罪；另一方面，资产阶级由于利益的驱使，导致道德堕落而引发犯罪。

6. 破坏原有的社会秩序而导致犯罪

马克思指出，资本主义制度破坏了原有的封建制度，但是又未能建立起完善的社会制度，因而，剧烈的社会变迁必然把一部分人推向犯罪的道路。马克思、恩格斯所指的原有社会秩序的解体而引发犯罪这一观点被后来的社会学创始人——法国社会学家迪尔凯姆继承。迪尔凯姆认为，社会转型导致失范，因此会引发大量犯罪。

7. 资本主义社会的法律本身导致犯罪

某一行为是否构成犯罪，不但取决于行为本身是否具有社会危害性，而且取决于这种行为是否为刑法所禁止。根据罪刑法定原则，即便某一行为严重危害了社会，假如刑法没有把这种行为规定为犯罪，也不能认为其构成犯罪。因此，一定程度上说，一个国家犯罪数量的多少、犯罪率的高低取决于刑法所规定的犯罪圈的大小。

马克思在《人口、犯罪率和赤贫现象》中，针对英格兰、威尔士的人口、犯罪、赤贫的统计资料，分析了资本主义制度内部的某种腐朽东

---

① 《马克思恩格斯全集》第2卷，人民出版社1957年版，第564页。
② 《资本论》第1卷，人民出版社2004年第2版，第871页。

西，使资本主义社会一方面扩大财富，一方面制造贫困，并且犯罪增加得比人口数目增长还要快。马克思指出："这种一方面扩大自己财富，但贫困现象又不见减少，而且犯罪率甚至增加得比人口数目还快的社会制度内部，一定有某种腐朽的东西。诚然，如果我们把1855年同以前各年加以比较，那就会看出，表面上1855年到1858年间犯罪率有相当的减少。1854年被控告的人总数为29359人，而1858年则减少到17855人；被判罪的人的数目也有很大减少，虽然不是以同样的比例减少。但是1854年以后犯罪率的这种表面上的减少，其实应该完全看作是由于不列颠诉讼程序的某些技术性的改变所造成的，首先是少年犯处治法，其次是1855年的刑事裁判法，这个法律规定治安法官在被捕人同意接受他的审判时，有权判处短期监禁。违法行为通常是由不以立法者意志为转移的经济因素造成的；但是，正如实施少年犯处治法所证明的，判定某些违反由官方制定的法律的行为是犯罪还是过失，在一定程度上则取决于官方。这种名词上的区别远不是无关紧要的，因为它决定着成千上万人的命运，也决定着社会的道德面貌。法律本身不仅能够惩治罪行，而且也能捏造罪行，尤其是在职业律师的手中，法律更加具有这方面的作用。"[1] 在此，马克思揭示了，有些行为本来不应该构成犯罪，但因为法律的不公正而被以犯罪论处。

在《第六届莱茵省议会的辩论（第三篇论文）》中，马克思在谈到林木盗窃法时指出，如果捡枯枝被当作盗窃罪，那么就必然会把许多不是存心犯罪的人从活生生的道德之树上砍下来，把他们当作枯树抛入犯罪、耻辱和贫困的监狱；他还引用了孟德斯鸠的话说："有两种腐败现象，一种是人民不遵守法律，另一种是法律本身使人民腐败，后一种弊病是无可救药的，因为药物本身就包含着这种弊病。"马克思针对林木盗窃法把捡枯枝以盗窃论处，愤慨地指出："你们无论怎样也无法迫使人们相信没有罪行的地方有罪行。他们所能做的只是把罪行本身变成合法的行为。你们颠倒黑白、混淆是非，但是，如果你们以为这只会给你们带来好处，那就错了。人民看到的是惩罚，但是看不到罪行，正因为他们在没有罪

---

[1] 《马克思恩格斯全集》第13卷，人民出版社1962年版，第551—552页。

行的地方看到了惩罚，所以在有惩罚的地方也就看不到罪行了。你们在不应该用盗窃这一范畴的场合用了这一范畴，因而在应该用这一范畴的场合就掩饰了盗窃。"[1]

总之，马克思主义的犯罪原因理论，深刻揭示了资本主义社会犯罪原因的最本质特征，为犯罪原因理论的丰富和发展做出了重要贡献。[2] 对于当今尚处于社会主义初级阶段的中国，马克思主义的犯罪原因理论对于分析当前城镇盗窃的原因也不无启发意义。

---

[1] 《马克思恩格斯全集》第1卷，人民出版社1995年第2版，第245页。
[2] 参见刘耀彬《马克思主义犯罪学思想研究》，博士学位论文，南京航空航天大学，2010年。

第四章

当前城镇盗窃的现状

新型城镇化背景下,研究社会工作介入城镇盗窃问题,首先要了解当前城镇盗窃的现状。本章将一方面以国家统计部门的宏观数据描述当前城镇盗窃问题的整体状况,使读者对此有一个概要性的轮廓;另一方面,对中国江西网2017年关于盗窃的报道文章所提供的资料,以及我们课题组调研所得资料,进行整理分析,更具体地描述当前城镇盗窃的现状。

一 当前城镇盗窃的宏观状况

从1949年中华人民共和国成立至20世纪70年代末,中国大陆犯罪案件年发案数一般为20万—50万起,犯罪率一般为3‰—6‰。[1] 这一阶段的犯罪总量及犯罪发案率都处于1949年以来的最低水平。[2] 相应地,当时盗窃现象并不多见,没有成为社会问题。

1978年,中国大陆发生的犯罪案件54万起,犯罪率为5.6‰。[3] 此后,各种违法犯罪案件开始快速增长,盗窃逐渐成为一个严重的社会问题。这从以下方面可以得到充分反映。

一是,公安机关立案的刑事案件中,盗窃案问题严重。1981年,公安机关立案的刑事案件中,盗窃案74.47万起,[4] 到2015年已达487.56

---

[1] 魏平雄等主编:《市场经济条件下犯罪与对策》,群众出版社1995年版,第57—58页。
[2] 王牧主编:《新犯罪学》,高等教育出版社2010年第2版,第191页。
[3] 魏平雄等主编:《市场经济条件下犯罪与对策》,群众出版社1995年版,第54页。
[4] 数据来源:《中国法律年鉴》(1987)。

万起，增长了5.55倍，盗窃案数是1978年犯罪案件总数的9.03倍。2016年，公安机关立案的刑事案件中，盗窃案件数有所减少，比上年减少了11.72%，但是案件数仍然高达430.43万起。2017年进一步减至345.97万起，比上一年继续有所好转。但是，问题并未得到根本扭转。

二是，公安机关发现受理的治安案件中，盗窃案问题同样严重。1978年以来，治安违法现象大幅度上升，出现了1949年以来的社会治安非正常状况。① 据统计，1986年公安机关受理的治安案件中，盗窃案为36.07万起，盗窃案发案率为3.41‰，② 到2015年已达234.37万起，比1986年增长了5.50倍，盗窃案发案率为17.05‰，是1986年的6.50倍。2016年公安机关受理的治安案件中，盗窃案数有所减少，比上年减少了2.49%，但数量仍然高达228.54万起。2017年进一步减至215.19万起，问题同样并未得到根本扭转。

三是，在各类违法犯罪活动中，盗窃案数历年均排前列。1978—2017年，从公安机关立案的刑事案件情况来看，每年盗窃案数均排第一位；与此同时，从公安机关受理的治安案件情况来看，每年盗窃案数不是排第一位，便是排第二位。③ 从课题组到15个派出所的调查情况来看，90.78%的警察也反映，盗窃案最多。

30多年来中国大陆盗窃案情况详见表4—1。

表4—1　1986—2017年公安机关立案的刑事案件与受理的治安案件中盗窃案情况

年份	立案的刑事案件中盗窃案情况		受理的治安案件中盗窃案情况		起/万人
	数量（万起）	占刑事案件总数比（%）	数量（万起）	占治安案件总数比（%）	
1986	42.58	77.83	36.07	32.33	3.4
1987	43.52	76.30	36.55	29.60	3.5

---

① 魏平雄、王顺安主编：《中国治安管理法学》，人民法院出版社1997年版，第334页。
② 数据来源：《中国法律年鉴》（1987）。
③ 有的年份，盗窃案数量排第一；有的年份，殴打他人案数量排第一。数据来源：《中国法律年鉴》（1987—2018）。

续表

年份	立案的刑事案件中盗窃案情况 数量（万起）	立案的刑事案件中盗窃案情况 占刑事案件总数比（%）	受理的治安案件中盗窃案情况 数量（万起）	受理的治安案件中盗窃案情况 占治安案件总数比（%）	起/万人
1988	65.87	79.59	42.49	30.13	4.0
1989	167.32	84.85	51.21	27.72	4.7
1990	186.08	83.93	51.76	26.33	4.7
1991	192.25	81.27	54.40	22.53	4.8
1992	114.26	72.19	88.83	30.04	7.8
1993	112.21	69.40	102.48	30.58	8.9
1994	113.37	68.27	92.84	28.13	8.0
1995	113.28	67.01	72.97	22.18	6.2
1996	104.40	65.22	62.02	18.44	5.2
1997	105.81	65.57	51.51	15.96	4.3
1998	129.70	65.30	52.88	16.36	4.4
1999	144.74	64.35	51.73	15.41	4.3
2000	237.37	65.26	73.26	16.51	5.8
2001	292.45	65.61	91.52	16.02	7.4
2002	286.17	65.99	100.20	16.08	8.3
2003	294.06	66.92	106.67	17.79	8.5
2004	321.28	68.10	125.91	18.94	10.0
2005	315.88	67.95	151.38	20.52	12.0
2006	314.39	67.56	176.34	24.50	13.8
2007	326.88	67.99	202.56	23.26	15.7
2008	339.96	69.59	202.22	21.49	15.6
2009	388.86	69.69	203.01	17.27	15.4
2010	422.84	70.83	199.43	15.63	14.8
2011	425.95	70.93	208.20	15.81	15.4
2012	428.47	65.40	205.29	14.78	15.1
2013	450.64	68.30	216.17	16.24	15.8
2014	443.60	67.83	232.66	19.59	16.9
2015	487.56	67.96	234.37	19.87	17.0
2016	430.43	66.97	228.54	19.84	16.6
2017	345.97	63.10	215.19	20.62	15.5

资料来源：《中国法律年鉴》（1987—2018）。

根据 1986—2017 年公安机关立案的刑事案件与受理的治安案件中盗窃案数量，我们绘制出增长趋势图（图 4—1），可以比较清楚地看出盗窃案数的线性增长趋势。

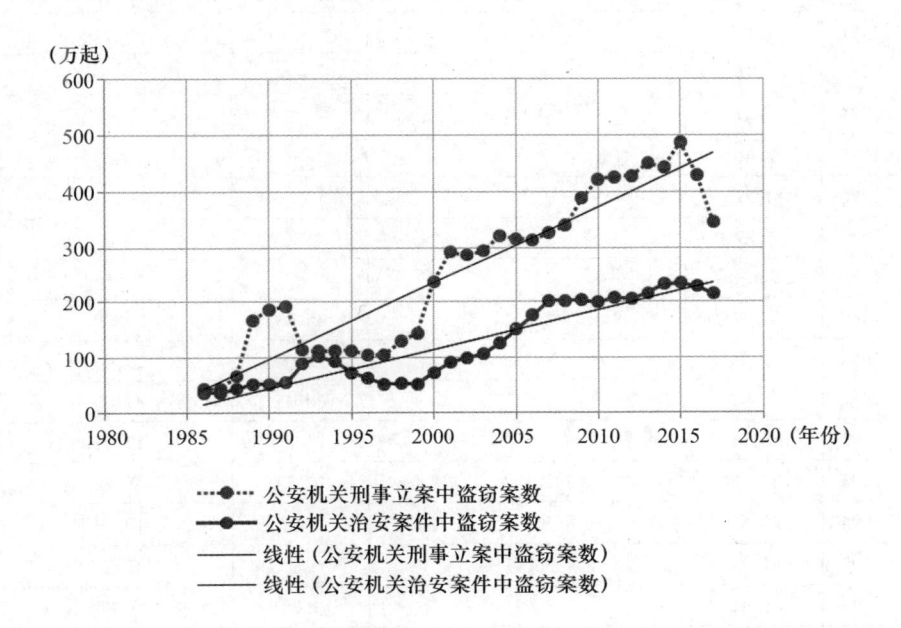

图 4—1　1986—2017 年公安机关立案的刑事案件与受理的治安案件中盗窃案数量增长趋势

资料来源：《中国法律年鉴》（1987—2018）。

我们从 1981—1999 年公安机关刑事案件立案中所统计的严重盗窃与盗窃自行车情况，也可见盗窃问题之严重（见表 4—2）。

从表 4—2 可见，公安机关刑事案件立案中的严重盗窃案件数量，1999 年比 1981 年增长了 39.98 倍。盗窃自行车的案件则逐渐减少，由 1989 年的 45.33 万起，减至 1999 年的 4.95 万起，这主要是因为使用自行车的人数减少，因而不少盗窃分子转向盗窃机动车等其他更贵重的物品。

表4—2　1981—1999年公安机关刑事案件立案中严重盗窃与盗窃自行车案件情况

年份	公安机关刑事案件立案中严重盗窃案件情况 数量（万起）	占盗窃案件总数比（%）	公安机关刑事案件立案中盗窃自行车案件情况 数量（万起）	占盗窃案件总数比（%）
1981	1.61	2.17	—	—
1982	1.46	2.40	—	—
1984	1.61	4.08	—	—
1985	3.46	8.02	—	—
1986	4.22	9.91	—	—
1987	5.87	13.52	—	—
1988	12.20	18.52	—	—
1989	27.71	16.56	45.33	27.09
1990	29.54	15.87	55.09	29.60
1991	32.92	17.13	60.75	31.60
1992	25.11	21.94	14.75	12.91
1993	30.18	26.90	10.32	9.20
1994	35.52	31.33	11.66	10.29
1995	41.24	36.41	9.80	8.65
1996	40.41	38.71	7.28	6.97
1997	44.89	42.43	5.66	5.35
1998	60.32	46.51	5.46	4.21
1999	65.97	45.58	4.95	3.42

资料来源：《中国法律年鉴》（1988—2000）。

从2000年开始，《中国法律年鉴》中增加了入室盗窃案件统计和盗窃案件机动车的统计情况。统计数据充分表明了这两种类型盗窃的严重情况。详见表4—3。

从表4—3可见，尽管近几年来，入室盗窃与盗窃机动车案件数量逐步减少，尤其是盗窃机动车案件数，但这两类盗窃问题的形势仍然不容乐观。

表4—3　　　2000—2017年公安机关刑事案件立案中入室盗窃与盗窃机动车案件情况

年份	公安机关刑事案件立案中入室盗窃案件情况 数量（万起）	占盗窃案件总数比（%）	公安机关刑事案件立案中盗窃机动车案件情况 数量（万起）	占盗窃案件总数比（%）
2000	114.97	48.44	45.04	19.97
2001	143.31	49.00	49.63	16.97
2002	134.96	47.16	50.21	17.54
2003	128.89	43.83	55.69	18.94
2004	125.73	39.13	66.34	20.65
2005	112.69	35.67	68.27	21.61
2006	107.27	34.12	63.75	20.28
2007	106.32	32.53	61.17	18.71
2008	109.58	32.23	64.15	18.87
2009	125.56	32.29	75.80	19.49
2010	134.25	31.75	77.94	18.43
2011	132.60	31.13	71.93	16.89
2012	133.96	31.26	67.53	15.76
2013	135.76	30.13	64.52	14.32
2014	128.18	28.90	57.51	12.96
2015	133.52	27.39	54.79	11.24
2016	118.41	27.51	43.52	10.11
2017	92.54	26.75	29.12	8.42

资料来源：《中国法律年鉴》（2001—2018）。

综上所述，由国家统计部门的宏观数据可见，我国城镇盗窃问题早已成为严重的社会问题。它极大地影响了城镇社会的和谐稳定，严重干扰了城镇居民的日常生活，较大程度降低了人们的幸福感。有些盗窃分子不仅盗窃财物，而且丧心病狂地伤人性命，广大人民群众迫切希望盗窃问题能得到根治。尽管近几年来，国家执法部门加大了盗窃打击力度，但要达到过去曾有的"路不拾遗,夜不闭户"的良好治安状况,还需要多方主体做很多工作。

然而,我们又何以判断上述这些盗窃主要是在城镇发生的呢?主要基于以下几点。

一是20世纪70年代末以来,农村青壮年人口越来越多地涌入城镇,农村日益"空心化",妇女、儿童、老人成为农村的主体,他们一般不会从事盗窃活动;课题组的统计分析也显示,盗窃分子主要是中年、青年、少年,妇女、老人则很少。

二是几乎所有人都爱面子,农村仍然是熟人社会,如从事盗窃被发现是非常丢脸的事情,因而农村盗窃现象比较少;课题组的统计分析也显示,盗窃主要发生在陌生人社区。

三是农村销赃不方便。此外,即使农村有些农民从事盗窃也大都去了城镇。

所以,国家统计部门关于盗窃的宏观数据尽管无城乡之别,但可以判断,前述数据反映的主要是城镇的情况,近些年来的盗窃问题主要是城镇盗窃问题;并且课题组的这种判断也得到了调查地几乎所有警察的确认。

二 当前城镇盗窃的具体状况分析
——以江西省为例

国家统计部门关于盗窃的宏观数据固然能为我们粗略展现当前中国城镇盗窃问题的轮廓,但仍然不够具体,需要进一步深入分析。下面,我们以江西省最具影响力的一家媒体——中国江西网,其中关于盗窃的报道文章中所提供的资料,进一步探索当前中国城镇盗窃问题的现状。

2001年,中国江西网中标题含"盗窃"的报道文章共计24篇,2002年143篇,2003年151篇,2004年114篇,2005年159篇,2006年237篇,2007年535篇,2008年539篇,2009年529篇,2010年446篇,2011年450篇,2012年682篇,2013年1322篇,2014年

1777篇，2015年2019篇，2016年789篇，2017年783篇。其历年走势如图4—2所示：

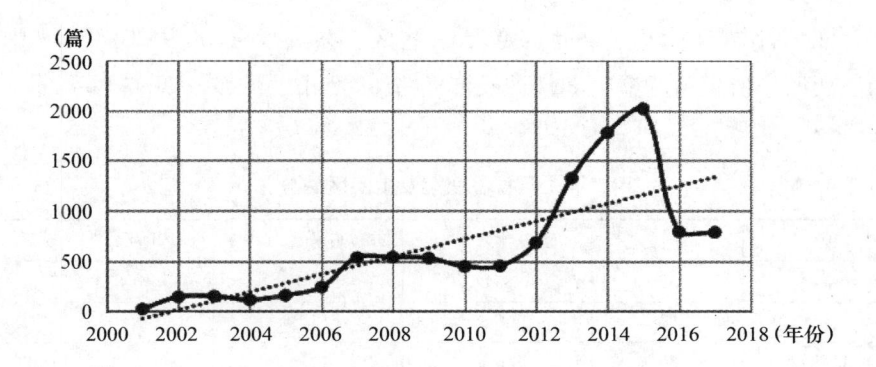

图4—2　2001—2017年中国江西网中关于盗窃的文章数量增长趋势

资料来源：根据历年中国江西网中盗窃相关报道文章整理所得。

从图4—2可见，中国江西网关于盗窃的文章的数量增长趋势与全国盗窃案件数量的增长趋势大体相当。2015年，公安机关刑事案件中盗窃案件数量达到487.56万起的最高点、治安案件中盗窃案件数量达到234.37万起的最高点，而中国江西网中关于盗窃的文章也于2015年达到2019篇的最高点，它们的总趋势都是在增长。所以，分析中国江西网中关于盗窃的报道文章中的资料，具有典型性和代表性。

2017年，中国江西网中标题含"盗窃"的报道文章共计783篇。我们的着眼点是报道文章中所发生的盗窃案，剔除以下内容的文章：一是内容重复的；二是报道内容非2017年发生的；三是案发地非江西省境内的。最后，共计得到433个盗窃案件样本，然后进行编码，用SPSS 23.0统计分析软件进行分析。另外，如果报道文章中涉及多名盗窃嫌疑人，我们一般选择首犯进行描述分析；如果盗窃嫌疑人涉及多起盗窃案件，则选择分析其中信息最齐备、最具典型性的一起。

(一) 当前城镇盗窃案的基本情况

1. 从案发区域来看城镇盗窃案的基本情况

江西省共11个市,各市又包括一些区、县及代管市。[①] 2017年,中国江西网中所报道的盗窃案件涉及江西省11个市的城乡(见表4—4)。

表4—4　　　　　　　2017年江西省盗窃案发生的区域分布

地区	频数	百分比(%)	有效百分比(%)	累计百分比(%)
南昌	35	8.1	8.1	8.1
九江	50	11.5	11.5	19.6
景德镇	50	11.5	11.5	31.2
萍乡	18	4.2	4.2	35.3
新余	19	4.4	4.4	39.7
鹰潭	7	1.6	1.6	41.3
赣州	36	8.3	8.3	49.7
宜春	48	11.1	11.1	60.7
上饶	77	17.8	17.8	78.5
吉安	34	7.9	7.9	86.4
抚州	59	13.6	13.6	100
总计	433	100	100	

资料来源:根据2017年中国江西网中盗窃相关报道文章整理所得。表中数据有四舍五入取整的情况,下同。

[①] 南昌市包括东湖区、西湖区、青云谱区、湾里区、青山湖区、南昌县、新建县、进贤县、安义县;九江市包括浔阳区、庐山区、九江县、武宁县、修水县、永修县、德安县、星子县、都昌县、湖口县、彭泽县、瑞昌市;景德镇市包括昌江区、珠山区、乐平市、浮梁县;萍乡市包括安源区、湘东区、上栗县、芦溪县、莲花县;新余市包括渝水区、分宜县;鹰潭市包括月湖区、余江县、贵溪市;赣州市包括章贡区、赣县、信丰县、大余县、上犹县、崇义县、安远县、龙南县、定南县、全南县、兴国县、宁都县、于都县、会昌县、寻乌县、石城县、南康市、瑞金市;宜春市包括袁州区、靖安县、奉新县、上高县、宜丰县、铜鼓县、万载县、丰城市、樟树市、高安市;上饶市包括信州区、上饶县、广丰县、玉山县、婺源县、鄱阳县、余干县、万年县、弋阳县、横峰县、铅山县、德兴市;吉安市包括吉州区、青原区、吉安县、新干县、永丰县、峡江县、吉水县、泰和县、万安县、遂川县、安福县、永新县、井冈山市;抚州市包括临川区、东乡县、金溪县、资溪县、南城县、南丰县、广昌县、崇仁县、乐安县、宜黄县。

如果剔除各市范围内农村所发生的盗窃案，2017 年，中国江西网中江西省城镇发生盗窃案件共计 360 起，占江西城乡盗窃案总数的 83.1%，农村只有 73 起，占江西城乡盗窃案总数的 16.9%，城镇是农村的 4.93 倍。这也印证了前文所说的当前盗窃案主要发生在城镇的判断。2017 年江西各市范围内城镇盗窃案分布情况如表 4—5 所示。

表 4—5　　　　　2017 年江西省盗窃案的城镇区域分布

地区	南昌	九江	景德镇	萍乡	新余	鹰潭	赣州	宜春	上饶	吉安	抚州	总计
频数	34	44	43	15	18	7	30	36	59	24	50	360
百分比（%）	9.4	12.2	11.9	4.2	5.0	1.9	8.3	10.0	16.4	6.7	13.9	100

资料来源：根据 2017 年中国江西网中盗窃相关报道文章整理所得。

2. 从案发时间来看城镇盗窃案的基本情况

第一，从案发的月份来看，2017 年江西省城乡各个月份都有盗窃案件发生（见表 4—6）。

表 4—6　　　　　2017 年江西省城乡盗窃案发生的月份分布

时间	频数	百分比（%）	有效百分比（%）	累计百分比（%）
1 月	55	12.7	12.7	12.7
2 月	52	12.0	12.0	24.8
3 月	57	13.2	13.2	38.0
4 月	55	12.7	12.7	50.7
5 月	38	8.8	8.8	59.5
6 月	31	7.2	7.2	66.7
7 月	31	7.2	7.2	73.8
8 月	40	9.2	9.3	83.1
9 月	26	6.0	6.0	89.1
10 月	12	2.8	2.8	91.9
11 月	25	5.8	5.8	97.7
12 月	10	2.3	2.3	100

续表

时间	频数	百分比（%）	有效百分比（%）	累计百分比（%）
小计	432	99.9	100	
缺失	1	0.1		
总计	433	100		

资料来源：根据2017年中国江西网中盗窃相关报道文章整理所得。

如果剔除江西省农村所发生的盗窃案，2017年江西省城镇盗窃案发生的月份分布如表4—7所示。

表4—7　　　2017年江西省城镇盗窃案发生的月份分布

时间	1月	2月	3月	4月	5月	6月	7月	8月	9月	10月	11月	12月	总计
频数	48	51	45	42	31	24	26	35	20	11	20	7	360
百分比（%）	13.3	14.2	12.5	11.7	8.6	6.7	7.2	9.7	5.6	3.1	5.6	1.9	100

资料来源：根据2017年中国江西网中盗窃相关报道文章整理所得。

从表4—7可见，2017年，江西省城镇盗窃案发生月份最多的是2月，占全年的14.2%。春节是2月，盗窃嫌疑人"也要（钱）过年"，因而往往是案发高峰期；其次是春节前的1月，占13.3%；再次是春节后的3月，占12.5%。2018年6月，南昌LYL派出所X警官接受课题组访谈时告诉我们，"老百姓要加强防范，年底特别要注意，小偷也要（偷钱财物以便于）过年"。另有研究者乔顺利认为，2月盗窃案件发案数为上半年最低点。这与我们的研究结果不一致，也与一些警察提供给我们的经验资料不符。当然，其中差异的具体原因还需进一步分析。不过，乔顺利认为，3—5月盗窃案件的发案数呈高位运行。这与我们的研究结果比较相似。[①]

第二，从每天案发的时间来看，2017年江西省城乡盗窃案发生的情

---

① 乔顺利：《我国盗窃案件规律特点的新发展与对策研究——以四地盗窃案件统计数据为样本的比较分析》，《政法学刊》2020年第1期。

况如表 4—8 所示。

表 4—8　2017 年江西省城镇盗窃案每天发生的时间分布

时间	频数	百分比（%）	有效百分比（%）	累计百分比（%）
白天	131	30.3	30.3	30.3
晚上	168	38.8	38.8	69.1
傍晚	5	1.2	1.2	70.2
清晨	8	1.8	1.8	72.1
不清楚	121	27.9	27.9	100
总计	433	100	100	

资料来源：根据 2017 年中国江西网中盗窃相关报道文章整理所得。

从表 4—8 可见，江西省城镇盗窃案每天发生的时间分布中，晚上发生的时间最多，占了 38.8%，可见，居民要在晚上尤其注意防盗。这与乔顺利的调查结果比较接近。他认为，晚上发生的盗窃最多，从傍晚 18 点到次日早晨 6 点发生的盗窃约占 68%。[1]

3. 从案发的具体地点来看城镇盗窃案的基本情况

国外有研究表示，盗窃的空间分布在小区内不均匀，并且不到 5% 的少数小区的入室盗窃行为报案数最多。[2] 我们的研究表明，城镇盗窃的案发地点似乎有一些规律可循。2017 年中国江西网所报道的江西省城乡 433 起盗窃案件，案发的具体地点情况如表 4—9 所示。

表 4—9　2017 年江西省城乡盗窃案发生的地点分布

地点	频数	百分比（%）	有效百分比（%）	累计百分比（%）
居民住宅、小区及停车场	136	31.4	31.4	31.4
大街上等公共场所	44	10.2	10.2	41.6

---

[1] 乔顺利：《我国盗窃案件规律特点的新发展与对策研究——以四地盗窃案件统计数据为样本的比较分析》，《政法学刊》2020 年第 1 期。

[2] Jefferis Eric, *Criminal Places: A Micro-level Study of Residential Theft*, Ph. D. dissertation, University of Cincinnati, 2004, pp. 64–66.

续表

地点	频数	百分比（%）	有效百分比（%）	累计百分比（%）
小汽车及其他车上	40	9.2	9.2	50.8
商场、超市、酒店及店铺	95	22.0	22.0	72.8
学校或医院	15	3.5	3.5	76.3
办公室	8	1.8	1.8	78.0
工厂、企业、工地等	20	4.6	4.6	82.6
网吧	18	4.2	4.2	86.8
加油站	2	0.5	0.5	87.3
不清楚	55	12.7	12.7	100
总计	433	100	100	

资料来源：根据2017年中国江西网中盗窃相关报道文章整理所得。

如果剔除江西省农村所发生的盗窃案，2017年江西省城镇盗窃案发生的具体地点分布如表4—10所示：

表4—10　　2017年江西省城镇盗窃案发生的地点分布

地点	频数	百分比（%）	有效百分比（%）	累计百分比（%）
居民住宅、小区及停车场等	98	27.2	27.2	27.2
大街上等公共场所	39	10.8	10.8	38.0
小汽车及其他车上	40	11.1	11.1	49.1
商场、超市、酒店及店铺	90	25.0	25.0	74.1
学校、医院	15	4.2	4.2	78.3
办公室	8	2.2	2.2	80.5
工厂、企业、工地等	16	4.4	4.4	84.9
网吧	16	4.4	4.4	89.3
加油站	2	0.6	0.6	89.9
其他地方	36	10.0	10.0	100
总计	360	100	100	

资料来源：根据2017年中国江西网中盗窃相关报道文章整理所得。

从表4—10可见，城镇盗窃案发生在居民住宅、小区及停车场等地的案发比例最高，达27.2%；其次是商场、超市、酒店及店铺，达25.0%；大街上等公共场所、小汽车及其他车上的案发比例也比较高，都超过了10%；而其他地点的案发比例则都比较低。乔顺利的研究显示，居民住宅区和街道路面发生的盗窃案件占比在80%左右。① 这与我们的研究结果很接近。

（二）当前城镇盗窃嫌疑人的基本情况

盗窃嫌疑人是盗窃案的主体，分析城镇盗窃状况最重要的是要分析盗窃嫌疑人的情况。我们从以下方面来剖析。

1. 盗窃嫌疑人的性别

2017年中国江西网所获得的433个样本中盗窃嫌疑人的性别状况如表4—11所示：

表4—11　　2017年江西省城乡盗窃嫌疑人的性别状况

性别	频数	百分比（%）	有效百分比（%）	累计百分比（%）
男	415	95.8	95.8	95.8
女	16	3.7	3.7	99.5
不清楚	2	0.5	0.5	100
总计	433	100	100	

资料来源：根据2017年中国江西网中盗窃相关报道文章整理所得。

从表4—11可见，2017年，除了性别不清楚者之外，中国江西网报道的盗窃案中，男性占城乡盗窃嫌疑人的95.8%，女性只占3.7%，男性是女性的25.94倍。而江西省城镇盗窃嫌疑人的性别状况则如表4—12所示。

由表4—12可见，城镇盗窃嫌疑人中，男性同样占了绝大多数，占95.6%，女性只占3.9%。这与乔顺利的研究结果相似，他认为盗窃犯罪

---

① 乔顺利：《我国盗窃案件规律特点的新发展与对策研究——以四地盗窃案件统计数据为样本的比较分析》，《政法学刊》2020年第1期。

主体是男性。①

表4—12　　　　2017年江西省城镇盗窃嫌疑人的性别状况

男	频数	344
	百分比（%）	95.6
女	频数	14
	百分比（%）	3.9
不清楚	频数	2
	百分比（%）	0.6
总计	频数	360
	百分比（%）	100

资料来源：根据2017年中国江西网中盗窃相关报道文章整理所得。

2. 是否为案发社区居民

日常生活中，人们常常想知道，到底主要是熟人还是陌生人从事盗窃呢？

确实有熟人盗窃的案例。2017年11月6日，中国江西网报道了一起熟人盗窃的案例。

2017年4月2日22时许，被告人吴某在朋友王某家中聊天时发现，电视机柜的抽屉内有2万元现金，她趁王某不备盗走1万元。2017年4月30日23时许，被告人吴某再次来到王某家中做客并留宿，趁机将剩下的1万元盗走。次日，王某发现钱被盗，并在吴某包中找到丢失的1万元。后吴某与王某一起到公安机关接受调查，吴某如实供述了自己的犯罪事实。2017年5月3日，吴某向王某退还了赃款，王某对吴某表示谅解。2017年11月，南昌东湖区人民法院以被告人吴某犯盗窃罪，判处有期徒刑一年，缓刑一年零二个月，并处罚金人民币2万元。②

---

① 乔顺利：《我国盗窃案件规律特点的新发展与对策研究——以四地盗窃案件统计数据为样本的比较分析》，《政法学刊》2020年第1期。

② 李运辉：《南昌：女子到朋友家做客乘机盗窃现金2万》，2017年11月6日，http://nc.jxnews.com.cn/system/2017/11/06/016537256.shtml，2020年5月18日。

然而，从整体上而言，熟人盗窃并不多见。2017年江西省城乡盗窃嫌疑人是否为案发社区居民情况如表4—13所示：

表4—13　　2017年江西省城乡盗窃嫌疑人是否为案发社区居民

嫌疑人是否为案发社区居民	频数	百分比（%）	有效百分比（%）	累计百分比（%）
不是案发社区居民	357	82.4	82.4	82.4
是案发社区居民	44	10.2	10.2	92.6
不清楚	32	7.4	7.4	100
总计	433	100	100	

资料来源：根据2017年中国江西网中盗窃相关报道文章整理所得。

如果剔除江西省农村所发生的盗窃案，城镇盗窃嫌疑人是否为案发社区居民情况如表4—14所示：

表4—14　　2017年江西省城镇盗窃嫌疑人是否为案发社区居民

嫌疑人是否为案发社区居民	不是案发社区居民	是案发社区居民	不清楚	总计
频数	299	35	26	360
百分比（%）	83.1	9.7	7.2	100

资料来源：根据2017年中国江西网中盗窃相关报道文章整理所得。

由表4—14可见，盗窃嫌疑人中83.1%不是案发社区居民，"兔子不吃窝边草"，在城镇盗窃中也大致如此。

3. 盗窃嫌疑人的年龄段

2017年中国江西网所报道的盗窃嫌疑人中，除了239人年龄段不清楚之外，其他盗窃嫌疑人的年龄段状况如表4—15所示：[1]

---

[1]　我们的年龄段标准是：17周岁及以下的为未成年人，18—39周岁为青年人，40—59周岁为中年人，60周岁及以上的为老年人。

表4—15　　　2017年江西省城乡盗窃嫌疑人的年龄段分布

年龄段	频数	百分比（%）	有效百分比（%）	累计百分比（%）
未成年人	30	15.5	15.5	15.5
青年人	117	60.3	60.3	75.8
中年人	43	22.2	22.2	98.0
老年人	4	2.1	2.1	100
总计	194	100	100	

资料来源：根据2017年中国江西网中盗窃相关报道文章整理所得。

如果剔除江西省农村所发生的盗窃案，同时剔除性别不明者，城镇盗窃嫌疑人的年龄段分布则如表4—16所示：

表4—16　　　2017年江西省城镇盗窃嫌疑人的年龄段分布

年龄段	未成年人	青年人	中年人	老年人	总计
频数	22	103	38	3	166
百分比（%）	13.3	62.0	22.9	1.8	100

资料来源：根据2017年中国江西网中盗窃相关报道文章整理所得。

从表4—16可见，2017年江西省城镇盗窃嫌疑人中，青年人最多，占62.0%；其次是中年人，占22.9%；老年人最少，仅占1.8%。江西省城镇盗窃嫌疑人的年龄段分布与江西全省盗窃嫌疑人的年龄分布大体相当，其中青少年占了多数，共计达75.3%。这与汪扬的研究结果相似。[1] 乔顺利也认为，盗窃犯罪主体大部分是未成年人与青壮年人。[2] 另外，从江西CN女子监狱213名女盗窃犯年龄来看，50岁以上的只占5.2%。从江西FLK监狱的盗窃犯来看，60岁以上的仅占6.1%。

---

[1] 例如，鹤山市1989—1991年抓获25岁以下的青少年盗窃犯占总数的75%。参见汪扬《试论市场经济条件下盗窃犯罪的特点、原因及对策》，《政法学刊》1997年第1期。

[2] 乔顺利：《我国盗窃案件规律特点的新发展与对策研究——以四地盗窃案件统计数据为样本的比较分析》，《政法学刊》2020年第1期。

4. 盗窃嫌疑人的职业状况

2017年中国江西网所报道的盗窃嫌疑人中，除了320人职业状况不清楚外，其他盗窃嫌疑人的职业状况如表4—17所示：

表4—17　　　2017年江西省城乡盗窃嫌疑人的就业状况

就业状况	频数	百分比（%）	有效百分比（%）	累计百分比（%）
未成年人	26	23.0	23.0	23.0
无业	56	49.6	49.6	72.6
有职业	31	27.4	27.4	100
总计	113	100	100	

资料来源：根据2017年中国江西网中盗窃相关报道文章整理所得。

如果剔除江西省农村所发生的盗窃案，同时剔除270个职业状况不明者，城镇盗窃嫌疑人的职业状况则如表4—18所示：

表4—18　　　2017年江西省城镇盗窃嫌疑人的就业状况

就业状况	未成年人	无业	有职业	总计
频数	20	43	27	90
百分比（%）	22.2	47.8	30.0	100

资料来源：根据2017年中国江西网中盗窃相关报道文章整理所得。

从表4—17和表4—18可见，有职业者从事盗窃的分别占27.4%与30.0%，未成年人实际上没有职业，与无业者所占的比例均占多数。由此似乎可以得出无业者比有职业者更容易盗窃，但是，通过交叉表分析可知，城乡盗窃数量与盗窃嫌疑人的职业状况没有相关性。如今，中国人口红利正在日益消失，人口老龄化日益加剧，找一般的工作并不难，只是对于有些人而言，低收入的工作尚不如盗窃更有吸引力。所以，盗窃与职业状况无相关性并不难理解。

5. 盗窃嫌疑人的婚姻状况

2017年中国江西网所报道的城乡盗窃嫌疑人中，377人的婚姻状况无法直接获知,而其他人的婚姻状况中,未婚的(包括未成年人)为42人,占75.0%;已婚的为14人,占25.0%。

在城镇盗窃嫌疑人中,314人的婚姻状况无法直接获知,除此之外,城镇未婚的盗窃嫌疑人34人(包括未成年人),已婚的12人,分别占比73.9%和26.1%。通过交叉表分析可知,城乡盗窃嫌疑人的婚姻状况与盗窃的发生呈负相关关系,列联系数为0.022,渐进显著性为0.898。换句话说,结了婚的人更少从事盗窃。这也印证了法国启蒙思想家卢梭所说的"家庭的迷人之处就在于它是社会罪恶的解毒剂"。[①]

6. 盗窃嫌疑人的家庭出身状况

民间俗语说,"龙生龙,凤生凤,老鼠的孩子会打洞"。尽管我们不赞同家庭出身就已经决定了一个人是否会走上盗窃之路,但家庭出身无疑是重要的影响因素。

我们把盗窃嫌疑人的家庭分为正常家庭与问题家庭。正常家庭是指父母都能比较好地充当监护人角色的家庭,而问题家庭是指父母未能较好担负监护人角色的家庭。2017年6月26日,中国江西网提供了一个问题家庭会导致子女盗窃的案例。

2017年6月9日上午,在吉安市安福县城开店的刘女士店内收银台1200元被盗。接到报警后,民警通过周边店铺的视频监控,捕捉到了小偷的整个作案过程。经过多方比对,发现此人正是辖区内出名的"傻偷"王某。王某的父亲、母亲都患有轻微精神病,靠打零工维持生计,而王某自幼也患有精神病,无法正常表达自己的需求,长期无人管教,饿了就到这家偷一口,冷了就到那家偷一件,养成了盗窃的恶习。民警抓住王某后,王某对自己盗窃之事供认不讳。因王某系无责任能力人员,民警责令王某父母将其带回家中严加管教,并赔偿了受害人的损失。[②]

不过,2017年中国江西网中所涉及的433个样本中,424个样本无法直接判断盗窃嫌疑人的家庭出身状况,只有1人可以判断出身于正常家

---

① 侯钧生:《西方社会思想史》,南开大学出版社2007年版,第294页。
② 刘卫东:《安福平都派出所破获一起盗窃案》,2017年6月23日,http://jxja.jxnews.com.cn/system/2017/06/23/016227551.shtml,2020年5月18日。

庭，有 8 人出身于问题家庭。因此，我们也很难进一步做出分析。

7. 盗窃嫌疑人的户籍状况

2017 年中国江西网所提供的 433 个样本中，江西省城乡盗窃嫌疑人的户籍状况如表 4—19 所示。

表 4—19　　2017 年江西省城乡盗窃嫌疑人的户籍状况

户籍状况	频数	百分比（%）	有效百分比（%）	累计百分比（%）
本省本市	309	71.4	71.4	71.4
本省外市	49	11.3	11.3	82.7
外省	33	7.6	7.6	90.3
不清楚	42	9.7	9.7	100
总计	433	100	100	

资料来源：根据 2017 年中国江西网中盗窃相关报道文章整理所得。

剔除江西省农村发生的盗窃，江西省城镇盗窃嫌疑人的户籍状况如表 4—20 所示。

表 4—20　　2017 年江西省城镇盗窃嫌疑人的户籍状况

户籍状况	本省本市	本省外市	外省	不清楚	总计
频数	253	43	28	36	360
百分比（%）	70.3	11.9	7.8	10.0	100

资料来源：根据 2017 年中国江西网中盗窃相关报道文章整理所得。

从表 4—20 可见，江西省城镇盗窃嫌疑人中，属本省本市户籍的居多，占 70.3%；其次是本省外市的，占 11.9%；外省的最少，只占 7.8%。接受课题组访谈的不少警察也表示，"盗窃分子中本地人、外地人都有"。这与有的研究者认为主要是外来流动人口从事盗窃的观点不一致。

8. 盗窃的对象

（1）盗窃对象的内容

根据对所收集资料的分析发现，盗窃对象的内容主要分两种，一种是现金，另一种是物品。

2017年中国江西网提供的433个样本中盗窃对象的内容如表4—21所示。

表4—21　　　　　2017年江西省城乡盗窃对象的内容

盗窃内容	频数	百分比（%）	有效百分比（%）	累计百分比（%）
现金	48	11.1	11.3	11.3
物品	234	54.0	55.3	66.7
既有钱，也有物	136	31.4	32.2	98.8
不清楚	5	1.2	1.2	100
总计	423	97.7	100	
缺失	10	2.3		
总计	433	100		

资料来源：根据2017年中国江西网中盗窃相关报道文章整理所得。

剔除江西省农村发生的盗窃，江西省城镇盗窃对象的内容状况如表4—22所示。

表4—22　　　　　2017年江西省城镇盗窃对象的内容状况

盗窃内容	现金	物品	既有现金，也有物品	不清楚	总计
频数	43	192	112	5	352
百分比（%）	12.2	54.5	31.8	1.4	100

资料来源：根据2017年中国江西网中盗窃相关报道文章整理所得。

从表4—22可见，2017年江西省城镇盗窃对象的内容中，物品最多，占了54.5%；其次是既有现金，也有物品，占了31.8%；单纯盗窃现金的最少，只占了12.2%。

（2）盗窃对象的产权

2017年中国江西网提供的433个样本中江西省城乡盗窃对象的产权情况如表4—23所示。

表4—23　　　2017年江西省城乡盗窃对象的产权结构情况

盗窃对象的产权结构情况	频数	百分比（%）	有效百分比（%）	累计百分比（%）
个人的	401	92.6	94.6	94.6
国企的	13	3.0	3.1	97.6
国家的	7	1.6	1.7	99.3
不清楚	3	0.7	0.7	100.0
缺失	9	2.1	100.0	
总计	433	100.0		

资料来源：根据2017年中国江西网中盗窃相关报道文章整理所得。

剔除江西省农村发生的盗窃，江西省城镇盗窃对象的产权状况如表4—24所示。

表4—24　　　2017年江西省城镇盗窃对象的产权结构情况

盗窃对象的产权结构情况	个人的	国企的	国家的	不清楚	总计
频数	341	5	4	10	360
百分比（%）	94.7	1.4	1.1	2.8	100

资料来源：根据2017年中国江西网中盗窃相关报道文章整理所得。

从表4—24可见，2017年江西省城镇盗窃对象的产权中，个人的最多，占94.7%；国家的最少，仅占1.1%。

(3) 盗窃对象的金额

2017年中国江西网提供的433个样本中，盗窃对象的金额中，缺失值有180个，有效样本为253个。盗窃对象的金额平均为80772.2元，中位数为18300元，众数为10000元，最大值为400万元，最小值0元，标准差为275653.2。253个样本的盗窃对象金额如表4—25所示。

表 4—25　　2017 年江西省城乡盗窃对象的金额分布情况

金额（元）	频数	百分比（%）	有效百分比（%）	累计百分比（%）
0	1	0.4	0.4	0.4
1—500	9	3.5	3.5	3.9
501—1000	17	6.7	6.7	10.6
1001—5000	58	22.9	22.9	33.5
5001—10000	32	12.7	12.7	46.2
10001—20000	25	9.9	9.9	56.1
20001—30000	22	8.7	8.7	64.8
30001—40000	7	2.7	2.7	67.5
40001—50000	12	4.7	4.7	72.2
50001—60000	4	1.6	1.6	73.8
60001—70000	3	1.2	1.2	75.0
70001—80000	6	2.4	2.4	77.4
80001—10 万	16	6.3	6.3	83.7
100001—20 万	21	8.3	8.3	92.0
200001—30 万	10	4.0	4.0	96.0
300001—50 万	6	2.4	2.4	98.4
500001—100 万	3	1.2	1.2	99.6
超过 100 万	1	0.4	0.4	100
总计	253	100	100	

资料来源：根据 2017 年中国江西网中盗窃相关报道文章整理所得。

剔除江西省农村发生的盗窃，江西省城镇盗窃对象的金额分布状况如表 4—26 所示。

表 4—26　　2017 年江西省城镇盗窃对象的金额分布情况

金额（元）	频数	百分比（%）	有效百分比（%）	累计百分比（%）
0	1	0.5	0.5	0.5
1—500	8	3.9	3.9	4.4
501—1000	14	6.8	6.8	11.2
1001—5000	51	24.6	24.6	35.8

续表

金额（元）	频数	百分比（%）	有效百分比（%）	累计百分比（%）
5001—1万	26	12.6	12.6	48.4
10001—2万	18	8.7	8.7	57.1
20001—3万	19	9.2	9.2	66.3
30001—4万	5	2.4	2.4	68.7
40001—5万	9	4.4	4.4	73.1
50001—6万	4	1.9	1.9	75.0
60001—7万	3	1.4	1.4	76.4
70001—8万	5	2.4	2.4	78.8
80001—9万	0	0	0	78.8
90001—10万	11	5.3	5.3	84.1
100001—20万	15	7.2	7.2	91.3
200001—30万	9	4.4	4.4	95.7
300001—50万	5	2.4	2.4	97.1
500001—100万	3	1.4	1.4	99.5
超过100万	1	0.5	0.5	100
总计	207	100	100	

资料来源：根据2017年中国江西网中盗窃相关报道文章整理所得。

从表4—26可见，城镇盗窃对象的金额以1001—5000元最多，占24.6%，金额超过1万元的占51.6%，可见，多数城镇盗窃对象的金额都比较大，并且金额超过10万元的占15.8%。

9. 盗窃嫌疑人涉案数量

2017年中国江西网提供的433个样本中，能够提供盗窃嫌疑人涉案数量的有效样本为417个，涉案数量情况如表4—27所示。

表4—27　　2017年江西省城乡盗窃嫌疑人的涉案数量分布情况

数量（起）	频数	百分比（%）	有效百分比（%）	累计百分比（%）
1	175	42.0	42.0	42.0
2	28	6.7	6.7	48.7

续表

数量（起）	频数	百分比（%）	有效百分比（%）	累计百分比（%）
3	52	12.5	12.5	61.2
4—10	66	15.8	15.8	77.0
11—20	54	13.0	13.0	90.0
21—30	20	4.8	4.8	94.8
31—40	6	1.4	1.4	96.2
41—50	3	0.7	0.7	96.9
51—100	13	3.1	3.1	100
总计	417	100	100	

资料来源：根据2017年中国江西网中盗窃相关报道文章整理所得。

剔除江西省农村发生的盗窃，江西省城镇盗窃嫌疑人的涉案数量分布状况如表4—28所示。

表4—28　　2017年江西省城镇盗窃嫌疑人的涉案数量分布

数量（起）	频数	百分比（%）	有效百分比（%）	累计百分比（%）
1	141	40.8	40.8	40.8
2	27	7.8	7.8	48.6
3	44	12.7	12.7	61.3
4—10	57	16.5	16.5	77.8
11—20	41	11.8	11.8	89.6
21—30	16	4.6	4.6	94.2
31—40	5	1.4	1.4	95.6
41—50	2	0.6	0.6	96.2
51—100	13	3.8	3.8	100
总计	346	100	100	

资料来源：根据2017年中国江西网中盗窃相关报道文章整理所得。

从表4—28可见，2017年江西省城镇盗窃嫌疑人的涉案数量，以1起的居多，占40.8%；3起以内的占61.3%；超过3起的共占38.7%；超过10起的占22.2%。另外，有4名盗窃嫌疑人涉案数量达100起。

10. 盗窃嫌疑人的作案类别

盗窃嫌疑人作案类别分为单独作案与团伙作案两种。

2017年中国江西网提供的433个样本中，能够提供作案类别的有效样本有432个，其具体情况如表4—29所示。

表4—29　　2017年江西省城乡盗窃嫌疑人的作案类别状况

作案类别	频数	百分比（%）	有效百分比（%）	累计百分比（%）
单独作案	272	62.8	63.0	63.0
团伙作案	160	37.0	37.0	100
合计	432	99.8	100	
缺失	1	0.2		
总计	433	100		

资料来源：根据2017年中国江西网中盗窃相关报道文章整理所得。

剔除江西省农村发生的盗窃，江西省城镇盗窃嫌疑人的作案类别情况如表4—30所示。

表4—30　　2017年江西省城镇盗窃嫌疑人的作案类别状况

作案类别	频数	百分比（%）	有效百分比（%）	累计百分比（%）
单独作案	234	65.2	65.2	65.2
团伙作案	125	34.8	34.8	100
总计	359	100	100	

资料来源：根据2017年中国江西网中盗窃相关报道文章整理所得。

从表4—30可见，2017年江西省城镇盗窃嫌疑人作案类别中，单独作案占多数，为65.2%；团伙作案则占34.8%。

11. 盗窃嫌疑人涉案人数

2017年中国江西网提供的433个样本中，能够提供涉案人数的有效样本有432个，其具体情况如表4—31所示。

表4—31　　　2017年江西省城乡盗窃案的涉案人数状况

人数	频数	百分比（%）	有效百分比（%）	累计百分比（%）
1人	268	62.0	62.0	62.0
2人	85	19.7	19.7	81.7
3人	34	7.9	7.9	89.6
4人	18	4.2	4.2	93.8
5—6人	20	4.6	4.6	98.4
7—9人	5	1.2	1.2	99.6
10人及以上	2	0.4	0.4	100
总计	432	100	100	

资料来源：根据2017年中国江西网中盗窃相关报道文章整理所得。

剔除江西省农村发生的盗窃，江西省城镇盗窃案的涉案人数状况如表4—32所示。

表4—32　　　2017年江西省城镇盗窃案的涉案人数状况

人数	频数	百分比（%）	有效百分比（%）	累计百分比（%）
1人	232	64.6	64.6	64.6
2人	69	19.2	19.2	83.8
3人	24	6.7	6.7	90.5
4人	15	4.2	4.2	94.7
5—6人	13	3.6	3.6	98.3
7—9人	5	1.4	1.4	99.7
10人	1	0.3	0.3	100
总计	359	100	100	

资料来源：根据2017年中国江西网中盗窃相关报道文章整理所得。

从表4—32可见，2017年江西省城镇盗窃案的涉案人数中，1人进行的盗窃案最多，占64.6%；其次是2人进行的盗窃案，占19.2%；再次是3人进行的盗窃案，占6.7%；而10人进行的盗窃只有1起。

12. 盗窃嫌疑人被处罚的次数

2017年中国江西网提供的433个样本中，能够提供涉案人数的有效样本有431个，其具体情况如表4—33所示。

表4—33　　2017年江西省城乡盗窃嫌疑人被处罚的情况

嫌疑人被处罚的情况	频数	百分比（%）	有效百分比（%）	累计百分比（%）
第一次被处罚	331	76.8	76.8	76.8
第二次被处罚	59	13.7	13.7	90.5
第三次及以上被处罚	39	9.0	9.0	99.5
不清楚	2	0.5	0.5	100
总计	431	100	100	

资料来源：根据2017年中国江西网中盗窃相关报道文章整理所得。

剔除江西省农村发生的盗窃，江西省城镇盗窃嫌疑人被处罚的情况如表4—34所示。

表4—34　　2017年江西省城镇盗窃嫌疑人被处罚的情况

嫌疑人被处罚的情况	频数	百分比（%）	有效百分比（%）	累计百分比（%）
第一次被处罚	271	75.7	75.7	75.7
第二次被处罚	52	14.5	14.5	90.2
第三次及以上被处罚	33	9.2	9.2	99.4
不清楚	2	0.6	0.6	100.0
总计	358	100.0	100.0	

资料来源：根据2017年中国江西网中盗窃相关报道文章整理所得。

从表4—34可见，2017年江西省城镇盗窃嫌疑人中，第一次被处罚的占多数，为75.7%；第二次被处罚的占14.5%；第三次及以上被处罚的只占了9.2%。

（三）城镇盗窃嫌疑人的显著特点

2017年中国江西网提供的433个样本中，盗窃嫌疑人表现出以下几个显著特点。

1. 往往多次作案

多次作案是指作案三起及以上数量。

2017年中国江西网所提供的433个样本中，剔除109个无显著特点的盗窃案，有效样本为324个，其中有216个盗窃案主犯是多次作案，占有效样本的66.7%。

2017年4月22日，中国江西网提供了一个盗窃嫌疑人多次作案的案例。

2017年2月以来，九江市修水县县城陆续发生了多起剪防盗网破窗入室盗窃案件。修水县刑侦大队通过对该系列案件的作案手法进行分析和现场遗留痕迹鉴定，成功锁定童某。童某，男，30岁，修水县人，2017年2月被县局某派出所取保候审。4月3日，童某被成功抓获。经审讯，童某如实供述了2017年1月以来，先后窜至修水县城服装城、翰香苑、西班牙小镇、荷兰小镇等小区，通过剪防盗网破窗入室的方式，盗窃作案22起，涉案金额30万余元。

盗窃嫌疑人往往有多次作案的特点，大大增加了其被察觉的可能性，给公安机关破案提供了契机。

2. 往往有犯罪前科

2017年中国江西网所提供的433个样本中，剔除109个无显著特点的盗窃案，有效样本为324个，其中有96个盗窃主案犯有犯罪前科，占有效样本的29.6%。

2017年3月6日，中国江西网提供了一个盗窃嫌疑人有犯罪前科的案例。

2017年3月2日晚11时许，井冈山市公安局特巡警大队龙市中队接到报警称，龙市镇某宾馆一女子的一部白色iPad被盗，价值4000余元。派出所民警从宾馆老板那里了解到，贺某斌曾在那里待过，而提起贺某斌，中队民警都熟悉，此人此前已经因盗窃、吸毒多次"进宫"。3月3日上午九时许，民警在去年抓获贺某斌的网吧中再次抓获在角落里用衣服蒙住头睡觉的他，经审讯，贺某斌对其在宾馆偷窃他人iPad一事供认不讳，并带民警找回了 iPad。①

3. 往往流窜各地作案

2017 年中国江西网所提供的 433 个样本中，剔除 109 个无显著特点的盗窃案，有效样本为 324 个，其中，盗窃嫌疑人流窜各地作案的有 95 人，占有效样本的 29.3%。

2017 年 10 月 11 日，中国江西网提供了一个盗窃嫌疑人流窜各地作案的案例。

2017 年 9 月 16 日 15 时许，兴国县将军大道某电瓶店刘某某一部手机被盗。9 月 24 日 21 时许，兴国县潋江镇红色之都某商行店内张某的一部手机也被盗。案发后，兴国县民警经过走访调查，初步判断两起案件为同一男子所为。经进一步调查，民警于 9 月 29 日晚抓获盗窃嫌疑人曾某华。曾某华，男，23 岁，兴国梅窖人。他供述了自 2017 年 3 月以来，流窜至浙江、福建、江西等地实施作案 20 余起的犯罪事实。②

4. 有些盗窃嫌疑人是临时起意盗窃

通常，盗窃嫌疑人行动之前会做一些准备工作，但是也有些盗窃嫌疑人事先并没有准备从事盗窃，而是临时起意。

2017 年中国江西网所提供的 433 个样本中，剔除 109 个无显著特点的盗窃案，有效样本为 324 个，其中盗窃嫌疑人临时起意盗窃的有 18 人，占有效样本的 5.6%。

2017 年 2 月 21 日，中国江西网提供了一个盗窃嫌疑人临时起意进行盗窃的案例。

2017 年 2 月 17 日 10 时 40 分，上饶广场警务站接到报案称，当事人停靠在解放路步行街口的电动车，车前筐内的钱包被盗。当事人当时在马路边准备买点东西，很快就返回，但买完东西回来就发现钱包被人拿走了，钱包内有现金 2000 余元、三张银行卡和一张本人身份证。民警通过天网监控和街面巡逻，锁定一名停靠在步行街街口的摩的司机。民警

---

① 罗诗福、李胜：《"多进宫"盗窃嫌疑人因偷取 iPad 在同一家网吧被再次抓获》，2017 年 3 月 6 日，http://fz.jxnews.com.cn/system/2017/03/06/015845399.shtml，2020 年 5 月 18 日。

② 欧阳兴：《兴国一男子流窜多省实施溜门盗窃 半年先后作案 20 余起》，2017 年 10 月 11 日，http://jiangxi.jxnews.com.cn/system/2017/10/11/016456713.shtml，2020 年 5 月 18 日。

将该嫌疑人带至警务站讯问得知，该男子叫雷某，1982年生，上饶市信州区人。2017年2月17日上午8点30分左右，雷某看见一辆电动车前筐内有一个钱包，一时财迷心窍，临时起意将钱包放进自己的背包里，并在步行街口继续做摩的生意。他没有想到两小时的时间内就被抓获。①

5. 有的盗窃嫌疑人是逃犯

逃犯是因犯罪理应受处罚但逃脱了司法机关监管的犯罪嫌疑人。

2017年中国江西网所提供的324个有效样本中，盗窃嫌疑人是逃犯的有14人，占有效样本的4.3%。

2017年2月17日，中国江西网提供了一个盗窃嫌疑人是逃犯的案例。

2017年2月14日22时许，江西省抚州市崇仁县巴山镇居民芦某报警称：他的一部苹果6PLUS手机在宝水大街"新日"电动车专卖店内被盗。接到报警后，民警经调取店内监控视频发现，余某有重大作案嫌疑。余某，男，汉族，19岁，崇仁县人。2017年2月15日17时许，侦查员掌握到犯罪嫌疑人余某在县城主角网吧上网，随后迅速出动将其抓获。

经讯问，余某对其盗窃苹果6PLUS手机一事供认不讳。经进一步调查，民警还发现余某有盗窃前科，并且是一名网上逃犯。余某交代，2016年12月15日凌晨7时许，其与朋友张某在四川省绵阳市经济技术开发区某网吧上网，其间，余某趁张某不注意，盗走张某放在电脑桌上的一部价值4800元的金色苹果6手机，随后看到张某微信钱包中有钱，又从中盗走1200元，并溜之大吉。后余某被绵阳市警方列为网上逃犯，进行追逃。

截至记者发稿时止，警方已将犯罪嫌疑人余某刑事拘留。②

6. 有的盗窃嫌疑人以技术开锁方式盗窃

2017年中国江西网所提供的324个有效样本中，盗窃嫌疑人采用技术开锁方式从事盗窃的有11人，占有效样本的3.4%。

---

① 张品龙、刘娟：《上饶广场警务站2小时成功抓获顺手牵羊盗窃嫌疑人》，2017年2月21日，http：//jxsr.jxnews.com.cn/system/2017/02/21/015793858.shtml，2020年5月18日。

② 何斌：《男子偷手机被抓 有盗窃前科还是网上逃犯》，2017年2月17日，http：//fz.jx-news.com.cn/system/2017/02/17/015776433.shtml，2020年5月18日。

2017年9月12日,中国江西网提供了一个盗窃嫌疑人以技术开锁方式从事盗窃的案例。

2017年6月,周某林失业了。此后,他沉迷于赌博之中。很快,他将仅有的积蓄,甚至连两个小孩的学费都输光了。为了快速得到钱财,他便学着防盗视频内的盗窃手法,将硬塑料文件夹裁剪成"7"字形开锁工具,经尝试,他发现没有反锁的旧款门锁容易开启。2017年7月的一天凌晨,周某林在吉安市吉州区某老式住宅区,乘人熟睡之际,将"7"字形塑料卡插入门闩处开锁,入户盗窃了大量财物。

2017年7月31日凌晨,周某林准备再次作案时,被小区居民盘问后扭送至公安机关。

据周某林供述,在一个月的时间内,其疯狂在老式住宅区挨家挨户试开门锁,作案近30起,入户后便将现金和易携带的财物扫荡一空。[①]

此外,盗窃嫌疑人往往还有涉及网络成瘾、涉及毒品、涉及赌博、利欲熏心严重、极其好逸恶劳等显著特点。这些既是不少盗窃嫌疑人的显著特点,也是导致他们从事盗窃的直接原因。具体内容将在第五章作进一步论述。

---

① 郭豪:《网上钻研盗窃术疯狂之后终被擒》,2017年9月12日,http://jxja.jxnews.com.cn/system/2017/09/12/016393269.shtml,2020年5月18日。

第五章

当前城镇盗窃问题产生的原因

当前,中国城镇盗窃问题产生的原因不外乎个体原因与社会原因。一方面通常来说,某人从事盗窃时,人们往往首先关注的是促使其盗窃的个体原因,"为什么其他人不偷东西,而只有你偷东西呢?"另一方面,也有人认为,如果盗窃的只是少数人,从个体方面寻找原因固然有道理,而当从事盗窃者数以万计时,仅从个体方面寻求原因显然是不够的。本章将从这两个方面进行探讨。

一 当前城镇盗窃问题产生的个体原因

(一)贫困

2017年中国江西网所提供的433个样本中,有340个样本中盗窃嫌疑人的经济状况无法直接获知,余下93个样本中盗窃嫌疑人的经济状况见表5—1所示:

表5—1　　2017年江西省城乡盗窃嫌疑人的经济状况

经济状况	频数	百分比(%)	有效百分比(%)	累计百分比(%)
贫穷	79	84.9	84.9	84.9
一般	13	14.0	14.0	98.9
富裕	1	1.1	1.1	100
总计	93	100	100	

资料来源:根据2017年中国江西网中盗窃相关报道文章整理所得。

如果剔除江西省农村所发生的盗窃案,同时剔除340个职业状况不明者,城镇盗窃嫌疑人的经济状况则如表5—2所示:

表5—2　　　　2017年江西省城镇盗窃嫌疑人的经济状况

经济状况	贫穷	一般	富裕	总计
频数	66	12	1	79
百分比(%)	83.5	15.2	1.3	100

资料来源:根据2017年中国江西网中盗窃相关报道文章整理所得。

从表5—1和表5—2可见,盗窃嫌疑人为富裕者极少,贫穷者居多。通过交叉表分析可知,人们的经济状况与其从事盗窃的可能性呈很强的负相关性,列联系数为0.049,渐进显著性为0.789。可见,中国古代盗窃等犯罪原因中"贫困说"如今仍有经验数据的支持,也基本印证了我国东汉思想家王符所说的"礼义生于富足,盗窃起于贫穷"。[①]

2017年12月23日,中国江西网提供了一个因贫困而盗窃的案例。

王某20岁,王某某19岁,系兄弟关系,南昌进贤人,两人因经济窘迫,于是约定合伙盗窃手机变卖,并且约定无论谁盗窃所得的手机,变卖所得款项都共同使用。

2017年9月11日7时许,王某、王某某来到某网吧,趁受害人韩某睡着之际,将其一部价值755元的手机盗走并变卖,所得赃款用于两人日常开销。次日5时许,二人又来到网吧,趁受害人龚某睡着之际,将其一部价值1944元的手机盗走,并由王某某变卖,所得赃款也用于两人日常开销。当天,王某、王某某在一网吧被民警抓获。经审讯,两人如实供述了自己的犯罪事实。

2017年12月,南昌市东湖区人民法院依法审结此案,以盗窃罪分别判处被告人王某、王某某拘役四个月,并各处罚金3000元;责令被告人王某和王某某共同退赔受害人韩某经济损失755元,同时,退赔受害人龚

[①] (汉)王符撰、龚祖培校点:《潜夫论》,辽宁教育出版社2001年版,第34页。

某经济损失1944元。①

(二) 吸毒

在中国，吸毒不仅是毒害吸毒者自身身心健康的违法行为，也是一种极其奢侈的消费。

20世纪90年代中后期，笔者曾经接触过一些"瘾君子"。其中有个吸毒人员②告诉笔者一些关于吸毒的感悟，笔者至今记忆犹新。他说："吃毒的人（吸毒者）对任何事情都不会感兴趣，甚至男女之事也提不起兴趣，只对吃毒感兴趣。只要有一点点粉（毒品），头脑里，你想要什么，就有什么，就跟当皇帝一样""吃毒要是上瘾，戒毒也不是很难，但是戒毒瘾容易戒心瘾难，一日吸毒，终生戒毒""吃毒如果上了瘾，哪怕你家里有金山银山，也会吃得精光，没有钱，就会去偷去抢"。

1949年，中华人民共和国成立。之后不久，中国就消灭了毒品问题，并且维持了二十余年"无毒"环境。70年代末开始，毒品问题又逐渐死灰复燃。如今，吸毒在中国已经成为一个社会问题。近几年，不断曝光出来的明星吸毒，让人们对吸毒问题更加关注。③

2000年，中国登记在册的吸毒人员累计86万人，存在吸毒问题的县（市、区）共计2084个。④

截至2014年年底，中国大陆累计发现、登记吸毒人员增至295.5万名（其中当年新发现48万名），而实际吸毒人数超过1400万人；涉毒县（市、区）增至3048个，占全国县（市、区）总数九成以上。⑤ 2014年累计吸毒人员数量是近些年来数量最多的年份。

近几年国家禁毒部门加大禁毒执法力度，毒品问题比2014年有

---

① 周再奔：《奇葩两兄弟手头拮据 竟商定无论谁盗窃所得赃款都共同使用》，2017年12月23日，http://jiangxi.jxnews.com.cn/system/2017/12/23/016651731.shtml，2020年5月18日。

② 2006年，这名吸毒者因偷封山育林的木材而被判刑入狱。

③ 明星吸毒对于一些追星族造成了极其恶劣的影响，导致不少追星族也效仿。

④ 《2000年中国禁毒报告》，2002年6月12日，http://www.china.com.cn/chinese/zhuanti/158499.htm，2019年4月17日。

⑤ 《2014年中国毒品形势报告（全文）》，2015年6月24日，http://www.nncc626.com/2015-06/24/c_127945747_2.htm，2020年5月18日。

所缓解。

2018年6月25日，国家禁毒办发布的《2017年中国毒品形势报告》显示，截至2017年年底，中国大陆有吸毒人员255.3万名，比2016年增长了1.9%，新发现吸毒人员34万人。2017年，中国大陆禁毒部门破获毒品刑事案件14万起，打掉制贩毒团伙5534个，抓获毒品犯罪嫌疑人16.9万名。

2017年，中国毒品形势也表现出一些新的特点。其中一个便是合成毒品变异加快，不断出现新类型毒品。许多不法分子通过改变毒品包装形态生产销售一些新型毒品，如"咔哇潮饮""彩虹烟""咖啡包""小树枝"等。这些新型毒品花样不断翻新，具有非常强的伪装性、迷惑性和时尚性，以青少年在娱乐场所滥用为主。还有一个比较突出的问题是，贩毒分子利用寄递物流渠道，通过假名、藏匿、夹带等手段走私贩运毒品。2017年，全国共破获寄递物流渠道毒品犯罪案件1499起，抓获犯罪嫌疑人1789名，缴获毒品12.1吨，同比上升1.8倍，其中物流渠道缴毒10吨，同比上升近5倍。国际快递已成为跨国贩毒集团向中国走私毒品和中国毒品走私出境的"双向渠道"。①

由于毒品问题在城镇中具有不小程度的普遍性，所以，吸毒导致的盗窃犯罪也并不少见。

2016年1月21日，接受课题组访谈的江西CN女子监狱狱警刘QQ告诉我们："感觉现在的盗窃犯涉毒的比较多，我认为这是这群人重新违法犯罪率比较高的原因所在。"

2016年1月22日，接受课题组访谈的南昌YZ小学门卫告诉我们："现在很多吸毒的盗窃电动车。我认识一个人原来是开超市的，后来吸毒，家里败光，现在靠偷电动车吸毒。"

2017年中国江西网所提供的433个盗窃样本中，剔除109个无显著特点的盗窃案，有效样本为324个，其中盗窃嫌疑人涉及吸毒问题的样本共有33个，占有效样本的10.2%。

---

① 张洋：《〈2017年中国毒品形势报告〉发布 全国破获毒品刑事案件14万起》，《人民日报》2018年6月26日第11版。

2017年3月13日，中国江西网提供了一个盗窃嫌疑人因吸毒而盗窃的案例。

雷某是江西省抚州市一名网络安装工。因其技术好，在公司工作年限长，每月收入不菲，再加上家庭和睦，雷某的小日子过得很不错。但是，自从雷某染上毒瘾后，这一切都离他远去。随着吸毒开销日益增大，他的收入远远不够吸毒的支出。

雷某和"毒友"吴某于是动起了歪念。长期的工作经验，使他有了利用安装工身份掩护盗窃的想法。两人白天敲响小区业主的房门，如有人应答，两人便称要进行网络维修。如果无人应答，两人则用从网上购买的特制钥匙，实施入室盗窃。

尽管雷某的作案方式以及职业身份给破案带来很大的困难，但是功夫不负有心人。民警通过大量的走访摸排与相关工作，于2017年3月2日在抚州抓获嫌疑人吴某。3月6日，民警又趁嫌疑人雷某参加公司每周早会的时机将其抓获。

两名盗窃嫌疑人被抓后，都对自己的犯罪行为供认不讳，承认在多个小区实施入室盗窃20余起。[①]

（三）网络成瘾

1997年10月，中国上网用户总人数只有62万人，但中国互联网发展非常迅速，到2002年年底，中国上网用户总人数增至5910万人，[②] 比1997年增长了94.3倍。截至2005年年底，中国网民总人数进一步增长到11100万人，[③] 又比2002年增长了87.8%。

伴随着中国互联网的迅速发展，中国许多网民网络成瘾倾向日益严重化，其中主要是青少年。这与网民主要是青少年是一致的。2002年年底，35岁以下的年轻人是主力军。截至2005年年底，35岁及以下年龄的

---

① 黄宇峰：《网络安装工利用职务之便"兼职"盗窃 疯狂作案二十余起》，2017年3月13日，http://jxfz.jxnews.com.cn/system/2017/03/13/015868859.shtml，2020年5月18日。
② 资料来源：《中国互联网发展报告（2002）》。
③ 资料来源：《中国互联网发展报告（2006）》。

网民占了82.7%。① 与此同时，中国青少年网络协会发布了《中国青少年网瘾数据报告》。该份报告显示，中国城市青少年网民中有网瘾者约占13.2%，另有大约13%的青少年存在网瘾倾向。② 可见，中国网民中存在的网络成瘾及网络成瘾倾向问题已经比较严重。

2013年7月，中国青少年网络协会进行了第三次网瘾调查。调查结果显示，中国城市青少年网民中有网瘾者约占14.1%，有2404余万人，另有约12.7%的青少年存在网瘾倾向，为1800余万人。③ 可见，与2005年相比，中国网民中存在的网络成瘾及网络成瘾倾向问题根本没有得到好转。

截至2018年12月，中国网民规模进一步急剧扩展到8.29亿人，仍以青少年为主。其中，10岁以下占4.1%，10—19岁占17.5%，20—29岁占26.8%，30—39岁占23.5%，合计40岁以下的网民，共占71.9%。在学历结构方面，中国网民中，小学及以下占18.2%，初中占38.7%，合计共占56.9%，低学历者仍然占了多数。中国较多网民的年纪轻与学历低，加上大力发展网络游戏，④ 很容易使网络成瘾及网络成瘾倾向问题严重化。

从网民的收入结构来看，中国网民中有不少无收入者及低收入者。2005年年底的数据显示，中国网民中，无收入的占8.2%，月收入500元以下的占21.8%，501—1000元的占15.7%，1001—1500元的占13.4%，1501—2000元的占11.8%，超过2000元的只占29.1%。⑤ 截至2018年12月，中国网民中，无收入者占6.8%，月收入500元以下的占8.7%，501—1000元的占7.1%，1001—1500元的占7.1%，1501—2000元的占

---

① 资料来源：《中国互联网发展报告（2002、2006）》。
② 《人民网发布〈中国青少年网瘾数据报告〉》，2005年11月23日，http：//theory.people.com.cn/GB/49157/49166/3882411.html，2019年4月17日。
③ 《报告显示我国城市网瘾青少年约有2404余万人》，2013年7月29日，http：//news.youth.cn/jsxw/201307/t20130729_3606503.htm，2020年5月18日。
④ 据第43次中国互联网络发展状况统计报告显示，截至2018年12月，中国网络游戏用户规模已达到4.84亿人。资料来源：《中国超8亿网民：越穷越上网？谁在刷朋友圈？》，2019年2月28日，http：//www.chinanews.com/sh/2019/02-28/8767939.shtml，2020年5月18日。
⑤ 资料来源：《中国互联网发展报告（2006）》。

9.6%，2001—3000 元的占 15.7%，3001—5000 元的占 21.0%，5001—8000 元的占 13.4%，超过 8000 元的占了 10.7%。概括来看，月收入低于 1000 元者共计占 15.8%，低于 3000 元者共计占了 48.2%，低于 5000 元者共计占 69.2%。① 中国网民中的无收入网民及低收入网民，如果存在网络成瘾及网络成瘾倾向，很容易导致他们因无钱上网而从事盗窃活动。

2017 年中国江西网所提供的 433 个样本中，剔除 109 个无显著特点的盗窃案，有效样本为 324 个，其中盗窃嫌疑人存在网络成瘾及网络成瘾倾向的样本共有 35 个，占有效样本的 10.8%。

2017 年 8 月 16 日中国江西网提供了一个因网络成瘾而盗窃的案例。

2017 年 8 月 13—14 日，停放在南昌市黄家湖西路某小区北门附近的 10 多辆汽车车窗玻璃被砸，车内财物被盗。接到报案后，民警通过调取案发现场周边监控视频，确认了两名嫌疑人。8 月 14 日 16 时 30 分，民警在一家网吧将两名嫌疑人抓获。

两名盗窃嫌疑人都是未成年人。据他们供述，因沉迷某一款网络游戏，为花钱充值买游戏装备又没钱，于是他们想到附近曾有人撬车窗偷盗车内财物，两人便商量效仿作案。② 8 月 13 日 2 时许，两人到经开区一小区北门路边连撬了 5 辆小车，偷走车内财物，然后回去继续上网。8 月 14 日凌晨，两名嫌疑人再次来到该小区北门，连撬 6 辆车，偷走 170 余元、一张百元纪念币及其他零碎物品。

由于两名嫌疑人均为未成年人，警方对其治安拘留不予执行，责令其监护人领回严加管教。③

（四）赌博

20 世纪 70 年代末之前的二十余年中，中国消灭了赌博问题。70 年代末开始，赌博问题又逐渐蔓延开来。如今，各种形式的赌博屡见不鲜。

---

① 数据来源：《第 43 次中国互联网络发展状况统计报告》。
② 在此也看出，本书第三章谈到的社会学习理论在这个案例中得到了验证。
③ 《沉迷网游 两少年砸车盗窃》，2017 年 8 月 15 日，http://jiangxi.jxnews.com.cn/system/2017/08/15/016342211.shtml，2020 年 5 月 18 日。

从参与赌博的阶层来看,各个阶层都有。上至腰缠万贯的富裕阶层,动辄输赢数以万计、百万计,甚至千万计。例如,原湖北省驻香港办事处主任金鉴培,在两年时间内,就赌光了1.4亿港元;原重庆市委宣传部部长张宗海赌输了1亿多元;原沈阳市副市长马向东两年半内赴澳门狂赌17次,曾经3天输掉上千万元。① 2018年11月,有消息称,金立手机董事长刘立荣承认,自己在澳门赌博输了十几亿元。② 另外,大量平民百姓对赌博活动也乐此不疲。如今,在广大农村,农民种田并不像以前那样"面朝黄土背朝天"的辛苦,因为毛泽东时代留下了大量农田水利设施,改革开放后,杂交水稻大面积推广,加之如今很多体力农活因农业机械、除草剂、化肥的大量使用而被替代了,不少农民是"三个月种田,三个月过年,半年要钱"。

从赌博的形式来看,花样不断翻新。第一,日常生活中最常见的赌博形式是采用麻将、扑克牌。遍布大街小巷的棋牌室、麻将馆以麻将、扑克牌居多。第二,以老虎机、牌九等形式进行赌博的也有不少。第三,以购买六合彩形式进行赌博的,在不少地方也广泛存在。第四,微信兴起之后,几乎与此同时,出现了不少以抢微信红包形式进行赌博的。第五,随着互联网的迅速发展,出现了网络赌博形式,并且非常严重。实际上,除了一些易于为人们界定的赌博形式外,还有诸多表面上不叫赌博,而实质含有较大程度赌博成分的赌博形式,如买彩票等。彩票原本是希望富裕阶层出于慈善动机而参与的一项社会慈善事业,然而,现实中却主要是中下阶层购买彩票,乃至出现一些痴迷于一夜暴富的"问题彩民"。

由于赌博问题的严重化,国家一直以来比较重视禁赌,但收效不大。2000年公安机关受理的治安案件中,赌博有41.38万起。③ 到2017年公安机关受理的治安案件中,赌博或为赌博提供条件的案件仍有26.58

---

① 林伟:《又见官员因迷恋赌博而自毁前程》,2010年5月11日,http://fanfu.people.com.cn/GB/11568916.html,2019年4月17日。

② 陈学东:《金立董事长刘立荣承认赌博 没输一百亿,大概"十几个亿"》,2018年11月28日,http://tc.people.com.cn/n1/2018/1128/c183008-30429111.html,2020年5月18日。

③ 数据来源:《中国统计年鉴》(2002)。

万起。① 可见，赌博问题并未因执法部门的打击而出现根本好转。

赌博不仅是一种违法行为，而且容易上瘾，有些人如果没钱赌博，很容易走上盗窃之路。

2017 年中国江西网所提供的 433 个样本中，剔除 109 个无显著特点的盗窃案，有效样本为 324 个，其中盗窃嫌疑人因赌博而盗窃的样本有 22 个，占有效样本的 6.8%。

2017 年 2 月 28 日中国江西网提供了一个盗窃嫌疑人因赌博而盗窃的案例。

2017 年 1 月 27 日凌晨，江西省新余市一公司报警称，公司仓库 16 箱锡箔材料被盗，损失价值近 10 万元。民警经过侦查，很快锁定了两名嫌疑人刘某华（男，41 岁，新余市渝水区人）、兰某彬（男，27 岁，新余市渝水区人）。

犯罪嫌疑人刘某华因与被盗公司有长期业务往来，在戒备森严、监控严密的公司院内进出自由，熟悉公司岗哨门卫、值班备勤时间，并且由于其平日频繁进出核心仓库区，对公司库存货物情况烂熟于心。

因刘某华与兰某彬平时嗜赌成性，二人对锡箔这一材料早有贪念。2017 年 1 月 27 日凌晨，二人将车停放在新余市渝水区观巢镇该公司围墙外，翻墙进入厂区核心仓库盗走了 16 箱锡箔，后变卖并分赃。

截至记者发稿时，二人已被依法刑事拘留。②

（五）利欲熏心严重

2000 多年前，西汉史学家司马迁说，天下熙熙皆为利来，天下攘攘皆为利往。在今天以经济建设为中心的时代，一般人衡量他人成功与否的标准，相当大程度就是看其拥有金钱的数量。一般来说，多数人还是认同，君子爱财取之有道，只有小人爱财才会忘乎所以。可以说，所有盗窃嫌疑人都利欲熏心，他们企图通过非法的手段获取不属于自己的财

---

① 数据来源：《中国法律年鉴》（2018）。
② 周再奔：《利用业务往来对合作公司了如指掌 新余两男子盗窃"熟客"》，2017 年 2 月 28 日，http://jiangxi.jxnews.com.cn/system/2017/02/28/015824004.shtml，2020 年 5 月 18 日。

物，而其中有些盗窃嫌疑人尤其突出。

2017 年中国江西网所提供的 433 个样本中，剔除 109 个无显著特点的盗窃案，有效样本为 324 个，其中盗窃嫌疑人因利欲熏心严重而盗窃的样本有 27 个，占有效样本的 8.3%。

2017 年 6 月 22 日，中国江西网提供了一个盗窃嫌疑人因利欲熏心而盗窃的案例。

2017 年 5 月 15 日 11 时许，宜春市宜丰县居民周某报案称，他放在家中的金银首饰被盗，损失 3 万余元。

经过办案民警调看沿路监控视频发现，周某有一个同事李某汉，在案发时间曾骑摩托车到过周某家，并且还逗留了较长时间。但是，李某汉此后就消失得无影无踪。李某汉的盗窃嫌疑因而陡然上升。经过民警的不懈努力与艰苦工作，终于发现李某汉潜逃至外地的踪迹，民警通过其家人一直做李某汉的思想工作，终于使李某汉幡然悔悟，答应回来自首。

经审讯，2017 年 5 月 15 日上午 11 时许，犯罪嫌疑人李某汉驾驶一辆摩托车窜至同事周某家中，趁家中无人，便潜入卧室实施盗窃，共盗得金银首饰若干，共计价值 3 万余元，他对自己的犯罪事实供认不讳。

此案例中的李某汉很明显就是利欲熏心。如今的大数据时代，"天网"遍布城乡的街头巷尾，人们在公共场所的行为都在摄像头的监控之下。民警通过监控发现李某汉到过受害人家中，作案后又人间蒸发，很容易推断出李某汉是畏罪潜逃。李某汉所作所为的直接原因就是利欲熏心，让他一时间只看到金银首饰，而看不到无形的法网。

（六）极其好逸恶劳

早在 21 世纪初，中国就已经进入老年社会。中国的人口红利正在日益减少。二胎政策的推行、有人呼吁引入菲律宾劳工等，都是中国劳动人口减少的表现。如今，人们只要四肢健全，愿意劳动，还是能够找到工作的，只是工作质量有区别而已。

另外，一般人都希望能获得收入高、比较轻松的工作。换句话说，一般人都或多或少有好逸恶劳的一面。只不过多数人还是能够在无法获得高质量工作的时候委曲求全，去接受低质量的工作，以求得生存。

然而，不少盗窃嫌疑人却因为极其好逸恶劳而走上了盗窃之路。

2017年中国江西网所提供的433个样本中，剔除109个无显著特点的盗窃案，有效样本为324个，其中盗窃嫌疑人因极其好逸恶劳而盗窃的样本有29个，占有效样本的9.0%。

2017年6月16日，中国江西网提供了一个盗窃嫌疑人因极其好逸恶劳而从事盗窃的案例。

2017年6月12日6时50分，江西省宜黄县公安局接到在县人民医院住院的方某报案，称其放在病床上的一个蓝色女式单肩包凌晨被人偷走，包内放有8000余元现金。民警立刻赶到现场进行调查，通过调取监控视频和访问相关群众，不久就将目标锁定在黄某身上。6月13日上午，黄某被成功抓获。

经审讯，嫌疑人黄某现年46岁，家住宜黄县中港镇三村，此前就有盗窃前科。2016年，在临川区的一家医院，黄某因盗窃一部手机被当地警方抓获，并被法院判处有期徒刑十个月。据黄某交代，2017年4月刑满释放回家后，因不愿从事体力劳动挣钱，手头拮据，于是在6月12日凌晨2时许窜到县人民医院住院部，趁四楼外科七床的病人方某熟睡之际，将其放在床上装有8000余元现金的女式单肩包偷走。①

总之，导致一部分人从事盗窃的个体直接原因，归结起来主要是贫困、吸毒、网络成瘾、赌博、利欲熏心严重、极其好逸恶劳等，而因虚荣心、负债、家庭不和等个体原因直接导致的盗窃，就课题组的统计来看并不多见。

二 当前城镇盗窃问题产生的社会原因

人是社会中的人，单独一个人很难存活于世。

早在19世纪20年代，比利时数学家艾道菲·奎特奈特和法国律师安

---

① 陈丽、肖红卫：《男子潜入医院盗窃 民警快速破案擒贼（图）》，2017年6月16日，http://jxfz.jxnews.com.cn/system/2017/06/16/016208051.shtml，2020年5月18日。

得瑞·米希尔·盖瑞通过研究犯罪与诸多因素的关系后指出,是社会因素而非个体因素决定着犯罪,社会应该对犯罪行为负责。①

苏联学者兹维尔布利等人也曾指出,犯罪的原因,就其产生与实质而言,都是社会性的。②

马克思指出:"人的本质并不是单个人所固有的抽象物,实际上,它是一切社会关系的总和。"③

这些人的论述都在告诉我们,盗窃问题产生的原因归根到底应当从社会中寻求。

反过来,假如盗窃的产生主要是个体原因,那么随着人口的增加,盗窃现象就必然会增加。事实并非如此。1949 年,中国人口为 54167 万人,④ 中国大陆共发生各种刑事犯罪案件 51 万起,犯罪率为 9.3‰。⑤ 此后的二十年间,生产力迅速发展促使中国人口高速增长。1978 年,中国人口已经增长到 96250 万人,比 1949 年增长了 77.7%,⑥ 然而,70 年代末以前,中国犯罪案件年发案数一般为 20 万—50 万起,犯罪率一般为 3‰—6‰。⑦ 这一阶段的犯罪总量与犯罪发案率都处于 1949 年以来的最低水平。⑧ 相比之下,2017 年中国大陆人口仅比 1981 年增长了 0.40 倍,⑨ 公安机关刑事立案的案件却增长了 5.16 倍,2017 年中国大陆治安案件比 1986 年增长了 8.35 倍。⑩

总之,从个体角度探讨当前中国城镇盗窃问题产生的原因固然有一

---

① [美] 弗雷达·阿德勒等:《遏制犯罪——当代美国的犯罪问题及犯罪学研究》,廖斌等译,中国民主法制出版社 2006 年版,第 64 页。
② [苏] 兹维尔布利等编:《犯罪学》,曾庆敏等译,群众出版社 1986 年版,第 71 页。
③ 《马克思恩格斯全集》第 3 卷,人民出版社 1960 年版,第 5 页。
④ 数据来源:国家统计局编:《光辉的三十五年统计资料(1949—1984)》,中国统计出版社 1984 年版。
⑤ 魏平雄主编:《市场经济条件下犯罪与对策》,群众出版社 1995 年版,第 52—53 页。
⑥ 国家统计局编:《光辉的三十五年统计资料(1949—1984)》,中国统计出版社 1984 年版。
⑦ 魏平雄主编:《市场经济条件下犯罪与对策》,群众出版社 1995 年版,第 54—57 页。
⑧ 王牧主编:《新犯罪学》,高等教育出版社 2010 年第 2 版,第 191 页。
⑨ 数据来源:《中国统计年鉴》(1982、2018)。
⑩ 数据来源:《中国法律年鉴》(1987、2018)。

定的道理，但是，如果试图进一步更深刻地剖析导致人们盗窃的个体原因，最终只能求诸社会层面。

（一）社会缺乏收入适当的就业机会

1982年的《宪法》第四十二条规定，中华人民共和国公民有劳动的权利和义务。国家通过各种途径创造劳动就业条件，加强劳动保护，改善劳动条件，并在发展生产的基础上提高劳动报酬和福利待遇。2018年最新修改的《宪法》对这一条没有作任何改动，完全予以保留下来。

实际上，1949年中华人民共和国成立以后，相当长时间以来，国家把解决人民的就业问题作为党和政府的头等大事，并把充分就业、没有失业作为社会主义优越性的一种表现。以前，中国的词典中没有"下岗"这一词语。1998年7月10日，《劳动理论与实践》[①]杂志曾刊登一篇文章，题为《苦干不要苦熬 下岗不等于失业——省委副书记、副省长张中伟在新闻单位座谈会上谈再就业工程》。今天，如果人们不考察当时的社会背景，已经很难理解文章作者为何说"下岗不等于失业"。

时至今日，世界上为数不多的社会主义国家，如朝鲜、古巴，仍把由国家解决人民的就业问题作为国家的基本职能，并提供免费的教育、免费的医疗、免费的住房等福利。因此，中国作为社会主义国家，而不是资本主义国家，国家有责任依《宪法》的规定，为人民提供就业，不断逐步提高劳动报酬和福利待遇；并且，中国有比资本主义国家更有利的条件为人民提供就业，因为中国是生产资料公有制为主体的国家，生产资料与劳动者一结合，对劳动对象进行加工，即能创造出就业机会。但是，现实却并非如此，20世纪90年代中后期开始，有一段时期做出过相反的举动，实施"抓大放小""鼓励兼并、破产"等。

由于国家没有提供足够的条件使劳动者与生产资料结合，社会缺乏足够收入的就业机会，这些因素成为一些盗窃嫌疑人从事盗窃的首要的社会原因。

据课题组调查，关于盗窃嫌疑人的职业状况，有些没有工作，也有

---

① 现已更名为《四川劳动保障》。

不少是有工作的。75.1%的警察认为，盗窃嫌疑人的一个特点就是好逸恶劳，不愿意劳动。然而，盗贼为什么不愿意劳动而要从事盗窃呢？首要的因素是社会缺乏收入适当的就业机会。

140多年前，马克思在《资本论》第一卷中曾指出，资本主义社会劳动者的工资包括三项：（1）维持劳动力占有者所必要的生活资料的价值；（2）维持工人子女所需的生活资料的价值；（3）为使劳动力获得一定劳动部门的技能所需的教育或训练的费用。[①]

然而，2016年江西省城镇居民每人月均可支配收入仅2389元，农村居民每人月均可支配收入仅1012元。[②] 2017年二者分别增至2818元、1205元。由于整体情况被平均数掩盖，实际上，相当多的江西省城乡居民月均可支配收入尚达不到平均数。根据江西省统计局的数据，按收入五等份分组，江西省城乡居民可支配收入情况如表5—3所示，可以很清楚地看出低收入组、中低收入组、中等收入组根本达不到城乡的平均水平，并且城镇低收入组居民2017年平均每月可支配收入不增反降了21元。

表5—3　　2016—2017年江西省城乡居民人均每月可支配收入　　（单位：元）

	年份	低收入组	中低收入组	中等收入组	中高收入组	高收入组
城镇	2016	1190	1825	2354	2964	4529
	2017	1169	1962	2543	3188	5065
农村	2016	358	656	900	1250	2314
	2017	388	694	970	1364	2539

资料来源：《江西统计年鉴》（2017、2018）。

另据课题组2017年暑期的典型调查，江西省一般民办幼儿园教师的月均收入只有1800元左右；南昌市清洁工月收入不足1000元；江西省农村基层村干部的误工补贴每月仅1250元；江西省万载县一般企业职工月

[①] 马克思：《资本论》第1卷，人民出版社2004年第2版，第199—200页。
[②] 数据来源：《江西省2017年国民经济和社会发展统计公报》。

工资只有两千多元。他们的月收入都未达到城镇居民的平均数。

然而，即使江西省一般城镇居民月均收入能达到平均数，如今也仅能维持个人生存而已，男性劳动者个人根本无力组建家庭，进而获得家庭所需的生活资料，更勿论获得教育和训练费用。

正是由于当前中国普通劳动回报处极低水平，一般人很难靠劳动过上比较体面的生活，因而有些人便不愿意劳动，好逸恶劳，从而选择铤而走险，从事盗窃。

（二）整个社会对教育，特别是对基础教育缺乏足够重视

"建国君民，教学为先""百年大计，教育为本"。教育，特别是基础教育对国民素质的形塑极其关键。一直以来，政府教育政策文本都表示要重视教育，实际却并非完全如此。

1. 从国家对教育的投入来看，我国政府对教育重视不足

1992 年，国家财政性教育投入占 GDP 的比重，中国是 1.65%，在 61 个国家或地区中排第 58 位，远低于高收入国家 4.71% 的水平。1993 年，《中国教育改革和发展纲要》确立，这一比重要达到发展中国家的平均水平即 4%，但这一目标一直拖到 2012 年才实现，为 4.29%。即便 2012 年实现了目标，在 153 个国家或地区中仅排第 85 位，而当年世界平均水平是 4.61%。中国为中等收入国家，世界中等收入国家的平均水平是 4.40%，高收入国家则为 4.95%。

2013 年，中国的国家财政性教育投入占 GDP 比重又回落到 4.13%，而世界平均水平则进一步增至 4.74%，中国低于中等收入国家 4.48% 的平均水平，更低于高收入国家 5.04% 的平均水平，在 159 个国家或地区中排第 103 位，比 2012 年倒退了 18 位。

2014 年，中国的国家财政性教育投入占 GDP 比重进一步回落到 4.12%，在 155 个国家或地区中排第 93 位。2015 年回升至 4.26%，在 139 个国家或地区中排第 88 位。2016 年则为 4.24%，在 139 个国家或地区中排第 76 位。2017 年又下降到 4.17%，在 103 个国家或地区中排第 50 位。

总之，自从 2012 年国家财政性教育投入占 GDP 比重达到 4.29% 的最

高水平后,2013—2017年,尽管都超过了4%,但都没有超过2012年,并且在世界上的排名都比较靠后。① 可见,从公共财政对教育投入上来看,与许多国家相比,中国还需进一步加大投入力度。

2. 从国家教育经费的分配来看,我国政府长期以来对基础教育不够重视

十年树木,百年树人。教育对国家的经济社会发展非常重要,尤其是基础教育。基础教育更具有公共性、普遍性,对提升全体国民的素质至关重要。因此,世界上一般国家或地区都把基础教育纳入义务教育的范畴,即免费的范畴,以便最贫困的阶层也能接受到基础教育,使国民具有基本的素质。

然而,相当长时间以来,我国教育界精英教育的思想影响深广,国家重视较高层次的教育,而对面向全体人民的基础教育缺乏足够重视。

1980年,我国教育经费在初等、中等、高等三级教育中的分配比例分别为38.5%、38.5%、22.8%。② 当时,所有层次的教育作为一种福利,基本都是由政府财政投入。

1985年,国家开始对基础教育实行改革,地方各级政府开始成为筹措基础教育经费的直接责任者。③ 这对经济比较发达的地区不成问题,但对经济欠发达的地区,显然是很大的考验。因而,一些地方的基础教育开始滑坡。

到1993年,初等教育占我国财政预算内教育经费的比例已降到31.92%。④

1993年之后,初等教育占我国财政预算内教育经费的比例增长极其缓慢。这较大程度源于1994年开始的分税制。不少地方税源少,财政状况差,教育经费自然难以保障,甚至有一段时间,不少地方存在拖欠基础教育阶段的教师工资问题。

---

① 数据来源:历年《中国统计年鉴》《中国教育经费统计年鉴》及世界银行网站统计数据。
② 陈鸣、朱自锋编:《中国教育经费论纲》,中央编译出版社2008年版,第264页。
③ 陈鸣、朱自锋编:《中国教育经费论纲》,中央编译出版社2008年版,第221页。
④ 陈鸣、朱自锋编:《中国教育经费论纲》,中央编译出版社2008年版,第268页。

从 2006 年开始，国家逐步免除了义务教育的学杂费。到 2008 年，实现了城乡义务教育全部免除学杂费。然而，2008 年，在我国财政性教育经费中，初等教育所占比例仍然只有 32.30%。此后数年一直徘徊不前。2016 年微增至 32.86%，2017 年为 32.87%。[①]

从国家生均预算内教育经费支出也可以看出，相当长时间以来，国家对基础教育不够重视。

1995 年，生均财政预算内教育经费支出中，普通高校为 6912.05 元，普通初中 507.95 元，普通小学 271.45 元，三者的比例为 25.46∶1.87∶1。显然，教育重心太高。此后差距缓慢缩小。到 2006 年，差距仍达 9.26∶2.99∶1，教育重心仍然偏高。

到 2016 年，普通高校、普通初中、普通小学生均财政预算内教育经费支出比例已经缩小到 2.00∶1.41∶1。2017 年，这一比例又稍微增至 2.03∶1.44∶1。[②] 可见，一方面，教育重心偏高已得到大大改善，但差距仍然比较明显；另一方面，近几年对基础教育的重视程度有所改善，但它对控制犯罪的积极效应不会立竿见影。

国家对基础教育不够重视还体现在预算内教育经费的地区分配不均衡。2000 年全国各地普通小学生均预算内教育经费支出平均为 499.69 元，而上海高达 2791.63 元，是全国平均水平的 5.59 倍，是中部省份河南的 10.68 倍，是西部省份陕西的 8.58 倍；中部省份都没有达到全国平均水平，体现出明显的"中部塌陷"；西部地区自身内部的差别也非常大，其中西藏是陕西的 3.68 倍。[③] 这种地区差别一直到 2017 年仍没有得到根本改变，详见表 5—4。

从表 5—4 可见，北京普通小学生均预算内教育经费支出仍高于全国平均水平，前者是后者的 2.97 倍。东部地区中，除了河北、山东、辽宁、福建以外，其他省（市）都超过全国平均水平。中部地区中，除了湖北以外，其他省都低于全国平均水平，"中部塌陷"没有得到根本改变，尤

---

① 数据来源：根据历年《中国教育经费统计年鉴》计算所得。
② 数据来源：根据历年《中国教育经费统计年鉴》计算所得。
③ 数据来源：《中国教育经费统计年鉴》（2001）。

其是河南，只有全国平均水平的 56.59%。西部地区中，除了四川、贵州、宁夏、广西以外，其他省（市）都超过了全国平均水平，而且，即便西部地区有的省（市）低于全国平均水平，但差距都不算太大，支出最低的广西也达到全国平均水平的 77.91%。可见，西部地区小学公共财政支出状况优于中部地区，甚至优于东部一些地区。另外，西藏的支出水平并不低，2017 年仅次于北京，是广西的 3.55 倍。可见，西部地区内部的差异仍然非常大。

表 5—4　　2017 年各地区普通小学生均公共财政预算教育经费支出　　（单位：元）

全国	10344.40				
东部地区		中部地区		西部地区	
北京	30710.24	江西	8617.15	新疆	12117.58
天津	18765.23	安徽	9113.01	云南	10613.56
上海	20689.51	山西	10200.75	四川	9776.93
黑龙江	14428.02	湖南	8449.81	西藏	28579.74
浙江	14183.32	湖北	111031.07	陕西	11316.24
福建	10195.65	河南	5853.70	贵州	9880.36
河北	7945.05			重庆	10765.21
江苏	13126.77			宁夏	9704.63
山东	9184.03			甘肃	10959.05
辽宁	10263.05			广西	8059.71
吉林	13936.54			内蒙古	14428.02
海南	11404.03			青海	14249.45
深圳	25065.65				

资料来源：《中国教育经费统计年鉴》（2018）。

中国各地区基础教育的预算内经费支出差异较大，必然导致各地区基础教育发展不平衡，自然会影响整个中国基础教育的质量。社会主义国家本应全国一盘棋，中央政府在促进对基础教育的公共财政均衡投入方面还有较大的行动空间。

3. 在学校教育中，众多普通中小学教师对教育教学并不热情

由于普通中小学教师长期以来收入低下，即便《教师法》规定，教师工资应不低于公务员的平均工资，但是教师缺少公务员拥有的一些隐性收入及其他福利。比如，集资建房、拥有较高社会声望、办事便利等。因而，在社会流动的方向上，一般只有教师向公务员的单向流动，而很少有公务员向教师队伍的流动。结果，不少普通中小学教师对本职的教育教学没有太大热情，对办辅导班、课外补习等第二职业则乐此不疲。每当教育主管部门进一步要求"减负"的时候，他们的市场也就进一步得到拓展，不少人因此而赚得盆满钵满。另外，也有些中小学教师把兴趣投入到打麻将等娱乐活动中。不少地方的中小学教师往往是当地打麻将队伍中的主力军。

另外，如果说，学校教育中对智育的重视尚可的话，对德育则实在不敢恭维。长期以来，中小学德育课属副课，"德育为先"相当大程度上仅停留在口号层面。对德育工作的不重视，是导致许多青少年越轨的重要原因。

4. 社会教育的缺位

在终身教育时代，人们需要不断地学习，除了接受学校教育之外，还应当接受社会教育。长期以来，许多完成九年义务教育的青少年，年纪尚轻，世界观、人生观、价值观还没有完全成熟，也缺乏技能，本应进一步接受教育，如果他们想参加培训及补偿教育，国家或用人单位能提供的机会却很少。因此，很多人在学校能遵纪守法，进入社会则违法乱纪，所以说社会教育的缺位是一个重要原因。

5. 许多家长对教育并不重视

通常认为，中华民族具有重视教育的传统。然而对今天中国许多家长而言，并非都是如此。如今，一般家长对子女的教育并不寄予太大的希望，特别是广大的中西部农村地区。大量的农村家长把子女抛在老家，由孩子的爷爷、奶奶隔代抚养，自己则外出务工、经商，对孩子的教育基本是放任自流。这不利于孩子的健康成长。不少盗窃犯有留守的经历即是明证。

总之，整个社会对教育特别是基础教育的不重视，导致基础教育的

质量不高，培养出来的人素质不高，有些人则走上了盗窃之路。据课题组调查，关于盗窃嫌疑人的文化程度，受访的警察中有87.5%认为，盗窃嫌疑人主要是初中文化程度，12.5%认为主要是小学及以下文化程度。在江西CN女子监狱213名盗窃犯中，初中及以下文化程度的占90.1%。

（三）社会保障的不完善

《管子·牧民》说："仓廪实而知礼节，衣食足而知荣辱。"

市场经济竞争激烈、残酷，优胜劣汰；社会达尔文主义至今仍有相当大的市场。但是，人们普遍会遭受到疾病、失业、年老等各种风险的考验，因而社会保障的"安全网"作用就非常重要。

20世纪70年代末之前，无论是社会主义阵营还是资本主义阵营，都建立了水平比较高、种类比较齐全的社会福利体系。当时中国虽然不称为"社会保障"，但无论是城市还是农村，人们的吃饭、穿衣、就业、住房、医疗、教育、养老等基本都纳入了国家、单位或集体的保障体系之中，尽管保障水平不高。在计划经济时代，盗窃等违法犯罪现象很少。

70年代末以后，城镇的种种原因导致一些国营企业、集体企业的效益不好，大量破产倒闭。农村由于人民公社解体，以及失去组织载体与体制支撑的乡镇企业被关、停、并、转。因此，建立在这两类企业基础上的保障体系随之基本瓦解，许多人便处于无保障的状况之中。

1992年，中国共产党第十四次全国代表大会召开，宣布建立社会主义市场经济体制，同时建立现代社会保障体系。

1993年，上海首先在城市建立最低生活保障制度，其他城市纷纷跟进。

在各地实践的基础上，1999年，国务院开始在全国范围内建立城市低保。[①]

2007年，国家进一步在全国范围内建立农村低保。

---

① 廖益光主编：《社会救助概论》，北京大学出版社2009年版，第28页。

另外，进入 21 世纪之后不久，中国的医疗、教育、住房等社会救助政策也相继出台。

2011 年 7 月，中国颁布并施行了《社会保险法》，规定国家建立基本养老保险、基本医疗保险、工伤保险、失业保险、生育保险等社会保险制度，保障公民在年老、疾病、工伤、失业、生育等情况下，有依法从国家和社会获得物质帮助的权利，并将以往碎片化严重的政策的整合度大大提高。这无疑是中国社会保障史上的一件大事。

2018 年，最新修改的《宪法》第四十五条规定，中华人民共和国公民在年老、疾病或者丧失劳动能力的情况下，有从国家和社会获得物质帮助的权利。国家发展为公民享受这些权利所需要的社会保险、社会救济和医疗卫生事业。《宪法》继续肯定中国公民享有社会保障的权利。这与 1982 年的《宪法》第四十五条内容是完全相同的。

总之，近些年来社会保障的建设，对城镇盗窃等违法犯罪现象多少起了一些遏制作用。

但是，截至 2018 年年底，中国大陆的社会保障制度仍然很不完善，主要体现在以下几个方面。

1. 社会保障制度尚未实现全覆盖，还有较多盲区

从基本医疗保险来看，2017 年年末，中国大陆总人口 13.90 亿人，[①]而拥有基本医疗保险的人数为 11.77 亿人，[②]可见，还有 15.34% 的人没有基本医疗保险。另外，2018 年 8 月至 2019 年 1 月底，课题组在广东省、江西万载县、云南师宗县三地农村调研发现，农民普遍表示"新农合"的保费上涨太快，已由最初 2003 年的每人 10 元涨到 2019 年的每人 220 元。不少农民已拒绝继续参保。

从失业保险来看，2017 年年末，中国大陆就业人员 7.76 亿人，但拥有失业保险的人数只有 1.88 亿人。[③]也就是说，就业人员中 75.81% 没有失业保险。因而，他们一旦失业，无处领取失业金。

[①] 数据来源：《中华人民共和国 2017 年国民经济和社会发展统计公报》。
[②] 数据来源：《2017 年度人力资源和社会保障事业发展统计公报》。
[③] 数据来源：《2017 年度人力资源和社会保障事业发展统计公报》。

从工伤保险来看，2017年年末，中国大陆拥有工伤保险的人数只有22724万人，只占就业人员的29.27%。① 可见，就业人员中70.73%没有工伤保险。

从生育保险来看，2017年年末，中国大陆拥有生育保险的人数为19300万人，当中有1113万人次享受了生育保险待遇。② 而2017年全年出生人口为1723万人③，可见，至少约35.40%的育龄妇女没有生育保险。

另外，从农民工的社会保险来看，根据国家统计局发布的《2014年全国农民工监测调查报告》显示，农民工"五险"的参保率分别为：工伤保险26.2%、医疗保险17.6%、养老保险16.7%、失业保险10.5%、生育保险7.8%。④

课题组在一些地方的典型调查中也发现，许多单位在职人员社会保障项目不全，或者根本没有任何社会保险。

总之，由于社会保障尚未实现全覆盖，甚至出现了老人希望入狱养老的极端新闻报道。⑤ 国家应进一步完善社会制度，避免类似事件再度发生。

2. 社会政策的公平性仍然需要进一步提升

理论上来说，社会政策关注的首要价值即是社会公平。每个公民都有平等地享有社会保险的权利。然而，现实却不尽其然。

（1）各类人员所属的社会保险法规与政策的体系不同

当前中国社会保险法规与政策的整合度已大大提升，但是各类人员仍

---

① 数据来源：《2017年度人力资源和社会保障事业发展统计公报》。
② 数据来源：《2017年度人力资源和社会保障事业发展统计公报》。
③ 数据来源：《中华人民共和国2017年国民经济和社会发展统计公报》。
④ 《2014年全国农民工监测调查报告》，2015年4月29日，http://www.stats.gov.cn/tjsj/zxfb/201504/t20150429_797821.html，2020年5月18日。
⑤ 例如，2016年10月21日，山东潍坊青州市公安局破获了一起抢劫案，嫌疑犯是一名65岁的老人，抢劫目的是入狱养老。他不想在社会上生活了，认为在监狱里起码生病国家还管，有吃有喝的，比在社会上还强。资料来源：《青州六旬老人假释期内故意抢劫，称"想去狱中养老"》，2016年11月8日，http://sd.dzwww.com/sdnews/201611/t20161108_15113793.htm，2020年5月18日。

属两类体系中，一类属职工社会保险体系，一类属城乡居民社会保险体系，而不是全国统一的社会保险体系。与此同时，同一体系内，有的有其他政策补充，有的则没有。如机关事业单位工作人员的养老保险有职业年金补充，以确保退休人员待遇不至过低，而城乡居民养老保险则没有。

（2）各类人员社会保险的待遇显失公平

中国当前属于不同社会保险法规与政策体系的人员，乃至各个体系内部，待遇水平差别较大。

从养老保险来看，各类人员养老保险的待遇显失公平：一是企业退休人员与机关事业单位退休人员养老金存在差别。机关事业单位退休人员养老金的替代率大大高于企业退休人员。二是年龄大的与年龄小的退休人员养老金存在差别，年龄大的退休人员养老金相对少。三是按在职时行政职务或专业技术职务确定养老金的增长数额存在差别。根据退休人员在职时职务、职称、身份制定不同的增长标准，从省级到科员，从正高到初级职称依次递减，从高到低差距十分明显。① 此外，离休人员、机关事业单位退休人员等与农村居民的养老金相比，农民的养老金太少，六十岁及以上的农民从国家获得的养老金人均仅每月 55 元。从 2014 年 7 月 1 日起，全国城乡居民基本养老保险基础养老金最低标准首次提高，也仅仅为每人每月 70 元。② 从 2018 年初起，全国城乡居民基本养老保险基础养老金最低标准再次提到每人每月 88 元。这个标准仍然非常低。实际上，从公平的角度而言，所有公民都有平等地享有最基本的生活保障的权利，在"保基本"层面，无论退休者此前的身份、地位、职业、学历差异如何，都应获得一定水平的养老待遇，以维持年老后的基本生活，并且，由于人们的基本消费支出差异并不是很大，这就决定了基本层面的养老金替代率水平差距也不应过大。

（3）各类人员社会保险的资金来源不一样

中国各类人员社会保险的资金来源不同。首先，机关事业单位工作

---

① 薛文东：《当前养老金待遇存在的三大差别》，《中国社会保障》2006 年第 11 期。
② 《居民基础养老金最低标准从 55 元上调至 70 元》，2015 年 1 月 16 日，http://www.yn.xinhuanet.com/newscenter/2015-01/16/c_133923277.htm，2019 年 4 月 19 日。

人员的社会保险资金来源于单位和个人缴费。其次，职工的社会保险资金来源于企业与个人缴费。再次，农村居民的社会保险资金除了一部分来源于政府补贴外，主要来自个人缴费。机关事业单位工作人员社会保险的资金来源最有保障，企业的则取决于企业效益，而农村居民的保障则不太稳定，相当长一段时期，由于国家补助很少，农民的社会保险长期徘徊不前。

另外，社会保险法规与政策现实运行中的公平性存在问题，还体现在地区之间不公平、体力劳动与脑力劳动之间不公平。

3. 社会政策的保障水平过低

中国社会保险法规与政策保障水平过低，在很多方面都会体现出来。

（1）养老保险保障水平过低

从城乡居民养老保险来看，目前各界对于基本养老保险功能定位于保障老年人口基本生活的观点已经达成共识。一般来说，农村基本养老保险"保基本"的内容，应包括衣着、食品、居住、交通通信四大部分，而老年人口一般不会再有购房和新建房需求，其住房消费将远低于劳动人口。因此使用《中国统计年鉴》中测度农村居民人均基本消费支出的四项指标，即食品、衣着、家庭设备及用品和交通通信进行加总计算农村老年人口年度养老金绝对值水平，然后再除以当年农村居民人均纯收入，可计算城乡居民保险目标替代率。借鉴职工保险经验，城乡居民养老保险金目标替代率设定为农村居民人均纯收入的50%较为适宜，其中，基础养老金和个人账户目标替代率也各占一半，约25%。在此基础上，城乡居民通过构建养老金替代率精算模型测算现行城乡居民保险的实际保障水平，结果发现，该项制度实际养老金替代率远低于目标水平。[①]

无独有偶，有人根据人力资源和社会保障部2013年第四季度新闻发布会公布的数据计算出，城乡居民基本养老金月人均为81元，给付水平不及低保的一半；而同期企业职工人均基本养老金为1900元，是

[①] 黄丽：《城乡居民基本养老保险保障水平评估与反思》，《人口与经济》2015年第5期。

城乡居民人均基本养老金的 23 倍,城乡居民基本养老金还达不到用于吃饭的生存需要,可见城乡居民基本养老金的标准确实过低。[①] 近几年,国家逐步提高了城镇居民养老金水平。2019 年 3 月,李克强总理在两会中指出,2018 年,城乡居民基础养老金最低标准已经从每月 70 元提高到了 88 元。这固然体现了政府对民生的密切关注,然而,这个水平仍然非常低。

从城镇职工养老保险来看,1997 年《国务院关于建立统一的企业职工基本养老保险制度》出台,确立要建立企业职工基本养老保险制度,当时社会平均工资替代率为 76%,然而,到 2013 年,已经下降到 44.13%。这与当时制度设定的 60% 的目标替代率相差甚远。据《2013 年人力资源和社会保障事业发展统计公报》显示,2013 年我国城镇非私营单位在岗职工平均工资 51474 元,月均约 4289.5 元,2013 年我国企业职工养老金为月均 1893 元,故 2013 年我国企业养老金替代率已跌至 44.13%,已经低于所测算的 45.35% 的保本值。这表明企业退休职工的基本生活已经受到了威胁,国家需尽快采取可行、有效的措施来抑制实际替代率的下降。[②] 近几年,城镇职工养老金确实也在不断调整,但由于物价涨幅很快,因而城镇职工养老金仍然偏低的状况并未得到根本好转。

(2)医疗保险保障水平过低

2012 年 3 月,国务院出台的《国务院关于印发"十二五"期间深化医药卫生体制改革规划暨实施方案的通知》中明确指出,要"提高基本医疗保障水平",到 2015 年,"职工医保、城镇居民医保、新农合政策范围内住院费用支付比例均达到 75% 左右,明显缩小与实际住院费用支付比例之间的差距"。[③] 然而,据在湖北的调查显示,三种保险的实际补偿

[①] 沈毅:《中国城乡居民社会养老保险适度水平研究》,《西部论坛》2015 年第 2 期。

[②] 张彦、李春根:《我国养老保险基本替代水平研究》,《江西财经大学学报》2015 年第 5 期。

[③] 国务院办公厅:《国务院关于印发"十二五"期间深化医药卫生体制改革规划暨实施方案的通知》,2012 年 3 月 21 日,http://www.gov.cn/zwgk/2012-03/21/content_2096671.htm,2020 年 5 月 18 日。

比均低于70%，其中职工医保实际补偿比为68.80%，城镇居民医保实际补偿比为60.06%，新农合实际补偿比为58.69%。①

上海属我国发达地区，医疗保险水平理应比较高。但有研究显示，目前上海社会医疗保险水平处于低度状态。② 上海医疗保险保障水平尚且如此，更勿论中国其他地区了。

（3）失业保险保障水平过低

中国对失业保险金规定，即在不低于城市低保标准而又不高于当地最低工资标准的基础上，各地区制订了不同的失业保险金发放标准，主要参照当地最低工资标准与当地城市低保标准，按一定比率进行计发，通常是当地最低工资标准的60%—80%，实际替代率达到70%以上，但由于中国给付基数为各地区的最低工资标准，实际上失业保险待遇远远低于其他国家。③

从上海来看，2017年上海失业保险的月给付标准最低为1660元，④而最低工资标准为2300元，⑤ 为最低工资标准的72.17%。发放比例仅比2010年增长了9.17%，⑥ 保障水平仍然偏低。

除上述情况之外，中国目前的社会保险不完善还体现在：管理服务比较粗放，救助的程序化、规范化有待提高；⑦ 社会保障方式单一，针对受助对象的心理疏导、能力提升、社会融入等方面的专业服务还处于起步阶段，更缺乏专业社工介入；社会保障能力建设薄弱，信息化水平滞

---

① 戴伟、叶婷、张维嘉：《三类医疗保险制度补偿水平比较分析》，《中国社会保障》2015年第5期。
② 张强、张健明、潘诗嘉：《老龄化背景下上海市社会医疗保险水平测定与分析》，《中国老年学杂志》2016年第1期。
③ 梁书毓、薛惠元：《费率降低背景下失业保险保障水平的确定》，《西北人口》2016年第1期。
④ 上海社保网：《2017年上海失业保险金领取标准》，2017年4月18日，https://shanghai.chashebao.com/shiye/17377.html，2020年5月18日。
⑤ 上海社保网：《2017年上海最低工资标准是多少？》，2017年4月13日，https://shanghai.chashebao.com/wenti/17357.html，2020年5月18日。
⑥ 张骏：《调研报告：上海失业保险给付水平偏低》，《解放日报》2010年1月7日第3版。
⑦ 单大圣：《发挥好社会救助制度托底功能》，《中国经贸导刊》2015年第6期。

后，缺乏居民家庭经济状况核对信息化平台及跨部门信息共享机制，基层经办力量非常薄弱，监管力度不够，① 甚至有些地方有法不依②等。

总之，社会保障的不完善也使一部分人容易从事盗窃。2017 年 6 月，江西南昌市 HF 派出所的王警官告诉我们："如果人们有饭吃了，有房子住了，社保有了，谁愿意到外面去偷？"其他派出所也有几名警察持类似观点。

（四）社会分配不公平

不公平的社会分配不仅是使许多人至今仍然不富裕的重要原因，也是导致不少人从事盗窃的重要因素。

2017 年 3 月 23 日，中国江西网提供了这样一个案例。

漆某现年 31 岁，系江西九江星子县人。2017 年 2 月 18 日凌晨，漆某窜至高安市新世纪工业城某钢构公司，以溜门入室的方式进入公司办公室，盗取了价值 7 万余元的香烟、玉、白酒等物品。此外，漆某还先后在南昌、九江等地，专门选择企业办公室进行盗窃，先后盗走烟、酒等价值 1 万余元的财物。漆某被抓后，表现得不以为然。当民警问其为什么选择企业办公室进行盗窃时，漆某称企业有钱，这叫"劫富济贫"，而当民警问其所盗财物都到哪去了时，漆某称全部被自己吃喝挥霍掉了，令民警啼笑皆非。③ 此案中，令民警啼笑皆非的原因是一般人们所说的"劫富济贫"是救济除自己之外的穷人，漆某却是救济自己。实际上，漆某认为自己的行为是"劫富济贫"，因而即便被抓之后，也毫无悔意，满不在乎。

2017 年 7 月 11 日，中国江西网提供了另一个案例。

2017 年 7 月 1 日傍晚 17 时许，320 国道玉山段一辆白色奥迪汽车玻璃被砸失窃，据车主报案，放在脚垫下的 12 万元现金被盗！接到报案

---

① 李立国：《当前我国社会救助事业发展的形势和任务》，《中国民政》2015 年第 11 期。
② 例如，2017 年，我们课题组在 JDF 市调研发现，小学退休教师每人每年必须交 180 元的医疗保险，而按 2010 年颁布的《社会保险法》规定，退休职工是无须缴纳的。
③ 金锦：《高安一男子盗窃被抓 竟称"劫富济贫"》，2017 年 3 月 23 日，http：//jxyc.jx-news.com.cn/system/2017/03/22/015904047.shtml，2020 年 5 月 18 日。

后，民警通过"天网"视频监控，一路追踪到浙江江山、义乌等地，锁定了犯罪嫌疑人踪迹，并确定了其身份——周某。周某，男，34岁，江西抚州市临川区人。2017年7月7日，周某在江西临川区某宾馆被抓获。经审讯，周某系流窜惯犯，此前曾在浙江、江西多地作案，侥幸未落网。7月1日下午，周某窜至玉山县城作案，盯上一辆奥迪轿车，用螺丝刀撬破车玻璃盗窃。得手后，周某骑着摩托车前往浙江江山、义乌等地存储赃款，并隐匿起来避风头，几日后，周某认为风声过了，才返回抚州老家。他老婆曾多次告诫他收手，如果被抓就分手。他安慰老婆说："别担心，警察不可能抓到我，玉山这边的人很有钱的，干他几票大的，我们就发达了！"①

上述两个案例有一个共同点，即盗窃嫌疑人盗窃的对象明确指向有钱的企业或个人。它实际上揭示了当前城镇盗窃发生的一个重要原因，即某些人以盗窃犯罪形式回应不公平的社会分配，它本质上与当前一些人的"仇富"心理的发生机制是共同的。社会分配不公导致贫富差距加大，进而导致一些人从事盗窃等犯罪活动。

恩格斯在《英国工人阶级状况》中指出："他们为什么一定要克制自己的欲望，为什么一定要让富人去享受他们的财富，而自己不从里面拿一份呢？无产者凭什么理由不去偷呢？"②

当然，恩格斯是分析资本主义国家早期的情况，完全照搬来分析今天中国的情况是不太妥当的。但是，我们确实也不能回避当前中国社会分配不公这一事实。

20世纪70年代末80年代初，中国社会分配尚比较公平，甚至有些人认为当时"平均主义盛行"。当时社会上没有仇富心理，盗窃问题也不严重。对于少数"万元户"，人们基本是羡慕的心理，认为勤劳致富，成为"万元户"理所当然。

然而，不久之后，中国社会分配逐渐离开"平均主义"的轨道，日

---

① 吕荣飞、张建明：《汽车玻璃被砸12万现金被盗 玉山侦破一起特大盗窃案（图）》，2017年7月11日，http://jxsr.jxnews.com.cn/system/2017/07/11/016265533.shtml，2020年5月18日。

② 《马克思恩格斯全集》第2卷，人民出版社1957年版，第400页。

益向另一个方向演进。

2014年7月25日，北京大学中国社会科学调查中心发布了一份研究报告——《中国民生发展报告2014》，研究表明，中国财产不平等程度在迅速升高：1995年中国财产的基尼系数为0.45，2002年增长到0.55，2012年中国家庭净财产的基尼系数已增至0.73，顶端1%的家庭占有全国三分之一以上的财产，而处于底端的25%的家庭拥有的财产总量仅为1%左右。报告还指出，中国家庭消费模式可分为五种类型，即贫病型、蚂蚁型、蜗牛型、稳妥型和享乐型，并呈现出两极分化：一方面是不消费、抑制消费的家庭（如蚂蚁型）或者医疗、教育、住房负担沉重的家庭（如蜗牛型、贫病型）占大多数；另一方面，已有少部分家庭已经享受着丰富的物质生活（如享乐型）。[1]

2018年3月6日，福布斯官方发布了2018年全球亿万富豪榜，中国共有476人上榜。其中25人的财富超过100亿美元，15人挤进全球亿万富豪榜前100位。马化腾以453亿美元的身家，位列第17位，成为中国和亚洲首富。中国上榜的476位亿万富豪当中，内地富豪上榜人数多达373人；同时，新上榜的中国内地富豪有89位。[2]

应当说，当前中国的社会分配格局，是改革开放的总设计师——邓小平所未曾预料到的，他根本不希望中国走到两极分化的道路上去。

1984年6月30日，邓小平同志在会见第二次中日民间人士会议日方委员会代表团时指出："如果走资本主义道路，可以使中国百分之几的人富裕起来，但是绝对解决不了百分之九十几的人生活富裕的问题。而坚持社会主义，实行按劳分配的原则，就不会产生贫富过大的差距。"[3]

1985年3月7日，邓小平在全国科技工作会议上的即席讲话中指出："社会主义的目的就是要全国人民共同富裕，不是两极分化。如果我们的

---

[1] 冯会玲：《北大报告称：我国顶端1%的家庭占有全国三成以上财产》，2014年7月26日，http://china.cnr.cn/xwwgf/201407/t20140726_516045109.shtml，2020年5月18日。

[2] 《2018福布斯全球亿万富豪榜：中国新上榜富豪最多 马化腾成亚洲首富》，2018年3月7日，http://www.guancha.cn/economy/2018_03_07_449249.shtml，2020年5月18日。

[3] 《邓小平文选》第3卷，人民出版社1993年版，第64页。

政策导致两极分化，我们就失败了；如果产生了什么新的资产阶级，那我们就真是走了邪路了。"①

实际上，出现问题并不可怕，可怕的是回避问题。我们坚信，在以习近平为核心的党中央的坚强领导下，通过深化以人民为中心的改革，当前中国的社会分配状况是能够逐渐得到解决的。社会分配逐步趋向公平，也会大大缓解城镇盗窃问题。

（五）大量负面社会化因素影响

人的社会化是自然人成为社会人的过程，它贯穿着人的生命始终。

人的社会化受诸多因素的影响，包括家庭、学校、同辈群体、社会等许多方面。

成功的社会化使人成为社会中的合格一员，失败的社会化则导致人们产生越轨行为。

当今信息时代，手机、互联网、电视、广播、报纸、杂志等各种媒体，使人们每天都能接触到来自各个方面良莠不齐的信息，极大地影响着人们的社会化。一般来说，除了政府及其相关组织在引导人们遵纪守法、弃恶从善，顺利进行社会化之外，其他组织基本不以此为出发点，而是基于经济利益的考量，有意无意地影响着人们的社会化，它们往往进行一些不当宣传，大大消解了政府及其相关组织的社会教化功能。

在日常生活中，人们很容易看到负面社会化因素影响着人们正常社会化的情况。

学校教育告诉人们要勤劳、脚踏实地，而许多媒体热衷于宣传一夜暴富的案例，大力推广案例中的发财秘籍，高调报道少数人暴富的发家史，鼓励全民投机。这直接造成不少人根本不满足于平凡的工作岗位，不满足于一般的工资水平，而想以盗窃的方式去寻求"发横财"。

学校教育告诉人们应勤俭节约，有些组织及媒体却极力鼓吹积极消费、超前消费，并为之提供便利，使单纯满足人们物欲的消费主义成为一种文化。消费主义者很容易推导出，既然消费一般商品或服务是消费，

---

① 《邓小平文选》第3卷，人民出版社1993年版，第110—111页。

可以满足人们的物欲，是合法的，那么为什么就不能消费赌博、毒品呢？为什么这些就是不合法的呢？它们有本质区别吗？而且，确实赌博、毒品在某些国家是合法的。如此一来，消费主义直接使一些经济收入低下者为满足自己难填的"欲壑"而去从事盗窃。

学校教育告诉人们应遵纪守法，但电影电视等媒体充斥着盗窃等犯罪的情节，客观上以虚拟的形式提供了"学习榜样"，"教导"人们从事盗窃等犯罪活动。

学校教育告诉人们应无私奉献、乐于助人、谦虚谨慎，而几乎所有部门、所有单位、所有组织都有自己的小团体利益，大量的组织或个人为使自己的利益最大化而绞尽脑汁，甚至因侵犯他人利益而惹上官司，或为了一己私利与亲人反目成仇、对簿公堂。这就直接"教育"有些人去唯利是图、利令智昏，甚至不惜从事盗窃活动。

学校教育告诉人们要立志，要有实现中华民族伟大复兴的高远理想，而现实中大量的人毫无志向，精神空虚，文化生活极其匮乏，过一天算一天，且终日沉湎于赌博、上网、吸毒等活动的人比比皆是，这极大消解了学校的正面教育。因而，对某些人来说，盗窃等犯罪活动根本算不上什么越轨。

此外，地方政府一些不当政策，如过度追求经济的增长，而不够重视精神文明建设等其他方面，甚至制造了一些社会问题，也导致一些文化素质不高的人无视道德与法规的约束而从事盗窃。如大力发展网游产业，虽然催生了一个新产业，成就了少数富豪，但使大量自制力差的青少年陷入网络成瘾的旋涡，其中不少人为满足网瘾而从事盗窃。

第六章

社会工作介入城镇盗窃问题的
理论基础

社会工作介入城镇盗窃问题，并非我们的主观臆造与一厢情愿，而是建立在深厚的理论基础之上。这既是基于社会工作本身的社会功能，使其介入城镇盗窃问题成为可能，也是因为有社会工作的宏观理论基础、中观理论基础与微观理论基础提供了支撑。

一 社会工作概述

"Social Work"，如今一般译为"社会工作"，1949年以前有人译为"社会事业"。

社会学家言心哲认为，人类历史上，早有互助事业、救济事业或慈善事业，德国早在1896年就有人使用"社会事业"这个名词，但到20世纪，"社会事业"这个名称才开始通用。

社会事业（Social Work），又称为社会服务（Social Service）、社会福利（Social Welfare）、公共福利（Public Welfare）、社会行政（Social Administration）、社会事业行政（Socail Work Adminstration）或社会服务行政（Social Service Administraion）等，虽然叫法不一，但目的实质上都相同，都是为人民谋福利。采用"社会事业"的较多。①

---

① 言心哲：《现代社会事业》，河北出版传媒集团、河北教育出版社2012年版，第5—6页。

关于社会工作的起源，可以追溯到过去很长的时间。欧洲社会工作的发展对社会工作发展阶段及模式特别重要。1536年，英国通过一项法律，将地方当局或教堂筹得的款项用于救济病人和穷人。通常，这项法律被认为是英国济贫法的开始，取代了原先法律中的强制性规定，试图制定出详细具体的征收救济款项。为阻止人们公开乞讨，该法规定，各城市市长与各教区的委员每个礼拜日、假期及节日都要募集善款，用于扶助需要帮助的人。善款的筹集与分发都要记录在册，款项要分派，使穷人、病人、无劳动能力者均可得到帮助。该法标志着济贫从教会系统转到非教会系统。

1572年，济贫观察员被任命为民事官员，并且，这一时期议会的法令通过了一项旨在援助贫困者的直接公共税。

英国在伊丽莎白女王统治时期曾颁布了一项被称作《伊丽莎白济贫法》的法案。16世纪末，英国市民的职责意识得到了发展。一项1598年通过、1601年修订完成的法案提出了帮助穷人的系统计划，并建立了通过当地服务起作用的公共职责系统。这项法律的主要内容一直延续到1834年。它在欧洲、美国及世界其他地区的社会福利发展中发挥了非常重要的作用。

《伊丽莎白济贫法》为英国社会公共福利事业提供了依据，到1834年济贫法通过时只修改了其中很少一部分。这项法律为中央集权提供了全国统一的济贫事务行政管理模式。它规定了一个由三个济贫法委员组成的权力中心，他们有权把国家分成若干区域，以取代以教区为单位的济贫管理模式。每个区域都有一个通过选举产生的监护会，监护会官员有固定薪水，负责管理救济金。法律还规定，每区的监护员有权建造或提供至少一间济贫院，而对在济贫院之外的体格健全者取消其救济。

19世纪60年代，英国申请救济的人数明显增多，福利与济贫成为焦点。结果，使人们再次关注社会改革，一些人开始热衷于社会福利革新。奥克塔维亚·希尔（Octavia Hill）和爱德华·丹尼森（Edward Denison）是这一阶段社会福利的先驱。在他们的努力推动下，新的社会工作组织模式产生了。1869年，伦敦慈善救济和抑制行乞会社成立，简称伦敦社会慈善会社,其目的是组织救济,而非创造或增加更多的救济。①

19世纪后期,人道主义者及其他有奉献精神的人,尤其是妇女,把时间和才智投入帮助社会底层人上,开始奠定社会工作发展成为一个专业的基础。1898年,美国纽约慈善组织协会在哥伦比亚大学开办了一个暑期训练班,这是社会工作教育的发端。1904年,这个暑期训练班的课程在哥伦比亚的纽约慈善学校拓展为期一年的课程。其他学校的社会工作课程也纷纷发展起来。这些受过训练的人就自称社会工作者。1921年美国社会工作者协会成立。1955年,在7个小型的社会工作专业团体的基础上,美国全国社会工作者协会成立。1998年,美国社会工作专业庆祝了它的一百周年华诞。今天,在美国各种类型的社会福利场所中,都有聘用的社会工作者的身影。他们通常处理比较棘手的工作,且很多人被委以管理与督导职位。他们还担当顾问,帮助指导那些只受过较少培训的社会福利助理人员及辅助工作者。许多州、县福利部门聘用了很多有社会工作学士或硕士学位的人,这些机构所做的工作被称为专业性工作。②

如今,美国社会工作已非常成熟,几乎成了许多国家社会工作学习的样板。美国社会工作岗位及工资状况见表6—1所示。

从表6—1可见,相比之下,美国社会工作岗位数量是比较多的,与律师、警察等职位数差不多,平均薪酬待遇虽然比不上律师、医生、警察、中小学教师等,但还算是不错的职业。

为应对中国的社会问题,早在中华民国时期,中国的知识分子就已经开始积极引入、消化、吸收舶来于西方的专业社会工作,并且进行了不少社会工作实践,取得了一定成效。

1949年,中华人民共和国成立。由于社会工作与社会学一样,都是主张改良的学科,不符合马列主义革命的要求,新中国成立之后不久便

---

① [美] O. 威廉姆·法利等:《社会工作概论》,隋玉杰等译,中国人民大学出版社2005年版,第21—22页。
② [美] O. 威廉姆·法利等:《社会工作概论》,隋玉杰等译,中国人民大学出版社2005年版,第28页。

被取消。不过,计划经济时代,中国尽管没有西方意义上的专业社会工作①,但是有普通社会工作与行政性社会工作,而且行政性社会工作的绩效很不错。②

表6—1 美国社会工作岗位与工资状况及与其他职业比较(2017年5月)

职业	岗位总数(个)	每1000个就业机会中的岗位数(个)	小时工资的中位数(美元)	平均小时工资(美元)	平均年薪(美元)
社会工作者	644290	4.520	23.07	24.82	51630
儿童家庭和学校社会工作者	306370	2.149	21.34	23.28	48430
健康护理社会工作者	167730	1.177	26.38	27.31	56810
心理健康及药物滥用类社会工作者	112040	0.786	20.79	22.99	47830
其他社会工作者	58150	0.408	29.80	29.28	60900
中小学教师	2043520	14.336	—	—	60900
公共汽车司机	683480	4.795	15.87	16.83	35000
农业工人	404610	2.838	11.46	12.78	26580
秘书和行政助理	3613300	25.348	18.21	19.74	41060
零售销售人员	8729350	61.237	10.77	12.29	25560
警察	667910	4.685	29.41	31.03	64540
家庭医生	126440	0.887	95.55	100.27	208560
作家及编辑	192160	1.348	30.15	34.02	70760
律师	628370	4.408	57.33	68.22	141890
管理职业	7280330	51.072	49.32	57.65	119910

资料来源:美国就业统计网:www.bls.gov/oes/current/oes_nat.htm#21-0000。

---

① 如无特别说明,本书所指的社会工作就是专业社会工作。
② 可参见拙作《毛泽东时代中国行政性社会工作绩效研究》,《社会工作与管理》2016年第1期。

改革开放后、20 世纪 80 年代中期，中国专业社会工作开始恢复。不过，相当长一段时期内，其恢复发展非常缓慢。这既与国家的重视程度不足有关，也与专业社会工作这个舶来品的本土性不足、社会功能未较好发挥出来有关。

进入 21 世纪之后，中国社会工作才逐渐迎来了发展的春天。

2004 年 12 月 4 日，劳动和社会保障部办公厅发布了《社会工作者国家职业标准》，对"社会工作者"的国家职业标准做出了规定。[①]

2006 年 7 月 20 日，民政部出台了《社会工作者职业水平评价暂行规定》[②] 和《助理社会工作师、社会工作师职业水平考试实施办法》，旨在规范社会工作者职业行为，提高社会工作者专业能力，加强社会工作者队伍建设。[③]

2006 年 11 月，党的十六届六中全会召开。在这次会议上，党中央发布的《中央关于构建和谐社会若干重大问题决定》明确提出"建设宏大的社会工作人才队伍""造就一支结构合理、素质优良的社会工作人才队伍，是构建社会主义和谐社会的迫切需要"。这大大推动了中国社会工作的迅速发展。

此后，党和政府几乎每年都有与社会工作相关的政策出台，有效促进了中国社会工作的发展。

截至 2018 年年底，中国大陆城乡共开发了 38.3 万个社工专业岗位，比 2017 年增长了 3.7 万个，社会工作服务站已达到 5.1 万个，全国 34 个省级、241 个地市级、592 个县级社会工作行业协会共计 867 个，较 2017 年增加了 14.7%；全国现有 82 所高职院校开设了社会工作专科专业，348 所高校设立了社会工作本科专业，150 所高校和研究机构开展了社会工作硕士专业教育，全国范围内共有 17 个社会工作方向的博士点，每年

[①] 《社会工作者国家职业标准》，2010 年 12 月 4 日，http://jnjd.mca.gov.cn/article/zyjd/mzxzy/201012/20101200118427.shtml，2020 年 5 月 18 日。

[②] 《社会工作者职业水平评价暂行规定》，2016 年 7 月 20 日，http://sw.mca.gov.cn/article/zcwj/200710/20071000002534.shtml，2019 年 4 月 17 日。

[③] 《助理社会工作师、社会工作师职业水平考试实施办法》，2016 年 7 月 20 日，http://sw.mca.gov.cn/article/zcwj/200710/20071000002535.shtml，2019 年 4 月 17 日。

培养社会工作专业毕业生近4万名；2018年，社会工作者职业水平考试报名人数首次突破40万人，较上年增长了30%；全国有助理社会工作师和社会工作师共43.93万人，其中，广东持证社工超过8万人，江苏超过5万人，浙江超过4万人，北京、上海、山东超过2万人；2018年，各地共计投入社会工作资金61.12亿元，较上年增长19.6%，其中，上海、广东资金投入超过14亿元，北京超过5亿元，天津、江苏、浙江、河南、重庆超过2亿元。①

尽管社会工作在当今世界许多国家已成为一项职业，但要对它作出准确界定并被大家所共同认可，却是一件非常不容易的事情。

关于社会工作的定义，言心哲认为，社会工作是运用现代科学的知识与方法，办理各种社会救济事业，以免除个人当前的痛苦及解决社会当前的问题，消极地减少各种社会病态。同时，并注意于社会生活的改进，积极地预防各种社会病态的产生。其主要目标在于调整个人及社会生活的共同关系，增进大众的福利。社会工作的特征及其意义，往往是随着科学知识的增进而变化，对社会工作寻求一个公认而永恒的定义，是很不容易的一件事。②

1973年，美国社会工作者协会曾把社会工作定义为帮助个人、群体和社区提高或恢复其社会功能能力的专业活动，并致力于创造有利于达致此目标的社会环境。③

当代中国社会学家王思斌先生认为，社会工作可定义为：是秉持利他主义价值观，以科学知识为基础，运用科学方法，帮助有需要的困难群体，解决其生活困境问题，协助个人及其社会环境更好地相互适应的职业活动。④

---

① 徐健等编辑整理：《2018年度中国社会工作发展报告》，2019年3月21日，http://news.swchina.org/industrynews/2019/0321/33468.shtml，2020年9月3日。

② 言心哲：《现代社会事业》，河北出版传媒集团、河北教育出版社2012年版，第11页。

③ "National Association of Social Workers", *Standards for Social Service Manpower* (*Washington, D. C.*), NASW, 1973, pp. 4–5.

④ 王思斌主编：《社会工作概论》，高等教育出版社2014年第3版，第9页。

当代美国社会学家 O. 威廉姆·法利等认为，社会工作是一门艺术、一门科学、一个专业，它通过社会工作实践帮助人们解决个人、群体（特别是家庭）和社区的问题，并帮助人们获得满意的人际关系、群体关系和社区关系。[1]

美国社会学家莫拉莱斯、谢弗则认为，社会工作是一门最为包罗万象的服务于人的职业，并逐步成为一门以帮助人们增进社会功能为关注中心的专业。[2]

综上，我们可以看出，尽管各种专业社会工作定义的内容及其界定的角度有差异，但其核心是助人（群体、社区）。

不过，专业社会工作的助人决不是随意的主观行动，而是在一定价值观的指导之下，基于一套科学的理论与方法。一般来说，其价值观是社会的主流价值观，其理论与方法是得到较多人认可的、行之有效的理论与方法。正因如此，社会工作才能实现其专业化、职业化，逐渐得到社会的广泛认可。

显然，理论在社会工作中非常重要，它是社会工作成为一个专业、一种职业的基石。

理论有正式理论与非正式理论。正式理论是指在专业、学术工作中讨论的书面理论。非正式理论则是指存在于社会的各种理论、观念，它来源于实践经验。正式理论也可能存在于非正式理论之中。[3]

按照 David Howe（1992）的观点，西方社会工作的理论包括"为社会工作的理论"（Theory for Socail Work）和"社会工作的理论"（Theory of Social Work）。"为社会工作的理论"是指，社会工作理论中用来解释人与社会的本质、人的行为与社会运行的规则及机制的那一部分理论；"社会工作的理论"是指，社会工作理论中用来说明社会工作实践本身的

---

[1] ［美］O. 威廉姆·法利等：《社会工作概论》，隋玉杰等译，中国人民大学出版社 2005 年版，第 9 页。
[2] ［美］莫拉莱斯、谢弗主编：《社会工作：一体多面的专业》，顾东辉等译，上海社会科学院出版社 2009 年版，第 20 页。
[3] ［英］马尔科姆·佩恩：《现代社会工作理论》，何雪松、张宇莲、程福财等译，华东理工大学出版社 2005 年版，第 42 页。

性质、目的、过程和方法的那一部分理论。二者既区别明显，又密不可分。① 大卫·豪实际上是按理论的层次，把社会工作理论分为宏观理论和微观理论。

基于大卫·豪的社会工作理论结构模型，皮拉利思进一步提出了一种三分法模型，② 详见表6—2：

表6—2　　　　　　　　　社会工作理论三分法模型

理论抽象程度	结构部分	内容
高 ↕ 低	宏观理论	对人与社会的本质、人的行为与社会运行机制进行综合性的说明
	中观理论 (a) 解释性理论 (b) 介入模式理论	对人的行为与社会过程某一方面进行专门解释 对社会工作实践本身的性质、目的、过程等进行一般说明
	实践理论	社会工作的具体技巧、操作方法

另外，Rees 与 Fock 也曾将社会工作理论分成三个不同层面。

一是唯物主义的社会理论（Materialist Social Theory）或广义理论（Broad Theory），主要关注的是社会的政治、经济结构及社会制度——特别是社会工作与福利的目标。

二是策略理论（Strategic Theory）或实践理论（Theories of Practice），研究干预策略，并指导社工可如何行动或应如何行动。

三是实践观念（Practice Ideologies）或具体实践，关注如何将经验、知识应用于具体实践。

社会工作上述三个层面的理论相互关联，且第一个层面的理论直接影响其他理论。③

---

① 王思斌主编：《社会工作概论》，高等教育出版社2014年第3版，第61—62页。
② 王思斌主编：《社会工作概论》，高等教育出版社2014年第3版，第63页。
③ [英] 马尔科姆·佩恩：《现代社会工作理论》，何雪松、张宇莲、程福财等译，华东理工大学出版社2005年版，第42页。

总之，社会工作的理论包括了从宏观到微观的不同层次。

基于以上分析，我们可将社会工作介入城镇盗窃问题的理论基础分为社会工作介入城镇盗窃问题的宏观理论基础、中观理论基础与微观理论基础。

二 社会工作介入城镇盗窃问题的宏观理论基础

费孝通先生曾经指出，在旧中国开展社会学研究，总不免受到立场、观点、方法上的局限，"解放后，绝大多数从旧社会来的搞过社会学这门学科的人都衷心地希望在党的领导下，学习马列主义来改造自己的思想和改造这门学科，以达到能开展适应新中国需要的社会学研究，进行一些社会调查，反映一些实际情况，提供有关领导部门作为解决这些社会问题时的依据，以便自己能通过学术工作为人民做一些有益的事"[1]。改革开放后，中国重建社会学。费孝通先生指出，"中国要建立和发展的是以马克思主义为指导的、密切结合中国实际的、具有中国特色的社会学"[2]。在社会学恢复的初期，中国社会学界当时较为普遍的看法是，西方社会学的理论是建立在唯心主义哲学基础之上、为资产阶级利益服务的，我们要建设为无产阶级利益服务、为社会主义建设事业服务的社会学，必须以马列主义、毛泽东思想作为理论基础。西方社会学的理论不可取，但他们的方法是先进的。[3]

因此，我们今天决不能简单照搬照抄西方社会工作理论，应批判地吸收。

社会工作的宏观理论基础是指与社会工作相关的广义理论基础。除了西方社会工作的一般的宏观理论之外，在中国，马列主义、毛泽东思想、邓小平理论、"三个代表"重要思想、科学发展观、习近平新时代中国特色社会主义思想，这些都应当成为中国社会工作的宏观理论基础。

---

[1] ［美］费孝通：《费孝通文集》第 7 卷，群言出版社 1999 年版，第 258 页。
[2] 郑杭生：《对中国社会学的巨大贡献——纪念费孝通先生从事学术研究 70 周年》，《江苏社会科学》2006 年第 1 期。
[3] 风笑天：《社会学方法二十年：应用与研究》，《社会学研究》2000 年第 1 期。

我们认为，社会工作介入城镇盗窃问题的宏观理论基础是指在马克思主义指导下，关于人与社会的本质、人的行为与社会运行、社会基本制度及其发展规律的理论。社会工作介入城镇盗窃问题的宏观理论基础内容非常丰富，本书中我们着重谈以下几方面。

（一）人的本质论

1. 人的自然属性

近代欧洲有一大批自然人性论者，虽然他们的角度、侧重各异，但他们几乎一致认为，人是自然的产物。物欲、情欲是人的本性。人的本性就是追求幸福与快乐，逃避痛苦与灾难。因此，自我保存、自私自利是天性使然。人的本性就是追求物质利益与尘世幸福。在这一点上，人都是一样的，人的自然天性决定人的自然权利是平等的，但是，宗教神学却要人们禁止一切欲望，抛弃人间的幸福，去寻求来世的虚无的天堂幸福。这就违背了人的自然本性，践踏了人性。不过，在这些西方思想家中，又有一些差异。

托马斯·霍布斯认为，人的本性是自私的、恶的。人的天性好争，争名誉、争财物，为一切利欲而争。人们都为了达到自己的目的而相互算计，甚至残杀，而且，人生来又是平等的，人们都要维护自己的生命，人们都在利欲上追逐、赛跑，都想得到享乐、幸福。这样就必然会发生矛盾、战争。霍布斯提出一个著名的结论："人对人就像狼一样。"

约翰·洛克则认为，自然状态不是一切人反对一切人的战争，而是和平。在自然状态下，有一种为人人所遵守的自然法——理性，使人们能和平相处。契约国家就是人的自然和平状态的表现形式。

孟德威尔认为，人的本性是自私的。他通过考察动物与人，得出结论：在自然状态下，所有动物都只顾自己，满足欲望的本性，人类虽有与动物不同的社会生活，但由于人的欲望更强，所以人比动物更加自私、专横，人是非常自私专横而又狡猾的动物。

霍尔马赫则认为，人的本性是爱自己，但人与人要和谐相处，就必须做到自己获得了自然权利而又不致损害别人。人为了自己的利益，应当爱其他的人。只有把个人利益与公众利益结合起来，才是既符合人的本性又符合道德的幸福的生活。

卢梭认为，决定人的本性是自然天生的，这一天生本性的首要法则就是自爱。自爱是天所赋予的权利，不可侵犯。人不仅有自爱之心，还有怜悯之心。

总之，欧洲启蒙思想家的人性论曾产生过进步作用，但人的自然属性只是多维人性中的一个方面，而他们不了解社会生活、社会实践对人性所起的根本作用。①

在中国古代，也有一批自然人性论者，包括告子、老子、庄子、荀子、韩非子等思想家。但他们的自然人性论与西方"趋乐避苦"的自然人性论大不相同，有些甚至截然相反。

中国思想史上，第一个界定人性的是告子。告子认为，人天生的东西就是性，即人的生命体的自然资质。人性就是作为生物的人的天生生理本能。告子说："食、色，性也。"

孟子也主张人性天生，但是，孟子不赞同告子把人性视为饮食男女一样。孟子说，如果人只能表现出"饱食暖衣逸居"等自然属性的要求，却没有社会道德教化，那就近于禽兽。

荀子将自然生成的人的本能概括为"饥而欲饱，寒而欲暖，劳而欲休"等诸生理方面，但荀子的人"性"在于"有辨""有义""能群"等社会道德属性。

老子以"自然"为人的本性。它是指对万物的生长发展不强加干预，顺其自然而生。人的本性是无知无欲，如初生的婴儿，人们的自私自利心恰是因抛弃了朴素的自然本性。这种自私心、占有欲，使人们争斗不息，世风日下，人性丧失，社会混乱。他主张回到原初本然的人性状态。

庄子继承和发展了老子自然无为的人性论。认为人性本应是无欲无情的，人的贪欲导致人执着于外物，致使人为物所役，自然素朴的人性发生异化。按庄子的人性论，人应当为达到逍遥无为的自然人性境界而努力，必须超越外物，忘掉是非善恶、富贵贫贱、生死利害等。

---

① 葛晨虹：《人性论》，中国青年出版社 2001 年版，第 10—12 页。

与西方主张"趋乐避苦"很相似,荀子、韩非子提出人性是"好利恶害"。荀子认为人性就是人的自然本能。人生而好利,顺从它就一定会产生争夺、混乱。荀子强调人的自然本性属恶。要想使人们免于纷争,使社会有秩序,就要改变人的自然本性,即用社会礼义"化性起伪",需"师法之化"。

韩非子提出"人皆挟自为心"的人性自私学说。韩非子说,主人雇工种地,招待雇工并付报酬,并非想帮助雇工。雇工为主人好好种地,也并非爱主人,而是为得到优厚报酬。双方都是为自己利益打算。医生用嘴吮吸病人伤口,不是对病人有骨肉情,而是想得到更多的钱财。做棺材的做好棺材,就希望人早死,但这也不能说做棺材的人狠毒,而是因为人不死则棺材卖不掉。所以,个人利害就是人们思考问题与从事活动的出发点和落脚点。针对人的自私自利本性,韩非子还提出了一整套制人、防人的治理术,认为只有用严刑峻法才能治理天下。[1]

此外,中国古代还有人认为人性无所谓善恶的观点。如宋代的苏轼认为,性善、性恶都是后天修造的。清代著名思想家王夫之认为,人性不是与生俱来的,在后天社会生活中,经过学习培养,人性是可变的。在西方,强调人性本质是后天社会性的思想家也为数不少。如亚里士多德。[2]

综上,人永远是自然界的一部分。但是,并不能得出人性就在于自然性的结论。人永远不能摆脱自然动物性,人之所以为人,其人性本质就永远不可能归结为与一般动物没有质的区别的自然性。实际上,人的自然属性也没有独立自存的意义。人的生命活动与动物的是根本不同的。自然人性论希望人们"按自然要求行事"。这抹杀了人的生命活动的有意识性与能动性,抹杀了人与动物的本质区别。[3]

2. 人的社会性

马克思主义对人性论做出了科学的解释。它把人当作社会的人,把

---

[1] 葛晨虹:《人性论》,中国青年出版社2001年版,第18—21页。
[2] 葛晨虹:《人性论》,中国青年出版社2001年版,第111—112页。
[3] 葛晨虹:《人性论》,中国青年出版社2001年版,第28—30页。

人性归结为人的社会性。马克思并不否认"德性""理性"都是人的属性，甚至认为人的自然生物性与人的社会属性难以分割，但他坚持从人的社会现实存在中去挖掘人的本质。

动物很少利用工具，甚至可以说基本不会利用工具，制造工具就更谈不上了，而人是在利用工具、积极改造自然的过程中，维持生存与发展。也正是在改造自然的过程中，人们之间结成一定的社会关系。反过来，这种社会关系又制约与规定着人的本质，使人成为"社会动物""社会存在物"。

人的一切活动都是作为人而活动的，均处于各种关系之中。只要是人，只要是人的活动、人的行为，就不可能脱离某种特定的关系。人们几乎找不出一个绝对脱离了社会关系而单独存在、发展的"人"。[1]

在生产实践中，人组成社会，而社会一旦形成，又反过来规定人的本质特性。社会关系形成了，且日益复杂、日益完备，开始反过来制约、决定人的特性。作为具体的人，谁也不是完全从头开始的。每一代新人出生进入社会后，就会遇到某些早已为他们的生存准备好的起始条件，即社会关系与文化的影响。人是社会环境的产物，这种环境在很多方面预先决定、影响着人的活动。

随着人的劳动实践与人的社会化过程，人的肉体组织发展出理性与自我意识能力，使人的生命活动成为有意识的活动，人成为"有意识的类存在物"、社会存在物。在实践活动中，人把自己从动物界提升出来，创造了人之为人的一切特性。人既具有与动物相同的自然生命，又具有超自然生命的本质，即人的社会性本质。

不过，从社会性、社会关系来理解人性，就必须把人性理解为现实的、具体的、发展变化的。其他人性论，如自然人性论等是把人性看作永恒不变的东西，这是不正确的。马克思认为，人性不是永恒不变的，其社会属性会使人随着社会的变化而变化。

人性最终是由社会塑造的，在后天社会性面前，先天遗传微不足道。人的社会本质就决定了人必须实现社会化。一个社会让一个生物人通过

---

[1] 葛晨虹：《人性论》，中国青年出版社2001年版，第117—118页。

学习、教化，逐渐转化为一个社会人的过程就是人的社会化过程。每个人出生后，必须经过社会化与继续社会化，才能成为真正的社会成员。另外，人既是环境与教育的产物，环境又可由人来改变。从人与社会的动态系统来看，人的社会化是社会环境与个人相互作用而统一的过程，是人的主观能动性与客观环境相互作用的过程。[①]

总之，马克思主义的人的本质论吸取了其他理论的长处，剔除了不足，是解释力最强的理论，是社会工作者矫正盗窃犯而必须掌握的最基本的理论之一。它启发我们，盗窃犯并非天生的，是社会环境所造就的，亦是可以矫正的。

（二）人的需要理论

人的需要是为了维系人的生存并求得发展而必须努力满足的各种条件。人的需要很复杂，既有基本需要，也有高层次需要；既有个人需要，也有集体需要、社会需要。

人的需要首先表现在个人的需要，也就是人类个体在生活中的各种需要。不同学科及理论对个人需要的内容看法不一。

马斯洛按需要对人的生命的意义，从低到高，将人的需要分为七个层次：第一层是生理的需要；第二层是安全的需要；第三层是社交的需要；第四层是尊重的需要；第五层是认知的需要；第六层是美的需要；第七层是自我实现的需要。在人的各种需要里，有的需要是基本的，具有普遍性意义，所有人都应得到满足，比如"生存""安全""健康"等。这种需要被界定为人的基本需要。反之，一个人如果没有满足其基本需要，就没有达到在这个社会作为一个"社会人"的最低生活状态。在当代社会，个人在维持基本收入、健康、就业、住房、教育与个人社会服务方面的最低的需要标准一般被认为是人的基本需要。

人的基本需要是整个社会必须予以满足的。这反映了人的基本需要的客观性与"刚性"。但是，这并不意味着人的基本需要没有任何差异和变化。事实上，人的需要会随着社会的发展，在不同时空中表现不一。

[①] 葛晨虹：《人性论》，中国青年出版社2001年版，第120—123页。

第六章　社会工作介入城镇盗窃问题的理论基础　◇　185

因而，人的基本需要又具有一定弹性或者相对性。人的基本需要的相对性，使得难以对其进行完全客观、十分准确的经验测量。在当代社会，对人的基本需要的测量都不可避免地带有经济、政治及社会文化等方面的因素影响。①

对于社会工作介入城镇盗窃问题来说，人的需要理论启发我们，国家及社会工作者应当特别重视关注、满足人的需要，以减少人们因基本需要得不到满足而从事盗窃，或者满足盗窃分子的一些合理需要，以帮助其矫正盗窃行为及心理。

（三）人类社会发展规律理论

古往今来，有关人类社会发展是否有客观规律可循，一直存在激烈争论。

历史上，主观唯心主义者一致认为，人类社会中发生的种种事件、现象，都因为人的参与而具有主观性、独特性与不可预测性，因而根本无规律可言。② 然而，认为社会发展无规律可言的观点，历来受到大多数有见识的思想家的批评。这在中西方都有不少代表人物。这些思想家虽理论各异，但都认为人类社会的发展依据着不以人的意志为转移的客观规律。③

在众多思想家中，真正科学论证并明确指出人类社会的发展与自然界一样，存在不以人的意志为转移的客观规律，且系统揭示人类社会发展规律的思想家，马克思是第一人。

恩格斯明确指出："历史的进化像自然的进化一样，有其内在规律。"④ 马克思则指出，这些规律是"以铁的必然性发生作用并且正在实

---

① 关信平主编：《社会政策概论》，高等教育出版社2009年第2版，第65—67页。
② 有林、张启华：《论马克思揭示的社会发展一般规律》，中央民族大学出版社2004年版，第1页。
③ 有林、张启华：《论马克思揭示的社会发展一般规律》，中央民族大学出版社2004年版，第3—4页。
④ 《马克思恩格斯选集》第4卷，人民出版社2012年第3版，第275页。

现的趋势";社会规律即社会"本身运动的自然规律"。①

马克思、恩格斯与此前其他思想家的不同之处在于,过去那些思想家尽管承认历史发展有规律,但往往是以头脑中臆造的联系来代替现实的联系,把历史看作观念的逐渐实现。如此一来,他们所说的历史发展规律便成了不自觉的,但必然实现的某种预定的理想目的的实现。马克思则主张,社会历史领域的规律"也完全像在自然领域里一样,应该通过发现现实的联系来清除这种臆造的人为联系;这一任务,归根到底,就是要发现那些作为支配规律在人类社会的历史上起作用的一般运动规律"②。发现这种"现实联系",并进一步发现人类社会的发展规律,就成为马克思和恩格斯终身从事的对人类社会的研究中最重要的一件事。③

马克思与恩格斯的研究结论是,在这种"现实的联系"的作用下,在生产力与生产关系的矛盾运动中,人类社会必将经过漫长的原始社会发展为奴隶社会,又发展为封建社会,再发展为资本主义社会,然后又发展为社会主义与共产主义社会。④

马克思、恩格斯在揭示人类社会发展存在客观规律的同时,也承认人的自觉能动性,人并非消极被动的。马克思主义的历史必然性与唯心主义的宿命论有着本质的区别,不可混淆。另外,马克思主义又指出,人类社会的发展规律只是表明了历史发展的总趋势,而在具体实践中,人类社会的发展又表现出特殊性、多样性与偶然性,以及社会发展规律的实现具有前进性、曲折性的特点。⑤

总之,马克思主义的人类社会发展规律论启发广大社会工作者,要顺应历史发展规律,相信人民群众是历史的创造者,社会工作者不是包打天下的英雄,只有依靠广大人民群众,充分激发服务对象自身的潜能,

---

① 《马克思恩格斯选集》第2卷,人民出版社2012年第3版,第82—83页。
② 《马克思恩格斯选集》第4卷,人民出版社2012年第3版,第253页。
③ 有林、张启华:《论马克思揭示的社会发展一般规律》,中央民族大学出版社2004年版,第5—6页。
④ 有林、张启华:《论马克思揭示的社会发展一般规律》,中央民族大学出版社2004年版,第7页。
⑤ 有林、张启华:《论马克思揭示的社会发展一般规律》,中央民族大学出版社2004年版,第9—26页。

人类最终是可以共同创造"天下无贼"的良好环境的。

(四) 科学社会主义基本理论

科学社会主义，是以无产阶级解放运动为根据，以马克思主义的哲学与政治经济学为理论基石，研究无产阶级解放的条件、性质与一般目的，以及人类社会从资本主义到社会主义、共产主义的发展规律的科学。

圣西门、傅立叶、欧文这三位思想家的三大空想社会主义学说，为科学社会主义提供了直接的思想来源。

从直接的意义上说，唯物主义历史观与剩余价值学说是科学社会主义的理论基础。依据这两个学说，马克思与恩格斯总结了无产阶级革命斗争的经验，从揭示人类社会发展的一般规律，到揭示资本主义社会发展的特殊规律，认识到从资本主义转变到社会主义的必然性与社会主义的基本特征，认识到实现这一社会变革的力量与道路，因而使社会主义由空想变成科学。

科学社会主义的基本理论包括两方面：一是资本主义基本矛盾的发展必然导致资本主义制度的灭亡；二是社会主义——共产主义社会的本质及其基本特征。

资本主义必然灭亡，共产主义必然胜利，是马克思与恩格斯在长达半个世纪的革命实践与科学研究中得出的最基本结论。后来，俄国十月革命、中国革命及一系列社会主义国家的出现，反复证明了其理论的正确性。甚至20世纪后期出现的苏东事件也未能否定其正确性。[①] 2008 年爆发的美国金融危机，再次为科学社会主义提供了新的注脚，即资本主义社会自身解决不了其内在的基本矛盾——生产资料的私人占有与社会化大生产之间的矛盾，只有用社会主义代替资本主义才能根本解决这一矛盾，避免资本主义周期性的经济危机，消除日益严重的财富分配两极化现象。

总之，社会工作者是秉承利他主义的价值观，希望建立一个公平正

---

① 中共中央党校《马列著作选读·科学社会主义》讲解编写组编：《科学社会主义讲解》，中共中央党校出版社1989年版，第15—39页。

义的美好社会的"社会工程师"。科学社会主义基本理论为中国社会工作者提供了强有力的理论武器，使中国社会工作者比西方社会工作者有更好的条件与更大的作用空间。

综上所述，当代中国专业社会工作产生的环境不同于西方国家，尽管它借鉴了西方的理论与方法，但它是在社会主义环境中产生的，是以马克思主义为指导的，当前尤其是要以习近平新时代中国社会主义思想为指导。中国社会工作者必须清楚地认识这一基本国情。社会工作介入城镇盗窃问题时，社会工作者必须理解相关的基本宏观理论，在这些宏观理论的指导下从事实务活动。当然，宏观理论不仅仅限于以上这些内容。

三　社会工作介入城镇盗窃问题的中观理论基础

我们认为，社会工作介入城镇盗窃问题的中观理论基础包括解释性理论与介入模式理论，其中的解释性理论是对盗窃行为进行解释的理论，而介入模式理论则是对社会工作实践本身的性质、目的、过程等进行一般说明的理论。

（一）关于盗窃行为的解释性理论

关于盗窃行为的解释性理论，我们在前面第三章中关于盗窃原因的相关理论已经作了比较详细的阐述。其中的"贫穷说"、社会学习理论、犯罪亚文化理论、标签理论、马克思主义的犯罪原因理论等，具有较强的解释力，特别是马克思主义的犯罪原因理论。

（二）关于社会工作介入模式理论

1. 社会工作的本质

最基本的助人方式大概就是所谓的自然助人。自然助人的基础是平等的相互关系。助人者很大程度上靠直觉与生活经验指导助人过程。然而，社会问题是复杂的，有效提供人类服务需要广博的知识与技能，这并非一般自然助人者所能具备的。这就促使专业社会工作的出现，为有需要者提供更为复杂的服务。

社会工作的本质即是综合助人的专业活动。专业助人与自然助人不同，专业助人以专业的方法关注服务对象的需要，要求用特殊的知识、价值与技巧指导助人活动。尽管自然助人与专业助人都是帮助人们解决有关社会功能问题的手段。

社会工作是一门最为包罗万象的服务人的职业，并逐步成为一门以帮助人们增进社会功能为关注中心的专业。社会工作者帮助人们增强与周围世界——他们的子女、父母、配偶或其他所爱的人、家庭、朋友、同事，乃至组织与整个社区的互动。社会工作承诺要改变降低大众生活质量的社会因素，尤其关注面对社会问题表现最为弱势的人。①

2. 社会工作的目标

社会工作有三个基本目标，即照顾、治疗和改变。

一直以来，社会工作者寻求提高社会中最脆弱人群的生活质量。残疾人、老年人、身患绝症的人以及其他社会功能有限的人，他们不仅应该得到人道的照顾，而且应当得到良好的照顾。照顾使他们舒适，并帮助他们应对自身的不足。这常常是社会工作者可提供的最有价值的服务，有时以使人能获得社会供给的形式出现，比如提供低保、收入补贴、保证足够的住房等。社会工作在帮助社区创造这种必要的照顾服务中可起重要带头作用，照顾这些有需要者的基本需求是社会工作实务的中心目标。

社会工作实务的另一个目标是向有社会功能问题的个人或家庭提供治疗。直接服务的内容与形式因服务对象而定。社会工作者运用的方法包括心理社会治疗、行为矫正、危机干预、各种小组及家庭治疗等。不过，社会工作的这些方法不会像医生开药治疗感冒那样自动治疗好社会问题。大部分社会工作者认为，能给服务对象最多的也就是帮助他们进行自我治疗。社会工作者的贡献即在于，吸引服务对象自己积极争取获得改变的能力，针对特定的人与情境选择适合服务对象的方法，有效运用自己的能力、技巧与服务对象共同获得为达到期望目标所需的能力。

---

① ［美］莫拉莱斯、谢弗主编：《社会工作：一体多面的专业》，顾东辉等译，上海社会科学院出版社2009年版，第19—20页。

社会工作的第三个目标是改变社会。社会工作者承诺改革既有的法律、程序与社会态度，直到它们能更好地回应人的需求。许多社会工作开拓者是积极的改革者，他们为改善贫困社区的条件而奋斗。今天，社会工作者积极影响社会立法，努力开创新的社会服务项目，或者改变导致破坏社会状态的因素。社会工作者还寻求改变对社会弱势群体的消极公共态度，为他们提供大众教育，协助受影响成员自我维权以倡导自己的权利等。社会工作者还通过代表服务对象的利益或帮助服务对象说服决策者回应人的需要而带来社会改变。[①]

3. 社会工作的过程

社会工作的目标是助人，它采用一套专业的助人方法。社会工作作为一个完整的活动，包括对受助者问题的辨认与对其求助的接受，收集助人所必需的资源并将其传递给受助者。在这个过程中，寻找、动员、组织协调各种资源与有效传递资源是社会工作的核心任务。社会工作助人所需的资源是多方面的，包括受助者所需的物资、良好的生活环境与社会关系、合理的政策及社会支持等。为了收集与传递这些资源，社会工作者需要建立自己的支持系统与服务传递系统。这是社会工作的工具性资源。

社会工作的过程一般有以下几个环节。

第一，接触问题，即通过多种途径初步了解可能的或潜在的服务对象（包括个人、家庭、社区等）所面临的困难与问题。接触问题有两个基本途径，一是潜在服务对象的求助；二是社会工作者的主动发现。

第二，调查与确认问题，即对潜在服务对象的问题做进一步的了解，包括问题的社会背景、性质与严重程度，他们的需要与期望等。然后，社会工作者可确定对方是否可成为服务对象，应该介入对方的哪些困难或问题。

第三，分析与诊断，即对问题进行深入分析，找出其症结，分析解

---

① [美] 莫拉莱斯、谢弗主编：《社会工作：一体多面的专业》，顾东辉等译，上海社会科学院出版社 2009 年版，第 24 页。

决问题的可能性。在此,包括将服务对象的需要与可运用的资源相比,并就要解决的问题达成共识,从而将服务置于坚实可靠的基础之上。

第四,服务,即在制订服务计划的基础上,有效组织与配置资源,对服务过程进行管理,实现对服务对象的有效支持,使其摆脱困境,满足其需要。这是社会工作的核心,需要服务对象与社会工作者双方合作来完成。

第五,评估,即对服务活动进行评价,包括过程评估与结果评估。评估主要是检测服务的进程与效果、检测结果与服务计划的一致程度。一般来说,评估应当吸收服务对象参与。

第六,结案,即当一项服务按计划达到预期目标后,这一服务就要结束。

总之,社会工作是一项计划性、技术性很强的工作,也是一种复杂的社会互动。在社会工作过程中,社会工作者与服务对象的社会背景、个人知识及价值观念、所拥有的资源状态、工作环境、社会工作者的工作方法及技巧、双方心理等,都可能影响服务效果。[①]

4. 社会工作的实务方法

在历史上很长时期内,社会工作可被形容为一个寻求实务方法的专业。

(1) 传统实务方法

社会工作使自己成为一个独特专业的途径之一便是,寻求确定一套不同于法律、医务、心理学等其他助人专业的独特方法。

社会工作所确立的第一个实务方法是社会个案工作。它以 1917 年 Mary Richmond 出版的社会工作经典著作——《社会诊断》为标志,该著集中描述了对个人及家庭开展有效实务工作的要求。此后,社会个案工作为社会工作者广泛采用。

关注向群体提供服务的社会工作者用了很长时间才发展出一套指导原则。20 世纪 30 年代,社会工作的第二个独特方法——社会小组工作逐步形成。

---

① 王思斌主编:《社会工作概论》,高等教育出版社 2014 年第 3 版,第 29—30 页。

社会工作发展的第三个实务方法是社区组织或社区工作。随着许多社会机构与社会服务活动逐步出现在各个社区，协调与对工作成效的评估日渐重要。为了满足这方面需求，社会工作又出现了一个独特实务领域，社区组织成为主要在社区工作的实务手段，即协调分配经济资源与建立联系。

除了上述三种方法之外，一些社会工作者发现，他们还要对社会机构行政负责，要研究社会服务活动成效。他们以往的工作经验与所受教育常常不足以使他们有能力从事这些间接社会服务活动。到20世纪40年代，社会行政与社会工作研究作为社会工作的实务方法逐步形成。它们被称作间接社会工作方法，是个案工作者、小组工作者、社区组织者个人能力的补充。

（2）多元方法实务取向

在社会个案工作、社会小组工作、社区组织、社会行政、社会工作研究五种社会工作的独特实务手段发展建立的同时，使社会工作演变为一个具有统一实务方法的专业的承诺也在加强。1951年，有人进行了一项社会工作与社会工作教育的大型研究，他们提议，鉴于社会工作实务领域广泛，社会工作者需要在服务对象系统的多个层面进行介入，社会工作教育也应该给学生这五种实务方法的初级教育。

多元方法实务取向被证明较好适应了社会工作实务的各种需求，但是，它未能发展出一个专业所需要的统一实务主题。

（3）通才实务取向

通才实务取向出现于20世纪60年代。社会系统理论提供了理论支持。人类问题的复杂性使全方位掌握方法技能、能够在各种系统中与服务对象互动的综合取向成为社会工作者的需要。

通才实务包括两个基本组成部分。首先，它提出了社会工作者审视实际环境的一个视角。社会系统理论帮助社会工作者集中关注系统间的互动，即人与环境的相互作用，同时不断寻找介入若干系统的方法。其次，它并不试图要求服务对象的境况适应社会工作者的方法取向，而是将服务对象的境况视为采用哪种实务方法的决定因素。因此，它要求社会工作者具备广博的知识技能基础，面对服务对象及其系统，有能力从中选择适当的方法，满足服务对象的需求。

（4）专才实务方法

与通才实务方法形成对比的是，专才实务方法的出现。专才社会工作的特征是，以针对有限的实务领域，有选择地应用知识技能。这种实务方法首先考虑特定实务领域要求具备的知识技能并按工作者的意愿选择方法，他们所服务的对象的需求要能适应这些工作范围窄小但有深度的工作者的能力。通才实务课程设在学士阶段或硕士阶段前期，而专才教育设在硕士阶段后期。[①]

总之，社会工作介入城镇盗窃问题的中观理论基础，为介入城镇盗窃问题提供了更加坚实的理论基础。

四 社会工作介入城镇盗窃问题的微观理论基础

我们认为，社会工作介入城镇盗窃问题的微观理论基础，是社会工作介入城镇盗窃问题的实践理论，即介入的具体技巧和操作方法。它主要贯穿于社会工作的人际协助与发展专业能力两类技能之中。

（一）人际协助

人际协助是几乎所有社会工作者在工作中最常运用的技能。在助人过程中，社会工作者必须准备好基本的助人技巧，比如面谈、提问、辅导等，来帮助社会工作者了解服务对象所经历的问题，并帮助他们找出解决这些问题的方法，应鼓励服务对象表达观点，分享感受。通过这一过程，社会工作者可试图了解从其他人的角度观察到的问题，从而与服务对象建立信任的专业关系。

要完成人际协助的任务，社会工作者应遵循下列能力要求。

（1）自我察觉与运用自身能力帮助服务对象实现改变

在助人过程中，社会工作者所能运用的最主要工具就是他们自己。

[①] ［美］莫拉莱斯、谢弗主编：《社会工作：一体多面的专业》，顾东辉等译，上海社会科学院出版社2009年版，第27—29页。

社会工作者应很敏感地认识到自身的长处与缺陷所在，了解自己的知识与不足。这样可以很清醒地认识到助人过程中可能给服务对象带来的帮助及存在的伤害。

（2）给予与接受帮助的心理学知识

进入社会工作专业的一个动机，一般来说是要帮助服务对象提高生活质量。在助人中，社会工作者必须把焦点放在服务对象的真正需求上，而非为了帮助而帮助。而且，社会工作者还要明白服务对象的心理感受，他们在接受帮助时可能感觉并非很舒服。

（3）建立专业关系的能力

建立专业关系，是所有成功的助人过程的先决条件，无论是与服务对象、同事还是社区里的其他人，社会工作者首先必须建立互相尊重、互相信任的工作关系。而社会工作者本身的个性特征，包括感同身受的正面关注、热情及诚恳的态度，对建立专业关系具有很大影响。

（4）了解不同文化及种族，具有从事性别、年龄、种族敏感性实务的能力

评价一个人的社会功能是否正面、健康，应倾听来自不同文化背景与生活经历的非主流声音。妇女比男子获得的机会更少，老年人与他们年轻时比，在社会上的地位明显不同。在有效的助人过程中，社会工作者不仅要明白这些生活经历的差别，也要认识到这些差别是如何影响服务对象的社会功能的。社会工作者在助人过程中，应敏感对待不同性别、年龄、身体功能、性取向、种族、宗教背景等群体。

（5）了解与运用《伦理守则》作为实务伦理指导

人们信任社会工作，是基于社会工作专业遵循伦理指导实施实务。任何一个社会工作者都被期望给服务对象带来可能达到的最好服务，至少不能带来伤害。美国社会工作者的最低实务伦理要求是遵守美国全国社会工作者协会的《伦理守则》。对于中国社会工作者来说，至少必须遵守1994年中国社会工作者协会发布的《中国社会工作者守则》。另外，2013年1月，民政部发布的《社会工作者职业道德指引》，中国社会工作者同样必须遵守。

（6）全面了解个人及其家庭行为模式

社会工作者不仅要了解服务对象个人，而且要了解其整个家庭及家庭成员，有效的人际协助要求做的比感觉的更多。社会工作者期待服务对象个人成长与发展，了解不同的家庭结构与家庭成员之间相互影响的方式，掌握足够的生理学知识，认识生理因素也会影响人的社会功能。因此，社会工作者应综合掌握生理学、心理学与社会学的知识，运用这些知识了解服务对象的生理—心理—社会功能。

（7）收集服务对象资料的技能

人际协助要求社会工作者掌握一些特殊技巧来收集资料，以利于根据服务对象的实际状况来决定助人工作的具体方式。最基本的技巧是，社会工作者必须有能力在面谈过程中，不仅能收集重要的资料，而且能够与服务对象建立可持续发展的专业关系。社会工作者必须掌握的技巧包括将焦点放在面谈、倾听、提问、情绪与内容的反馈、解释与澄清、对照比较等。资料收集技巧也被社会工作者广泛运用于各个场合或领域，针对各类服务对象。

（8）分析服务对象信息及鉴别实务情境中力量与问题的能力

收集到服务对象资料后，社会工作者必须解读其中的含义，并根据他们的实际情况作出评估。这项评估常常基于社会工作者的个人经验或实践智慧及在实务中发展出来的各种评估工具的综合运用。尽管明确了问题所在并不一定能够解决，但对于服务对象所呈现的问题有精确评估，在大部分人际协助中还是非常重要的。与此同时，社会工作者还必须寻找服务对象自身的内在力量，以此作为解决问题的最根本资源。

（9）提供咨询、解决问题、处理冲突的能力

人际协助包括的最基本的技巧，即协助服务对象了解、接受并领悟到他们寻求帮助的问题的症结所在。此外，辅导技巧、价值澄清、问题解决、处理冲突，都是社会工作者的基本技能要求。在服务过程中，社会工作者要尽量避免越俎代庖，替服务对象拿主意，而应尽最大努力让他们自己参与这个改变过程中，要把最终决定权交到服务对象手中。毕竟这是服务对象自己的决定，他们也必须为自己的决定承担后果。

（10）拥有引导改变过程的能力

当确定了助人关系后，社会工作者要帮助服务对象对他们的生活作出某种程度的改变，社会工作者所承担的重要角色便是引导服务对象在各个不同阶段作出改变。第一，助人关系首先是由服务对象主动求助或是被转介，社会工作者首先要与服务对象确认、澄清目前状况，同时要确定他们所在机构是否有合适的资源来帮助他们解决，然后再决定是否接案。第二，社会工作者还应在收集信息及对其作出评估时与服务对象合作，以便双方全面地了解问题的性质，可能存在的各种因素都应一同考虑在内。在此，特别要指出的是，当这种趋势进展太快，甚至无法有效收集足够信息时，社会工作者必须非常仔细地引导这个过程。第三，社会工作者与服务对象必须制订出一份计划来实现服务对象要达成的改变。它应该是双方的一个协议，协议内容包括如何界定问题、采取哪一种行动来完成等。第四，真正意义的介入，在此期间，社会工作者会监督这些改变协议能否真正得到实施，能够真正对服务对象的问题给予帮助。第五，当所有助人计划都实施完，服务对象的社会功能稳定在一个适当水平，便可进入结案阶段。第六，社会工作者应评估全部过程，并将从评估中学到的东西运用到此后的实践中。具有这些能够帮助服务对象进行改变的能力，对于社会工作者而言非常重要，这就要求社会工作者不仅要掌握所有这些过程的知识，还应具备推进这些步骤实现的技能。

（二）专业技能发展

为取得高水平的实务，所有社会工作者都应非常谨慎地在工作中自我反思、自我监督，且要不断提高服务水平。因此，社会工作者必须定期参加各种可加强业务能力水平与拓展专业能力的学术活动，包括自我评估。此外，社会工作者还可通过参加工作坊、研讨会、学术会议，阅读专业刊物、杂志、报纸等，来把握行业发展的最新动态，焦点是要认识到社会工作专业的发展是与时俱进的。

社会工作专业发展是需要社会工作者毕生为之努力的过程。它包含两方面的含义：一是要学习他人的实务经验；二是通过分享自己的学习体会来丰富、充实专业。社会工作的专业发展技能要求包括以下方面。

（1）内省与批判地评估自己的实务工作能力

社会工作专业发展的核心是自我评估，每个人必须批判性评估自己的实务工作，并且要定期对实务过程中发生的事情作认真思考。一旦发现实务中有缺陷，必须努力改正，将焦点放在职业伦理与服务质量两方面是十分重要的。

（2）运用咨询的能力

有效的专业实务要求社会工作者掌握一定的咨询技能。这是由他们所提供的服务决定的。尽管一个专业人士被期望在他们的实务领域里要有相当的自主性，并要对他的决定负责，但社会工作没有被要求独自指导这个过程，相反，运用来自同事的意见，也是社会工作这个专业的一个特点。这些意见有时来自督导，有时来自服务机构之外的人。

（3）吸收与扩展专业知识的能力

社会工作还必须积极参与各项活动，建立其专业知识与技巧。另外，因社会工作是在实践中获得经验与领悟的，所以他们会被要求跟其他人分享自己对社会工作专业的理解及体会。[①]

总之，上述社会工作介入城镇盗窃问题的微观理论基础，为社会工作介入城镇盗窃问题的实务提供了更加具体的理论指导，使这种介入更具操作性。

[①] ［美］莫拉莱斯、谢弗主编：《社会工作：一体多面的专业》，顾东辉等译，上海社会科学院出版社2009年版，第126—129页。

第七章

宏观社会工作介入城镇盗窃问题

长期以来，西方社会工作的发展受西方资本主义意识形态的钳制和束缚。正像社会学一样，它曾经被当作社会主义受到限制，以实施社会福利为目的的社会工作，更加容易被扣上"社会主义"的帽子而受到排斥。比如慈善组织会社从产生之日起，就被当作"社会主义"而严加防范。这尖锐地反映出社会工作的价值观与作为意识形态的资本主义社会价值观的矛盾对立。在后来的发展过程中，西方社会虽然容忍了"慈善组织会社"的发展，但是，作为资本主义社会占统治地位的意识形态，它对社会工作价值观的发展与演变过程一直都是密切关注的。它把一切跟社会主义思想与马克思主义有关的社会工作，全部标定为"激进的社会工作"即是明证。[①]

与社会工作的理论基础一样，社会工作实践也可分为宏观社会工作、中观社会工作、微观社会工作。宏观社会工作主要包括社会政策及社区工作等。然而，与西方社会不同的是，中国是社会主义国家，社会主义社会是完全不同于资本主义社会的、适应社会化大生产的社会形态。中国的社会工作植根于社会主义的土壤，能发挥更有效、更积极的社会功能，宏观社会工作尤其如此。宏观社会工作介入城镇盗窃问题，主要包括以下方面内容。

---

① 王思斌主编：《社会工作概论》，高等教育出版社1999年版，第49页。

一 坚持走社会主义道路

中国走社会主义道路，还是资本主义道路，决不是跟人民群众福利水平毫无关联的小事情，而是与人民群众命运息息相关的大方向。

当今世界各国的社会形态，除了少数国家还保持一些封建残余外，基本可分为两种社会形态：一种是资本主义社会，另一种是社会主义社会。两种社会形态当然也互相吸收、互相借鉴，但还是有比较明显的区别，有各自质的内在规定性。比如，社会主义实行生产资料公有制，而资本主义实行生产资料私有制；社会主义按劳分配，而资本主义按资分配；社会主义是无产阶级专政，而资本主义是资产阶级专政；等等。

那么，有没有一种社会形态会一统天下呢？

20世纪80年代末，不少人曾认为资本主义会一统全球。例如，1989年，美国《国民利益》季刊发表了美国国务院政策计划司副司长、原兰德公司分析家弗兰西斯·福山的一篇长文——《历史的终结？》。福山认为，资产阶级的自由民主是人类意识形态的终极。这种观念的普及即历史的终结。[①] 福山因此而名噪一时。据福山的结论，苏东体制的转型表明，西方的政治制度、意识形态及经济体系已经击败了所有对手，取得了彻底的胜利，并且，从此人类社会将是西方体制及价值观念的一统天下，历史的竞争已结束。据说，到1991年至少有14个国家翻译出版了这篇论文。1992年，福山又将其观点进一步引申与发挥，出版了一本名叫《历史的终结与最后之人》的专著，在欧美多国发行。[②] 在中国知网上，每年都收录了大量关于福山的研究文献。这充分反映出福山的影响之大。

然而，福山的文章发表后，一直有不少人质疑、批判，2008年的金融危机更是给福山重重一击。有学者指出，对福山最有力的挑战莫过于2008年的世界经济危机，它充分暴露了资本主义无法消除的基本矛盾，

[①] 卢之超：《论一种历史观的终结——评［美］弗兰西斯·福山的〈历史的终结〉》，《湖北社会科学》1990年第10期。

[②] 刘德斌：《也谈历史的"终结"》，《史学集刊》1996年第2期。

即生产的社会化和生产资料私人占有这个基本矛盾，而这个基本矛盾必然会导致经济危机。这个强有力的事实深刻暴露出了资本主义民主自由的真相，雄辩地证明了"历史终结论"的理论基础及基本结论都是错误的。①

我们非常赞同，人类社会发展与自然界一样，是有客观规律可循的。人类社会总是不断地由低级阶段向高级阶段螺旋式地曲折向前发展。资本主义社会不会是人类社会的终极社会形态，它必然会被更高级的社会形态——社会主义社会所取代。当然，这个取代过程需要时间，不可能一蹴而就、线性发展。不仅如此，社会主义社会未来也必然会被更高级的社会形态所取代。

必须承认，资本主义社会比封建社会有进步性。对此，马克思早有高度评价。但是，大量的事实表明，资本主义绝不是一种理想的社会形态，其内在的矛盾导致了许多极其不合理的社会弊病，严重制约了广大人民群众福利水平的提升。

对资本主义社会的不合理现象，在马克思之前，已经有不少人进行了非常深刻的批判。

早在16世纪初，英国的托马斯·莫尔在其所著的《乌托邦》一书中，充分揭露了原始积累阶段的资本主义的罪恶。当时，英王对内百般聚敛，巧取豪夺，用刑严酷，残酷镇压国内人民起义；对外热衷于追求武功，想方设法夺取新的王国，而非治理好已获得的王国。朝廷大臣刚愎自用，自以为是，不屑于倾听别人的意见，但对国王的宠臣的谬论却随声附和，逢迎谄媚。大批贵族一事不做，靠别人劳动养活自己，敲骨吸髓地剥削佃农。成千上万亩地被圈作牧场，用来养羊，提供纺织需要的羊毛，许多人被迫离开世代居住的家园，流浪各处，或者饿死，或者被迫从事盗窃，使国内盗窃横行。国内矛盾极其尖锐，一面是穷困不堪，另一面又是奢侈无度。②

---

① 刘仁营、裘白莲：《评福山的"历史终结论"》，《红旗文稿》2009年第18期。
② [英]托马斯·莫尔：《乌托邦》（序言），戴镏龄译，商务印书馆1982年第2版，第3—11页。

18世纪，法国空想共产主义者、无神论者梅叶在其所著的《遗书》中，极其深刻地批判了法国社会的种种罪恶。其中一个便是土地与财富私有制。梅叶认为，人类在平等的基础上共同占有并享用财富与生活资料，共同享受生活上的便利，如果人们全都从事某种正当有益的劳动，明智地互相分配土地的财富与自己的劳动果实，那么人们都能过着完全幸福的和满足的生活。土地可以生产丰裕的产品来满足人类的需要。由此可见，每人都可充分地享用和平生活所必需的东西；人人都不会对必需的东西感到不足，不用担心吃什么、穿什么；人人也不会为自己及儿女而忧虑不安，不会害怕没有住处及寄宿处，因为在设备完善的公社里，人人都会拥有更充足、更舒适及便利的这一切。因而不必采用愚弄、诡诈、欺骗的手段来哄骗亲人，觊觎别人的财产，因为人人的生活几乎是完全平等的。人人也不会想用偷窃、抢劫与杀人的手段来夺取亲人的金钱或财产，因为这样没有任何好处。可以说，人人都不用为挣得极端需要的东西而像不得不累得要命的多数贫民那样，再作过度的、繁重的劳动来伤害自己。人人都不应当因过度的劳动与过分的疲劳而伤害自己，因为人人都要劳动，任何人也不会游手好闲了。[①]

梅叶指出，有一种几乎在全世界流行并合法化了的祸害，即一些人把土地资源与财富据为私有财产。这些本来应当根据平等权利归全体人民公有，共同享用。同一城市、同一乡镇、同一教区的全体男女，应当构成一个家庭，彼此视为兄弟姐妹，应像兄弟般互爱，和平共处，同甘共苦。另外，人人应当从事劳动或其他正当有益的工作。然而，实际却是，把土地资源与财富分配为私有财产，单独地任意地利用。结果，每个人都不择手段，力求多得。由此造成，一些人所拥有的多，另一些人所拥有的少，往往一些人甚至占有一切，而另一些人则一无所有；一些人富，一些人穷。因此，一些人大吃大喝、挥霍无度，而另一些人则死于饥饿，天堂与地狱之间只是咫尺之间。[②] 梅叶坚信人类曾经出现过一个"黄金时代"。那时候，世上一切土地与财富都是公有的，由

[①] ［法］让·梅叶：《遗书》第2卷，何清新译，商务印书馆1960年版，第113—114页。
[②] ［法］让·梅叶：《遗书》第2卷，何清新译，商务印书馆1960年版，第107—109页。

所有的人共同享用；后来人类的贪欲与极端的浪费破坏了人类的这种公有制，由共同享用转为抢劫。梅叶希望消灭私有制，再造人类的"黄金时代"。①

19世纪上半叶，法国大思想家、空想社会主义者傅立叶则更加无情地揭露与批判了资本主义社会的诸多弊端。傅立叶称资本主义制度"在一切方面都是巧妙地掠夺穷人而发财致富的艺术"；②资本主义"乃是幸运的对立物，是颠倒世界，是社会地狱。只有被哲学内障所伤害的人才不承认这种理性的荒谬"。③傅立叶指出，资本主义经济制度有一种突出的破坏性特点，即集体利益与个人利益这两种利益的矛盾。任何一个劳动者都由于个人利益而与群众处于斗争状态，对群众不怀好意。医生希望自己的同胞患寒热病；律师则希望每个家庭都发生诉讼；建筑师要求发生大火使城市的四分之一化为灰烬；安玻璃的工人希望下一场大冰雹打碎所有的玻璃；裁缝和鞋匠希望人们只用容易褪色的料子做衣服和用坏皮子做鞋子，以便多穿破两套衣服和多穿坏两双鞋子——为了商业的利益，这就是他们的合唱。法院认为法国每年继续发生应加审理的十二万件犯罪案件和违法行为是适当的，因为这个数目是为维持刑事法庭的经费所必需的。在文明的经济体系中，每一个人都这样处在蓄意与群众斗争的状态中。④

1848年，马克思、恩格斯在《共产党宣言》中对资本主义社会进一步作了更加深刻、更加全面的批判："资产阶级在它已经取得了统治的地方把一切封建的、宗法的和田园诗般的关系都破坏了。它无情地斩断了把人们束缚于天然尊长的形形色色的封建羁绊，它使人和人之间除了赤裸裸的利害关系，除了冷酷无情的'现金交易'，就再也没有任何别的联系了。它把宗教虔诚、骑士热忱、小市民伤感这些情感的神圣发作，淹没在利己主义打算的冰水之中。它把人的尊严变成了交换价值，用一种没有良心的贸易自由代替了无数特许的和自力挣得的自由。总而言之，

---

① [法]让·梅叶：《遗书》第2卷，何清新译，商务印书馆1960年版，第118页。
② [法]傅立叶：《傅立叶选集》第3卷，冀甫译，商务印书馆1964年版，第114页。
③ [法]傅立叶：《傅立叶选集》第3卷，冀甫译，商务印书馆馆1964年版，第321页。
④ [法]傅立叶：《傅立叶选集》第3卷，冀甫译，商务印书馆1964年版，第57—58页。

它用公开的、无耻的、直接的、露骨的剥削代替了由宗教幻想和政治幻想掩盖着的剥削。资产阶级抹去了一切向来受人尊崇和令人敬畏的职业的神圣光环。它把医生、律师、教士、诗人和学者变成了它出钱招雇的雇佣劳动者。资产阶级撕下了罩在家庭关系上的温情脉脉的面纱,把这种关系变成了纯粹的金钱关系。"① 马克思、恩格斯还指出,一方面,资本主义的生产力大大增加,甚至已经强大到资本主义的生产关系所不能适应的地步,不得不大量消灭生产力;另一方面,由于推广机器与分工,无产者的劳动已经失去了任何独立的性质,因而对工人也失去了任何吸引力。工人变成了机器的单纯附属品,要求他做的只是极其简单、极其单调与极容易学会的操作。因此,花在工人身上的费用,几乎只限于维持工人生活与延续工人后代所必需的生活资料。② 换言之,资本主义发展的最终结果将是,一边是财富的积累,一边是贫困的积累。这里的贫困既包括绝对贫困,也包括相对贫困。一百多年过去了,至今我们不得不佩服马克思主义理论的深邃洞察力与时空穿透力。

正是由于马克思主义理论的科学性及对中国意识形态建设的重要性,2018年5月,中共中央举行了纪念马克思诞辰200周年大会。

总之,资本主义是很不合理的社会制度,它不仅远远没有因专业社会工作的产生而使社会发生根本性改变,或因1991年美苏两极对立格局的终结而改善,相反,它导致的两极分化更加严重。

2014年1月21日,据英国广播公司报道,英国慈善组织乐施会在一份报告——《为少数人打工》中指出,截至2014年,世界上最富有的85人掌握着全球将近一半的财富,他们拥有的财富是全球底层35亿人财产相加的总和。在过去30年间,有70%的人生活在贫富差距不断加剧的国家。与此同时,自20世纪70年代末起,在有统计数据的30个国家中,有29个国家对最富有人的征税一直在下降。乐施会新闻部主任马特·戈瑞格告诉《环球时报》记者:"情况比你想象的还要严峻,全球财富被80多人垄断和绑架,他们依仗手中的财富,可以操控一个国家和社会的

---

① 《马克思恩格斯选集》第1卷,人民出版社2012年第3版,第402—403页。
② 《马克思恩格斯选集》第1卷,人民出版社2012年第3版,第405—407页。

政策制定者，影响经济和聚财规则，为自己赚取更多的财富。"乐施会执行总裁温妮·拜安伊玛也强调说："必须解决财富失衡问题，只有这样才能处理贫穷问题，否则，财富与权力集中在少数人手里，会造成恶性循环，当一个车厢就能装下的少数富人掌握着一半地球人的财富，其他人就只有吃餐桌上掉落下来的面包屑的份儿了。"[1]

2015年1月，乐施会又发布了一份研究报告——《财富：拥有全部，想要更多》。研究结果显示，在全球财富份额中，世界上最富有的1%人口的财富比例越来越高，已经由2009年的44%增至2014年的48%。2014年，全球精英人均财富是270万美元。相比之下，剩下的全球52%的财富中的46%又被世界上19%的最富有的人拥有。而剩下的80%人口仅仅占有全球5.5%的财富，每个成年人人均仅3851美元，仅为富人平均财富的1/700。国际乐施会执行总裁温妮·拜安伊玛（Winnie Byanyima）说，现在世界上每9个人中就有1个人挨饿，超过10亿人生活在贫困线以下，每天收入不足1.25美元，这种不平等将阻碍人类对抗贫穷的步伐。"全球不平等的规模越来越大，最富有的人与其他人之间的鸿沟正迅速扩大"。乐施会报告还指出，全球最富有的80个人共计拥有1.9万亿美元，几乎相当于收入水平处于全球后50%的35亿人所拥有的财富总和。而2014年，全球最富有的85人拥有相当于世界最贫困半数人口的财富；2010年则是388人。从2009年到2014年，全球最富有的80人的财富已经翻了一番。

2014年10月，瑞士信贷银行发布的世界财富报告也表明，1%的世界人口掌握着全球一半的财富。其中，美国是世界最富有的国家，拥有全球总财富的34.7%，总额为91万亿美元。欧洲整体处于第二位，拥有32万亿美元。中国与印度总计拥有23万亿美元财富。到2014年，人类财富总量已达263万亿美元。相比2000年，人类的财富整整翻了一番。[2]

2018年1月，乐施会再次发布了一份报告——《请回报劳动，不要

---

[1] 黄培昭：《英报告称85人掌握全球一半财富 已威胁人类进步》，2014年1月22日，https://world.huanqiu.com/article/9CaKrnJE2Ri，2020年5月18日。

[2] 《报告称1%超级富豪控制全球一半财富 80%穷人仅占5.5%》，2015年1月21日，http://ah.people.com.cn/n/2015/0121/c358315-23628862.html，2019年4月17日。

酬谢财富》。报告显示，2017年，全球1%的人口拥有82%的财富，而底层的50%的人几乎一无所有。从2010年起，亿万富豪们的财富每年平均增长13%，比普通工人工资增速快6倍，工人工资年均增速仅有2%。在世界五大时尚品牌公司的CEO，他们4天的工资，即相当于孟加拉国一名制衣女工一辈子的收入。在美国，一名CEO只要花1天多，就可赚到一名普通工人一整年的工资。如果要将250万越南制衣工人的平均工资，提升至生活保障工资的水平，每年要22亿美元。但这仅为2016年全球制衣业五大公司富有股东的分红金额的1/3。国际乐施会总裁温妮·拜安伊玛说："亿万富豪的激增并不意味着经济繁荣，而恰恰是经济体系失败的表现。受剥削的是那些为我们生产衣服、组装手机、种植粮食的工人，剥削他们才能确保廉价商品的稳定供应，进而增加企业和亿万富豪投资者的利润。"[1]

全球财富的不合理分配状况，更加证明了中国当年选择社会主义道路的正确性。中国今天应当更加坚定地坚持走社会主义道路，摒弃不论姓资姓社的混沌思维，更加旗帜鲜明地明确社会主义道路的大方向。实际上，中国也正是因为选择了一条正确的道路，才能在短短的二十多年时间里，由1949年的一穷二白状态，到20世纪70年代变成世界第六大工业强国，成为仅次于美国、苏联的第三大角，第三世界国家几乎唯中国马首是瞻，为邓小平同志开启的改革开放打下良好的基础。

中国今天坚持走社会主义道路，不仅因为资本主义的反面教材、马克思主义理论提供的正确指南、历史事实的雄辩证明，还有来自中国宪法的崇高合法性。

首先，2018年最新修正的《宪法》中，第一条即规定中国的国家性质，即"中华人民共和国是工人阶级领导的、以工农联盟为基础的人民民主专政的社会主义国家。社会主义制度是中华人民共和国的根本制度"。其次，《宪法》规定了中国的社会主义政治制度，即"中华人民共和国的一切权力属于人民""人民行使国家权力的机关是全国人民代表大

---

[1] 《报告呼关注全球贫富差距扩大：1%人口拥有82%财富》，2018年1月23日，http：//world.people.com.cn/n1/2018/0123/c1002-29779964.html，2020年5月18日。

会和地方各级人民代表大会""中华人民共和国的国家机构实行民主集中制的原则"。再次,《宪法》规定了中国的社会主义经济制度,即"中华人民共和国的社会主义经济制度的基础是生产资料的社会主义公有制,即全民所有制和劳动群众集体所有制"。最后,《宪法》规定了中国的社会主义分配制度,即"社会主义公有制消灭人剥削人的制度,实行各尽所能、按劳分配的原则""坚持按劳分配为主体、多种分配方式并存的分配制度"。此外,《宪法》还规定了中国的指导思想,即"马克思列宁主义、毛泽东思想、邓小平理论、'三个代表'重要思想、科学发展观、习近平新时代中国特色社会主义思想"。这些为中国坚持走社会主义道路提供了最高、最权威的法律依据。

此外,2020年上半年,中国在抗击新冠肺炎疫情中取得的优异成绩,也体现了社会主义制度的巨大优越性。

综上所述,中国只有坚持走社会主义道路,才能给广大人民群众提供广阔的福利提升空间,才能为消灭城镇盗窃等违法犯罪现象创造最理想的社会环境。

二 更加积极有效地应对全球化

过去,常常有人说,全球化不可逆转,只能顺应而不能逃避;中国必须不惜一切代价加入世界贸易组织;等等。这些观点目前即遇到英国脱欧、美国的贸易保护主义抬头、美国欧盟日本等不承认中国市场经济地位、中国华为遭遇美国为首的一些发达国家的围堵等一系列事件的挑战。

然而,对于什么是全球化,定义纷繁多样,不一而足。对此,英国学者朱利亚诺·博诺利等人曾经作了比较全面的梳理。他们按广度或内涵,把全球化的定义分为三类:一是,主要在一维语境中看待全球化;二是,把全球化看作一个多维过程,包括经济、社会和政治等方面的变化;三是,把全球化看作一个过程,视为包罗万象的术语,它影响每个人、每个社区或每个国家生活的方方面面。①

我们认为,一种好的全球化定义应当是既简洁又能准确反映其实质。

不难看出,第三类全球化定义,由于包罗万象,无所不包,太过宽泛,使人不得要领,不可取。

第一类全球化定义,易于使人们理解全球化的含义,所以,多数学者采用这一类定义方式。不过,由于全球化确实往往表现出多维特征,有本质特征,也有非本质特征;并且,如果主要从一维视角界定全球化,确实可能会掩盖全球化的某一些方面的特征。因此,有不少学者采用第二类全球化定义方式。

第二类全球化定义方式有其长处,可以比较全面地反映全球化的特征,但是,这类定义也试图尽量全面包括全球化的内涵,又很难突出全球化的核心内容,同样使人无法准确把握全球化的实质。

实际上,第一类全球化定义方式,只要定义恰当还是比较有效的。尽管全球化具有多维特征,但其内核只有一个,而非多个。因此,我们仍然赞同在一维语境中来剖析全球化的定义及其实质。

第一类全球化定义主要包括以下几种。

①从信息通信角度,认为全球化是地球上的人类可以利用先进通信技术进行信息自由传递。

②从全球性问题角度,认为全球化是人类在危及共同命运的问题之下达成了共识。

③从社会过程角度,认为全球化是一个社会过程。在这一过程中,地理对社会与文化安排的约束减弱了,主权受到不同跨国组织的困扰与削弱。

④从文化或文明角度,认为全球化是人类社会各种文化或文明发展所要达到的目标,是未来文化或文明存在的状态,它不仅表明世界是统一的,而且表明这种统一是多样性共存。

⑤从制度(Institution)角度,认为全球化是现代性的各项制度向全

---

① Giuliano Bonoli, Vic George and Peter Taylor-Gooby, *European Welfare Future: Towards a Theory of Retrenchment*, Cambridge: Polity press, 2000, pp. 50 – 51.

球的扩展。

⑥从经济角度，认为全球化是经济活动在世界范围内的相互依赖，特别是形成了世界市场，资本、资源超越了民族国家界限，在全球范围内自由流动与配置。

⑦从体制（System）角度，认为全球化是资本主义的全球化或全球资本主义的扩张。①

显然，上述第一种定义是从信息通信、第二种定义从全球性问题、第三种定义从社会过程角度来定义全球化的，触及的都是全球化的非本质特征。

第四种定义，从文化或文明角度定义全球化，过于宽泛，使人无法理解其核心内容。

第五种定义，从制度角度定义全球化，仍然比较抽象，很难让人直接准确地把握全球化的实质。再者，何谓现代制度，也是众说纷纭，见仁见智。现实世界中，不同制度，甚至互相矛盾的制度共存现象比比皆是。

第六种定义，从经济角度定义，可以说是当代世界影响力最广的一种全球化定义。但是，它仍然没有揭示为何不同国家在全球化中获益不同，解释不了为何有些国家早就出现反全球化浪潮，也回答不了为什么贸易保护主义时隐时现，此起彼伏，从未消除。

我们认为，相比之下，第七种全球化定义比较准确，它认为全球化是资本主义的全球化或全球资本主义的扩张。不过，这种定义也存在缺点，因为它依然不够准确，尚未明确揭示全球化的实质，比如，不能解释为何当今世界发达国家至今只占少数，而绝大多数国家或地区仍处欠发达状态。

进一步准确界定全球化的定义，必须先考察美国在全球的独特地位。

1991年苏联解体后，美国成为当今世界唯一的超级大国。如今，美国凭借金融、科技、文化、军事四项霸权"四位一体"控制全世界，② 尤

---

① 杜晓郁：《全球化背景下的国际劳工标准分析》，中国社会科学出版社2007年版，第81—82页。

② 李慎明：《李慎明：美国靠四大霸权"控股"世界》，《环球时报》2013年5月17日第14版。

其是军事实力独步全球。

2017年8月，中国战略文化促进会发布的《2016年美国军力评估报告》显示，2016年，美军现役部队总兵力达284.75万人，仍是全球最强的军队。

美国陆军总兵力为118.65万人。编为8个集团军部、3个军部、6个联合指挥中心、11个师部，辖35个作战旅，拥有各式火炮及火箭炮约3000门，防空导弹系统约2000个，各式轻重型运输车辆37万辆，坦克和装甲运兵车4.3万辆，各类飞机和直升机4000架。后备役部队分为8个师部、28个作战旅。文职人员19.65万人。

美国海军总兵力为56.42万人。编为8个作战司令部、6个作战舰队、1支特种部队（海豹突击队）。拥有280艘海上舰只（包括10艘"尼米兹"级核动力航母）、71艘潜艇（包括53艘攻击核潜艇和14艘弹道导弹核潜艇）、107艘水面作战舰只（包括22艘巡洋舰和64艘驱逐舰）、31艘两栖作战舰只、29艘战斗补给舰和31艘其他支援舰只。10艘航母配有10个飞行大队（下辖78个中队）、3个巡逻大队和2个直升机战斗支援大队，共有2314架各类作战飞机。后备役部队5.8万人，包括3个航母飞行中队、4个特别任务中队、12个混合飞机中队。文职人员18.3万人。

美国海军陆战队总兵力为24.5万人。编为3个师部、23个作战旅、7支远征部队、3个飞行大队和2个直升机飞行大队。装备各型飞机1199架，3.1万辆轻中型车辆，约1800辆后勤工程车，约1800辆坦克和装甲车，约1300辆两栖作战车。后备役部队3.89万人，分为4个师部和184个训练中心。文职人员2万人。

美国空军总兵力为66.2万人。编为14个航空队、68个飞行大队、5个航天联队、3个导弹联队，辖194个飞行中队、9个洲际弹道导弹中队。装备各型飞机和无人机共约4300架，包括1300架战斗机、侦察预警机444架、运输机410架、加油机244架以及450枚洲际弹道导弹。后备役部队17.5万人，包括89个飞行大队、188个支队，共有1145架飞机。文职人员17万人。[①]

[①] 杨铁虎、王晖：《智库：美军总兵力284.75万人 仍是全球最强军队》，2017年8月25日，http://world.people.com.cn/n1/2017/0825/c1002-29495866.html，2020年5月18日。

与此同时，美国在海外还有大量的军事基地，控制着全球的战略要地。据五角大楼发布的《2013 财年美军基地结构报告》，除了南极洲外，美国在海外的军事基地遍及五大洲、四大洋，辐射至全球 40 多个国家，基地总数达 598 个。这些密集的军事基地上驻扎有约 40 万美国士兵，与游弋在世界各个海域的 11 个航母战斗群，一起成为美国全球战略的重要支点，支撑起美国从华盛顿辐射至全球的权力版图。[①]

美国在军事上的霸权地位，支撑了美元独一无二、一本万利的世界货币地位，加之其他手段，美国从世界取得大量利益。

中国科学院国家健康研究课题组从全球 200 多个国家中，遴选出人口占世界的 91.5%、GDP 占世界的 95.6% 的 100 个样本国家，经过 10 年精心测算，于 2013 年推出一份研究报告——《国家健康报告》，研究显示，2011 年，只有美国、英国、德国、法国和瑞士 5 个国家，能够从其他国家取得"霸权红利"，即利用霸权地位取得的超额垄断利润。然而，美国通过铸币税收益、国际通货膨胀税收益、债务收益、海外投资收益、流动性收益、不公平贸易收益、汇率操控收益、金融衍生品收益、大宗商品期货收益、知识产权收益等，攫取了全球 96.8% 的霸权红利，数额高达 73960.9 亿美元，占美国 GDP 的 52.38%；美国人均霸权红利 23836.7 美元，居世界第一；美国平均每天取得的霸权红利是 202.63 亿美元；美国占有的霸权红利是中国 GDP 总量的 1.03 倍，是美国官方对外援助的 520 多倍，是美国军费支出的 10 倍。[②]

因此，不难看出，当前的全球化实质是美国日益控制全世界。

无独有偶，并非只有中国科学院揭示了全球化的实质，也有其他学者认识到这一点。英国剑桥大学彼得·诺兰教授曾经指出，美国引领的金融自由市场化，是资本主义全球化的核心所在。30 年来，在华尔街游说团的大力支持下，华盛顿共识机制不断强迫发展中国家推行金融自由化、私有化，以使美国金融从中获益。资本主义全球化为美国带来了巨

[①] 范永强：《美国海外军事基地体系再调整 图谋一石三鸟》，2014 年 6 月 13 日，http://military.people.com.cn/n/2014/0613/c1011-25144489.html，2020 年 5 月 18 日。

[②] 杨多贵等：《国家健康报告·第 1 号》，科学出版社 2013 年版，第 198—218 页。

大利益。①

日本学者渡边雅男教授也认为,现代全球化就是美国帝国主义。表面上,如今美国没有殖民地,对他国也无领土要求,并且,在思想意识上,美国对正式帝国主义持鲜明的反对立场,自认为是"自由"的守护神;但另外,美国又在全世界推行它的自由贸易规则,从清朝末年提出门户开放,到20世纪80年代末提出华盛顿共识,都是由美国主导,并为此在控制地区建立傀儡政权。这实际上体现了美国帝国主义的新本质,需要我们扩充和更新帝国主义概念。②

综上,可以说,当前的全球化应当定义为,美国主宰的资本主义生产方式在全球范围内的扩张。这一定义比较准确地揭示了当代全球化的实质。正是因为全球化是由美国主宰的,因而,美国才能获得任何国家难以匹敌的巨额霸权红利。

如今,中国已深深融入全球化当中,它实际上极其深刻地影响了普通中国人的福利水平。目前的格局使中国的福利水平很难有较大提升空间。

2009年5月13日,美国诺贝尔经济学奖获得者克鲁格曼在中山大学演讲时说:"中国工人平均工资是美国工人的4%,跟1975年的韩国类似。目前,即使墨西哥工人的工资也是中国工人工资的3倍。"2011年,中国员工月平均工资仅656美元,不足世界平均水平1480美元的一半,在72个国家中仅位列第57位。③

2017年3月15日,李克强总理在回答中外记者提问时指出,中国外贸企业的产品利润90%以上被美国企业拿走了,中方得到的利润最低只有2%—3%。④

---

① [英]彼得·诺兰:《美国:站在资本主义全球化的十字路口》,李群英译,《国外理论动态》2011年第5期。

② [日]渡边雅男:《在历史发展和现实运动中把握全球化的本质》,谭晓军译,《马克思主义研究》2015年第11期。

③ 杨多贵等:《国家健康报告·第1号》,科学出版社2013年版,第93—94页。

④ 《国务院总理李克强答中外记者问实录》,2017年3月15日,http://npc.people.com.cn/n1/2017/0315/c14576-29147139.html,2020年5月18日。

综上所述，回避全球化不可取，更加积极有效地应对全球化，提升中国的开放质量，更好地维护我国的利益，才是根本正确的出路。而这只有从整个国家层面着手，才有可能得到解决，也只有有效地应对好了全球化，才有实力解决好国内包括城镇盗窃在内的诸多社会问题，不断提升广大人民群众的福利水平。

三 各级政府应把创造收入适当的就业机会作为头等大事

众所周知，劳动者与生产资料结合，对劳动对象进行加工，即可形成就业。在生产资料私有制条件下，许多劳动者不占有生产资料，因而使劳动者与生产资料的直接联系被割断。如果生产资料所有者由于种种原因不雇佣劳动者，劳动者就会失业。

马克思较早就关注到资本主义社会的就业问题。马克思的就业理论内容非常丰富，包括劳动力商品、工资、分工、相对过剩人口等。其中，相对过剩人口理论是核心。马克思从相对剩余价值生产中直接推导出必然会产生过剩人口。他说："剩余价值的第二种形式是相对剩余价值，它表现为工人生产力的发展，就工作日来说，表现为必要劳动时间的缩短，就人口来说，表现为必要劳动人口的减少。"[1] 马克思还指出，在资本主义经济中，资本有机构成不断提高，资本家投入的可变资本相对于不变资本不断减少，使雇佣劳动的数量也相对减少，导致大量劳动者被排挤在资本主义生产之外，成为失业者。不过，过剩的劳动者可随时满足资本主义扩大生产时对劳动者增加的需求，从而成为产业后备军。这是资本主义经济波动发展的必要条件，并且过剩人口的存在也增加了在职人员的失业压力，使企业家可加强对工人的剥削，利于压低在职人员的工资。[2]

马克思认为，在资本主义生产方式下，劳动力资源的配置只能在价

---

[1] 《马克思恩格斯全集》第46卷（下册），人民出版社1980年版，第291页。
[2] 宁光杰：《马克思经济学的就业理论探析》，《政治经济学评论》2004年第3辑。

值规律的支配下自发地进行，而社会主义生产关系建立后，以生产资料公有制为基础，生产的社会化与生产资料私人占有之间的矛盾得到消除，使国家可运用多种调节机制，按照社会经济发展规律的客观要求，在国民经济各部门有计划按比例地合理分配劳动力，成为一个客观规律，"如果共同生产已成为前提……正象单个人必然正确分配自己的时间，才能以适当的比例获得知识或满足对他的活动所提出的各种要求。社会必须合理地分配自己的时间，才能实现符合社会全部需求的生产。因此，时间的节约，以及劳动时间在不同的生产部门之间有计划的分配在共同生产的基础上仍然是首要的经济规律。这甚至在更加高得多的程度上成为规律"。① 另外，马克思指出，建立在生产资料公有制基础上的劳动者享有天然就业权；并且，社会主义能够避免长期的普遍失业。②

1917 年，苏联坚持马克思主义的基本原理，通过推行农业集体化、加速工业化、失业者再就业等一系列措施，扩大就业，很快解决了国家面临的失业问题，并于 1934 年宣布已不存在失业。③ 尽管后来苏联解体了，但其就业制度差不多维持了 60 年。

1949 年，中华人民共和国成立。国家高度重视人民群众的就业问题。不仅很快就消灭了国民党遗留下来的城市失业问题，而且积极解决城乡新增劳动力的就业问题。

1953 年，新中国开启国家工业化进程，特别是 20 世纪 50 年代末开始实施农村工业化，为解决人民就业发挥了主导作用。

1959 年 2 月，毛泽东同志在第二次郑州会议中又指出："由不完全的公社所有制走向完全的、单一的公社所有制，是一个把较穷的生产队提高到较富的生产队的生产水平的过程，又是一个扩大公社的积累，发展公社的工业，实现农业机械化、电气化，实现公社工业化和国家工业化的过程。目前公社直接所有的东西还不多，如社办企业，社办事业，由社支配的公积金、公益金等。虽然如此，我们伟大的、光明灿烂的希望

---

① 《马克思恩格斯全集》第 46 卷（上册），人民出版社 1980 年版，第 120 页。
② 陈少晖：《马克思社会主义劳动就业思想述论》，《当代经济研究》1999 年第 2 期。
③ 师春苗、张帆：《毛泽东就业思想初探》，《毛泽东思想研究》2002 年第 1 期。

也就在这里。"①

客观地说，在毛泽东同志为核心的党中央的领导下，在当时的生产力条件下，中国曾经比较有效地解决了全民就业问题，实现了充分就业，维持了近三十年。而且，时至今日，华西村、南街村、大寨、刘庄、周家庄等不少集体制农村仍然实现了农民在当地充分就业，无须外出务工，也不存在留守人口问题、三农问题等。

从国际上来看，目前，朝鲜仍然是由国家提供充分就业。② 截至2017年年初，古巴劳动人口在私营企业就业人数只占12%，大部分仍在公有制单位就业。③

综上，中国作为一个社会主义大国，如今仍处于社会主义初级阶段，国家很难做到为所有人民群众提供收入适当的就业机会，但国家有责任、有条件为多数人提供收入适当的就业机会，各级政府也应当把创造收入适当的就业机会作为政府的头等大事。当前政府致力于构建服务型政府，而人民群众最迫切需要的是收入适当的就业机会，政府理应首先满足人民群众这一需求。

第一，从法律上而言，政府应当为人民群众提供收入适当的就业机会。中国2018年修正的《宪法》第二条规定，中华人民共和国的一切权力属于人民。第六条规定，社会主义公有制消灭人剥削人的制度，实行各尽所能、按劳分配的原则。国家在社会主义初级阶段，坚持按劳分配为主体、多种分配方式并存的分配制度。第四十二条规定，中华人民共和国公民有劳动的权利和义务。国家通过各种途径，创造劳动就业条件，加强劳动保护，改善劳动条件，并在发展生产的基础上，提高劳动报酬和福利待遇。由这些可以推导出，政府有责任按《宪法》要求，主要服务于广大人民，首当其冲满足人民群众的就业需求，并且贯彻按劳分配为主，保障人民群众的就业有适当的收入回报。

第二，从生产资料的占有状况来看，中国最主要的生产资料，诸如

---

① 《建国以来毛泽东文稿》第8册，中央文献出版社1998年版，第68—69页。
② 李成焕：《21世纪的朝鲜》，外文出版社2014年版，第30页。
③ 《古巴出台新规完善私营经济》，《人民日报》2017年8月7日第22版。

土地、资金、国企等掌握在各级政府手中，并且政府有收税、发债、卖地等独有权力。因而，政府最有条件创造收入适当的就业机会。政府只要将这些生产资料与劳动者结合，就可创造大量的就业机会。比如，目前农村有大量水库处于废弃或病险状态，需要注入大量资金和人力进行维修，这样便可解决一些农民的就业问题。而这些水利设施如能得到充分利用，可有效改善农业生产条件，提供更多农产品，减少粮食进口，防范风险。相反，一些拥有生产资料的私人及其企业，一般不会投入这些周期长、见效慢的项目中，而更倾向于投向炒楼、炒股等见效快、回报大的非实体经济当中。

第三，过去有人批评由政府配置劳动力资源缺乏效率，认为政府缺乏供需等一系列复杂信息。如今，世界进入大数据时代，这些问题必将得到更好的解决。反之，如果政府把就业完全交给市场，必然会造成严重的就业问题，造成大量的人力资源浪费。2008年的金融危机，如果不是中国政府采取积极的就业政策，引导劳动力资源的有效配置，中国就不可能顺利度过那场危机。社会主义市场经济中，中国政府完全可以在劳动力资源配置中，发挥远比资本主义国家更大的作用。

第四，2017年党的十九大报告提出，到2035年，全体人民向共同富裕迈出坚实步伐；到21世纪中叶，全体人民共同富裕基本实现。然而，目前，多数劳动者在私营单位就业，私营单位大都极力压低劳动者的工资收入，导致劳动收入占国民收入分配比重越来越低。要改变这种状况，就要靠政府创造越来越多的收入适当的就业机会，共同富裕的目标才有可能逐步实现。

第五，从中华人民共和国成立至今，比较稳定、收入适当的就业机会主要都是政府及其所属组织提供的，而私营单位很少能做到。实际上，多数在私营单位就业的劳动者都希望进入国有单位工作；极力鼓励人们到私营单位就业或者鼓励人们去创业的学者，基本都是叶公好龙、眼高手低，很少率先垂范进入私营单位就业或者成功创业。

总之，作为社会主义国家，中国的各级政府为促进就业已经做了很多工作，但是仍有很大的空间可发挥更大作用。只要人们对收入适当的就业需求得到了满足，就可最大限度地减少城镇盗窃现象。

四 国家应努力提高教育质量

教育具有社会控制功能，正如人们常说的"多一所学校，就少一座监狱"。

社会学的奠基者涂尔干指出，教育的作用在于使青年一代社会化。人生来并不会自发地屈从于政治权威，遵守道德规则并非具有自我牺牲精神。在每一个社会中的新生代都处于白板状态，必须重新教育，而且必须以最迅速的方法使刚刚诞生的自私的、非社会的存在变成另一种能过道德与社会生活的社会存在，这就是教育的目的和作用。[①] 换句话说，每个社会的新生代必须得到教育，使其遵守社会的规范，才不致产生越轨行为。因此，国家应努力提高教育，特别是基础教育的质量。这可从以下方面入手。

（一）国家应均衡增加教育投入

1993年提出的国家财政性教育经费要占GDP的4%，如今已经达到了，但是，也不应当成为上限，而应随着国家经济实力的不断增强而不断提高比例。

国家增加教育投入，首先要提高教师工资福利待遇，特别是基础教育阶段的教师工资福利待遇。要使教师工资福利待遇确实能达到公务员的实际工资水平，或者至少应当处于各类职业中的中等水平以上。要采取各种措施，切实贯彻习近平总书记提出的"让教师成为让人羡慕的职业"。[②] 反之，教师的工资福利待遇不高，在市场经济条件下，很难吸引一些优秀人才投身教育事业当中，仅仅以"辛勤的园丁""人类灵魂的工程师"之类的光环加之于教师，很难真正调动教师的积极性。

---

① 朱元发：《涂尔干社会学引论》，远流出版事业股份有限公司1988年版，第113—114页。

② 刘奕湛、吴晶：《习近平总书记在北京市八一学校考察时的讲话引起热烈反响》，2016年9月10日，http://www.xinhuanet.com/politics/2016-09/10/c_1119542690.htm，2020年5月18日。

国家增加教育投入，固然会增加政府财政负担，但从另一方面而言，国家教育投入不足，会使政府治安等其他方面的财政开支不得不增加。1998 年中国政府财政支出中，公检法司支出为 521.43 亿元，武装警察部队支出 10.46 亿元，[1] 共计 531.89 亿元。后来，国家统计局改变指标名称，公检法司支出及武装警察部队支出归入公共安全支出中。到 2017 年，中国的公共安全支出已达 12461.27 亿元。[2] 扣除通货膨胀率，[3] 2017 年的公共安全支出比 1998 年上涨了 16.11 倍。在此，应当不能排除对教育投入的不足而最终导致公共安全支出不得不大大增加的因素。

　　水桶理论告诉我们，水桶能装多少水，不取决于最长的一块板，而是取决于最短的一块板。因此，增加教育投入，首先应当投向农村、中西部及其他投入不足的地方。对于一些条件好的地区或学校进行锦上添花式的投入，远不如对落后地区进行雪中送炭式补救所产生的社会效益更大。对于地方政府财政困难、缺乏资金的实际，中央政府可充分发挥转移支付的作用。社会主义国家本是全国一盘棋。过去，中西部地区支持了东部地区发展，如今东部地区也可以回馈中西部地区发展，更何况，每年大量的中西部地区青壮年劳动力仍在东部地区打工，仍在继续支持东部地区发展，成就了东部地区的繁华。只有全国的教育财政资源得到了均衡配置，才有可能促进各地区教育均衡发展。另外，对于各级政府没有依法保障教育投入的，各级人大应当依法问责。

（二）把学前教育逐步纳入国家的义务教育范畴

　　中国古代很多思想家都非常重视学前教育。

　　东汉班固的《汉书·贾谊传》说："故自为赤子而教固已行矣。"意思是说，小孩子还在襁褓之中时，教育就已经开始了。

　　北齐的《颜氏家训》说："人生小幼，精神专利，长成已后，思虑散逸，固须早教，勿失机也。"意思是说，人在幼小的时候，精神专一，长

---

[1]　数据来源：《中国统计年鉴》（1999）。
[2]　数据来源：《中国统计年鉴》（2018）。
[3]　通货膨胀率根据《中国统计年鉴》（2018）中的居民消费价格系数计算所得。

大以后，思虑分散，因此幼儿应当及早进行教育，不要错失良机。

南宋教育家朱熹的《朱子全书》载："古者小学教人以洒扫应对进退之节，爱亲敬长隆师亲友之道，皆所以为修身齐家治国平天下之本，而必使其讲而习之于幼稚之时。"意思是说，小学教人洒扫、应对、进退的礼节与爱亲敬长尊师重友的道理，这些都是修身、齐家、治国、平天下的基础，应当让小孩子在幼小的时候就开始学习。

在西方，同样有不少思想家很重视学前教育。

古希腊哲学家柏拉图说："凡事开头最重要，特别是生物。在幼小柔嫩的阶段，最容易接受陶冶，你要把它塑成什么型式，就能塑成什么型式。"[1]

亚里士多德在《政治学》与《伦理学》中也阐述了自己的幼儿教育主张。他认为，0—5岁，应让幼儿多从事游戏活动，教育应以发展幼儿的身体为主，而不能强求孩子学习或工作。[2]

进入近代社会、现代社会后，中西方产生了一大批幼儿教育思想家，他们都充分认识到幼儿教育的重要性。他们认为幼儿教育能普遍提高幼儿的身心素质，为把社会的可能劳动力转化为现实劳动力奠定基础，为人口素质的普遍提高打下基础。[3] 许多研究表明，幼儿教育具有良好的社会效益，可增强社会凝聚力，保持社会稳定，利于国家的长治久安，并且，幼儿教育起点的公平可缩小贫富差距，克服贫困的代际循环。[4]

随着中国经济实力的不断增强，中国国内早有人主张把高中教育纳入义务教育范畴。这固然具有重要意义。但是，首先把学前教育逐步纳入义务教育范畴则意义更加重大。可先把学前一年纳入义务教育，隔若干年把学前两年纳入义务教育，再隔若干年把学前三年纳入进来。随着国家经济实力的进一步增强，还可把更长时间段的学前教育纳入义务教育范畴。

将学前教育纳入义务教育范畴，除了可减轻更为广大的人民群众的

---

[1] ［古希腊］柏拉图：《理想国》，郭斌和、张竹明译，商务印书馆1986年版，第71页。
[2] 蔡迎旗：《学前教育概论》，华中师范大学出版社2006年版，第16页。
[3] 蔡迎旗：《学前教育概论》，华中师范大学出版社2006年版，第39页。
[4] 蔡迎旗：《学前教育概论》，华中师范大学出版社2006年版，第55页。

负担，提升幼儿的素质，为小学教育打下良好的基础之外，还可以大大减轻广大民众对民办学前教育的依赖。民办学前教育机构由于举办者的营利动机，教育质量难以保障。

此外，把学前教育纳入国家的义务教育范畴，从国家的角度而言，最重要的一点在于，可以使每个公民尚处幼儿阶段就能内化国家的主流价值观，更好地实现社会化，促进社会的整合，更少产生盗窃等越轨行为。

（三）设法使各级政府公务员重视教育质量的提升

与生产资料私有制为主的国家不同，中国是生产资料公有制为主的国家，各种资源首先掌握在政府手中。因此，政府重视的事业往往能得到较好发展。对于教育事业，应当设法使各级政府公务员真正重视教育质量的提升，反之，则很难提高教育质量。

首先，要建立更为合理科学的教育质量评价指标体系。目前，政府部门大都是以入学率或升学率来衡量教育发展状况，许多初中学校以重点高中升学率，许多高中学校以北大、清华的录取人数以及一本或二本的录取率来衡量高中教育质量。实际上，入学率或升学率这一指标有非常大的缺陷，不应当简单以入学率或升学率来衡量教育质量。一方面，它相当大程度掩盖了不同教育活动的质量；另一方面，也显然与教育要面向全体学生相悖，不利于全体学生的全面发展。一般来说，人们都会认可，各地方政府投入资金发展教育，希望其首先要服务于本地的经济社会发展，而各个地区的道德风尚状况、社会治安状况、科技创新情况等，无疑与其教育质量密切相关。反之，一个地区的教育对促进该地道德风尚状况、社会治安状况、科学创新情况等经济社会发展无关，或者甚至尚未建立科学合理的指标进行衡量，各级地方政府自然不会有发展教育的太大动力。教育是一项见效很慢而又至关重要的社会事业，其评价指标既应当尊重其自身的发展规律，又应更好地服务于各地经济社会发展。例如，可考虑把各地的人均志愿者比率及志愿服务时间、犯罪率、社会治安违法比率等，纳入考察教育质量的指标体系中。

其次，要把教育质量考核纳入地方政府相关职能部门及公务员的政绩考核之列。习近平总书记在党的十九大报告中明确指出："党政军民学,东西南北中,党是领导一切的。"由于各项工作千头万绪都要抓,从现实性来说,实际上,只有纳入政绩考核之列的,才会得到地方政府相关职能部门及公务员的约束性重视。所以,要想政府公务员真正重视,就必须把教育质量纳入政绩考核之列。

最后,建立对地方政府重视教育质量的奖惩制度。对于重视教育质量,取得较好成效的地方政府职能部门及公务员给予奖励,反之则给予处罚,甚至免职。

总之,提升教育质量,关键是要各级地方政府公务员真正重视起来,才有可能使国家对提升教育质量,特别是对提升基础教育质量的要求真正落到实处。

(四)政府教育主管部门应完善对学校及教师的教育教学治理

政府教育主管部门对教育质量的提升显然极其关键,而教育主管部门对各类学校及教师的治理则更加关键。政府教育主管部门应完善对学校及教师的教育教学治理,应着重考察培养全体学生全面发展情况,应坚决避免只管升学率或重点学校升学率,切忌"一美遮百丑"。

首先,应建立高素质的教师队伍。"学高为师,身正为范"。只有好的教师才能培养优秀的学生,才能有效提高教育质量。对教师队伍的要求应当比其他行业要高。教育主管部门应严格教师准入。对于有些教师道德品质低下、工作态度不端正、教学水平不高等,经教育不改正的,应坚决清除出教师队伍。

其次,教育主管部门应督促各类学校,特别是基础教育阶段的各类学校,应切实按国家规定的课程设置标准,开齐、开足各类课程及课时,不应当分"主课"与"副课"。如今,许多义务教育阶段的学校普遍存在"副课"不上的现象,或者一些"副课"课时被"主课"挤占的现象,包括德育课程。这显然不利于学生的全面发展。

最后,正确对待考试。不唯"升学率"论并非是要取消考试,考试仍然是教师检验学生学习成效的工具,不应简单全盘否定,而是考虑如何完善的问题。例如,有些课程(如德育课)应与学生平时的表现结合起来考察则更为合理。

此外，政府教育主管部门对表现突出的学校及教师应予以表彰及奖励，反之应给予处罚。

（五）设立毛泽东学院对广大工农进行继续教育

党的十九大报告明确提出，"办好继续教育，加快建设学习型社会，大力提高国民素质"。

1949年，中国是在小生产者占人口绝大多数的基础之上建立新中国的。改革开放后，农村实行家庭联产承包责任制，分田到户，又相当大程度恢复了一家一户的小生产形式。城镇的国营、集体企业大量破产倒闭后，如今多数工人在中小企业或以个体形式就业。无论城镇与乡村，小生产在中国普遍存在。

列宁曾经指出："资产阶级的强大不仅在于国际资本的力量，在于它的各种国际联系牢固有力，而且还在于习惯的力量，小生产的力量。这是因为世界上可惜还有很多很多小生产，而小生产是经常地、每日每时地、自发地和大批地产生着资本主义和资产阶级的。"[1]

实际上，对于中国这样一个小生产存在了几千年的国家，毛泽东在晚年非常担心中国会出现资本主义复辟也并非空穴来风。毛泽东曾经指出，严重的问题是教育农民，农民的经济是分散的，因为社会主义显然不能长期存在于小生产的基础之上，必须建立在社会化大生产的基础之上，社会主义才能巩固。

目前，许多人走出校园之后，基本不再接触马列主义教育。很多人整天泡在麻将桌上，也有不少人被宗教组织吸收。互联网、手机等媒体每天提供给人们大量负面信息。这对中国的社会主义建设极其不利。

因此，中国应当在各个乡镇、街道社区普遍建立毛泽东学院（或者叫马列主义学院等），对广大工农群众进行继续教育。此举具有多方面的重要意义：一是，有利于马克思主义的大众化。对于人民群众的思想阵地，马克思主义不去占领，必然会被非马克思主义占领。非马克思主义占领人民群众的思想领域，对于党的路线、方针、政策的贯彻执行极其

---

[1] 中央编译局编译：《列宁全集》第39卷，人民出版社1984年第2版，第4页。

不利。二是，有利于社会风气的改善。许多成年人的吃喝嫖赌等不良习气既影响其年幼的子女，也影响社会风气。设立毛泽东学院对他们进行继续教育及道德补偿教育，在矫正他们的不良行为的同时，也利于社会风气的好转。三是，可对一些缺乏职业技能的群众进行一些职业技能培训，提升其就业能力。四是，可丰富人民群众的精神文化生活，把一些人的精神文化生活引领到健康、积极向上的轨道上来。五是，促进形成学习型社会，提高国民素质。

设立毛泽东学院对广大工农群众进行继续教育，即面临校舍问题和师资问题。校舍问题比较好解决，各地基本都有小学或初中，因而晚上或周末的时候可以利用各地的中小学校舍进行授课。最大的问题是师资问题。解决的渠道可考虑：一是鼓励各地共产党员义务担任讲师；二是鼓励各高校大学生假期担任讲师，学校可以给一定学分，或者作为评优、评奖的优先条件；三是鼓励大学教师义务担任讲师，比如人文社会科学领域的教师到毛泽东学院担任讲师，可作为评职称或晋升的优先条件；四是鼓励某些方面能力突出的普通群众义务担任讲师。

至于毛泽东学院的日常管理，可由各地党组织干部或党员兼任。教学内容由国家提供一个参考内容，供各地因地制宜确定。

另外，继续教育的必要经费应由国家每年从财政性教育经费中拨出一部分，专款专用，同时也鼓励捐赠等其他渠道提供。对于接受教育的群众，宜采用免费，或近似免费的形式。

综上，提升教育质量，特别是提升基础教育的质量，如果能真正得到国家的约束性重视[1]，可有效提升国民素质，进而大大减少城镇盗窃等违法犯罪现象的发生。

五　国家应完善社会保障政策

中国完善社会保障政策应首先明确，中国的社会保障政策与西方资

---

[1] 参见徐道稳《中国社会工作行政化发展模式及其转型》，《社会科学》2017年第10期。

本主义国家的社会保障政策有本质的不同。一直以来，不少学者主张借鉴资本主义国家的社会保障政策，其实这种政策思路存在不小问题。

我们有必要简单回顾一下社会保障政策的产生历史。

马克思、恩格斯早在1848年就发表了《共产党宣言》，号召无产阶级联合起来，推翻资产阶级统治，建立无产阶级专政。到19世纪七八十年代，俾斯麦当政的德意志帝国劳资矛盾非常尖锐，到处是失业、贫困、饥饿、流浪和恶劣的劳动及社会条件，为生活所迫的工人们组织起来，开展经济和政治斗争。在此背景下，德国产生了讲坛社会主义的新历史学派。1873年，德国社会政策协会成立。他们竭力规劝资产阶级作出一些让步。其代表人物施莫勒说："居于领导地位的资本所有者只有在未来的社会革命与同工人委员会对话之间进行选择，因为这种社会革命可能埋葬我们所有的经济文化。第三条道路是完全可能的。"俾斯麦受德国社会政策协会思想的影响非常深。[①] 他认为，只要能稳固政权，付出一些物质代价是值得的，因为"革命将会是一个更大的代价"。[②]

1878年，俾斯麦颁布了《反社会主义非常法》，其中将提高工人福利措施的政策作为阻止社会民主党人势力壮大的一种手段。他认为："（社会）民主党的先生们徒劳无益，一旦人民发现其君主关心他们的福利……为了没有社会主义，要发展一点儿社会主义""必须在恢复帝国健康的原料中加几滴社会主义的油"。[③]

1881年，俾斯麦又推动威廉一世下令颁布了《德国社会政策大宪章》。该宪章宣布，德国要建立《社会保障基本法》，声称"一个期待着养老金的人是最守本分的，也是最容易被统治的"，实行社会保险就是"一种消灭革命的投资"。[④] 1883年，德国又出台了《劳工疾病保险法》。

[①] 夏禹龙、胡振平、周罗庚等：《在构建和谐社会中国家的角色和作用》，上海人民出版社2008年版，第16页。

[②] 许海云、何黎萍编：《大国崛起中的领军人物》，人民日报出版社2008年版，第160页。

[③] 夏禹龙、胡振平、周罗庚等：《在构建和谐社会中国家的角色和作用》，上海人民出版社2008年版，第16页。

[④] 许海云、何黎萍编：《大国崛起中的领军人物》，人民日报出版社2008年版，第160页。

1884年制定、实施了《工人赔偿法》。1889年颁布了《伤残和养老保险法》。这几部法律形成了世界上最早的比较完整的社会保障法律体系。①此后，其他资本主义国家纷纷跟进，相继建立了社会保障政策，甚至自由主义传统最严重的美国也于1935年建立了社会保障政策。

可以看出，西方资本主义国家社会保障的建立，并非真如T. H. 马歇尔所说的重视公民资格，准确地说，是在社会各阶级力量对比的基础上，阶级妥协的产物。如果没有无产阶级力量的壮大与斗争，资产阶级是不会作出妥协的。②但是，工人阶级的地位实际上没有因为社会保障政策的建立而发生根本改变。

恩格斯曾经指出，资本家为了赢得火腿，可以给工人香肠。③

马克思则在《资本论》第一卷中指出，工人阶级"吃穿好一些，待遇高一些，特有财产多一些，不会消除奴隶的从属关系和对他们的剥削，同样，也不会消除雇佣工人的从属关系和对他们的剥削"。④

可以说，西方资本主义国家建立的社会保障政策，包括后来建立的福利国家体制，本质上仍然是社会控制的手段，并非是一种主动的、不断增进人民福利的制度设计。

2020年上半年，全球爆发了新冠肺炎疫情。然而，一些西方福利国家竟然实行"群体免疫"；或者消极面对疫情，即便中国提供了成功经验也不借鉴，导致许多人因得不到有效救治而离世。这让人们看清楚了所谓"福利国家"的真面貌，使西方社会保障制度的虚伪性暴露无遗。民众的生命权尚得不到有效保障的制度，它能成为中国完善社会保障制度的蓝本吗？

把握了西方社会保障政策的历史及实质，作为社会主义国家——中国完善社会保障政策就不应取法西方资本主义国家，而主要应借鉴朝鲜、

---

① 夏禹龙、胡振平、周罗庚等：《在构建和谐社会中国家的角色和作用》，上海人民出版社2008年版，第16页。
② 夏禹龙、胡振平、周罗庚等：《在构建和谐社会中国家的角色和作用》，上海人民出版社2008年版，第16页。
③ 《马克思恩格斯全集》第2卷，人民出版社1957年版，第362页。
④ 《马克思恩格斯文集》第5卷，人民出版社2009年版，第714页。

古巴的福利制度。

早在 1974 年，朝鲜就完全废除了税收制度，成为世界上第一个没有税收的国家（仅保留了关税），国营企业收入为国家财政的主要来源。20 世纪后期，东欧剧变。朝鲜曾经出现过困难，但朝鲜至今没有"崩溃"，仍然保留使人民群众享受到社会主义经济发展的成果，把提高人民生活水平作为朝鲜经济发展的目标之一，实行免费住房、免费教育、免费医疗，为人民生活的方方面面提供保障。① 2012 年 9 月，朝鲜又宣布把义务教育由 9 年扩展到 12 年。② 作为经济并不发达的社会主义国家——朝鲜能做到使百姓享有这些福利，实属不易。

古巴至今也坚持给国民提供免费医疗、免费教育、免费的社会保障，职工统一分配住房，国家解决就业，接近免费的交通等福利。③ 古巴是一个长期遭受美国封锁的社会主义国家，古巴人能拥有这些福利，更加不容易。

中国是社会主义国家，坚持走社会主义道路，国家完善社会保障政策，应充分体现社会主义的特性，目前，完善中国的社会保障政策，大致包括以下方面。

一是逐步完善社会保障法律法规建设。可以《社会保障法》为根本，在法律层次理顺不同社会保障制度的关系，④ 特别要注意加大执法力度，坚决依法打击逃避责任的用人单位。

二是实现社会保障制度的全民覆盖。所有国民都要纳入社会保障体系之中，消灭保障盲区，并且每个人都有权享受社会保障的基本项目，而不能遗漏某些人或某些项目，体现社会主义国家人人平等的基本原则。

三是逐步建立城乡一体化、公平性逐渐增加的社会保障体系。要明确社会保障体系城乡一体化的基本方向、原则和步骤，加强社会保障制

---

① 荀寿潇：《朝鲜社会主义经济发展历程》，《海派经济学》2007 卷第 19 辑。
② 李景心：《社会主义教育制度》，《今日朝鲜》2012 年第 9 期。
③ 李洪声：《古巴：私有化改革遇阻》，《世界博览》2012 年第 15 期；宋国栋：《论古巴社会经济公平制度》，《改革与战略》2013 年第 11 期。
④ 林闽钢：《我国进入社会保障城乡一体化推进时期》，《中国社会保障》2011 年第 1 期。

度的总体设计与中央政府的统筹管理。①

四是近期首先要突破城市外来人口的社会保障问题，不因户籍而排斥外来人口的社会保障权益。

五是提升社会保障能力建设，提高服务水平，建立城乡一体化的社会保障信息平台，实现信息共享。

六是不断提高社会政策的保障水平，应充分体现社会主义国家不同于资本主义国家的优越性。

总之，中国社会主义的社会保障政策如果得到有效完善，能较好发挥社会安全网的功能，较大程度预防城镇中的社会成员因基本生存无法保障而从事盗窃等违法犯罪活动。

六　国家应尽快推动社会工作在全国的职业化制度化

在2015—2018年的政府工作报告中，李克强总理都提到发展专业社会工作或促进专业社会工作的发展。2016年的"十三五"规划也提出要大力支持专业社会工作发展。

为促进社会工作发展，2014年，财政部、民政部、工商总局印发了《政府购买服务管理办法（暂行）》，要推广和规范包括社会工作服务在内的政府购买服务的行为。

2015年4月，为促进构建现代社会救助体系，发展专业社会工作，加快推进社会救助领域社会工作发展，民政部、财政部共同发布了《关于加快推进社会救助领域社会工作发展的意见》，②提出要建立健全推进社会救助领域社会工作的政策制度，逐步形成协调有力的管理体制和规范高效的工作机制；根据社会救助领域的实际需要，培养一支结构合理、素质优良的社会工作者队伍，发展一批数量充足、服务专业、群众认可

---

① 关信平：《论我国社会保障制度一体化建设的意义及相关政策》，《东岳论丛》2011年第5期。

② 《关于加快推进社会救助领域社会工作发展的意见》，2015年6月10日，http：//xxgk.mca.gov.cn：8081/new_gips/contentSearch？id=53840，2019年4月17日。

的社会工作服务机构，建立健全社会救助领域社会工作可持续发展的支持保障体系。文件还提出，争取到 2020 年，社会工作服务机构和社会工作者广泛参与社会救助，社会救助工作人员普遍运用社会工作专业理念、知识与方法的局面初步形成，社会救助领域社会工作的可及范围和受益人群显著扩大，专业作用和服务效果不断增强。

2016 年 10 月，民政部、中央综治办、教育部等十二个部门共同出台了《关于加强社会工作专业人才队伍建设的意见》，就加强社会工作专业岗位开发与人才激励保障提出重要意见。

2017 年 6 月，民政部、财政部、国务院扶贫开发领导小组办公室共同发布了《民政部 财政部 国务院扶贫办关于支持社会工作专业力量参与脱贫攻坚的指导意见》。[①] 文件为贯彻落实党中央、国务院决策部署，支持社会工作专业力量参与脱贫攻坚工作提出指导意见，明确了社会工作专业力量参与脱贫攻坚的服务内容：一是参与贫困群众救助帮扶；二是参与贫困群众脱贫能力建设；三是促进易地搬迁贫困群众融合适应；四是参与贫困地区留守儿童关爱保护；五是针对其他特殊困难人群开展关爱服务。为扶持壮大贫困地区社会工作专业力量，文件还提出要支持贫困地区加强社会工作专业人才队伍建设和支持贫困地区加强社会工作组织建设。

近些年来，民政部门在推动社会工作职业化制度化方面已经做了很多工作。

2014 年 1 月，民政部确定北京市朝阳区等 61 个地区为首批全国社会工作服务示范地区，北京市朝阳区高碑店地区兴隆家园社区等 103 个社区为首批全国社会工作服务示范社区。[②]

2016 年 11 月，民政部又确定了北京市海淀区等 35 个地区为全国社

[①]《民政部 财政部 国务院扶贫办关于支持社会工作专业力量参与脱贫攻坚的指导意见》，2017 年 8 月 8 日，http://xxgk.mca.gov.cn:8081/new_gips/contentSearch?id=144944，2019 年 4 月 17 日。

[②]《民政部关于确定首批全国社会工作服务示范地区、社区和单位的通知》，2014 年 3 月 19 日，http://xxgk.mca.gov.cn:8081/new_gips/contentSearch?id=49174，2019 年 4 月 17 日。

会工作服务综合示范地区、浙江省温州市瓯海区等 7 个地区为全国社会工作服务专项示范地区、北京市东城区龙潭街道左安浦园社区等 117 个社区为全国社会工作服务示范社区、海峡两岸婚姻家庭服务中心等 136 个单位为全国社会工作服务示范单位。①

一直以来,国内外社会工作中,农村社会工作都是短板。2016 年,广东省开天下先,启动"双百项目",全面推行农村社会工作。

在"双百"之前的十余年中,广东省社会工作发展很快,但资金、机构、人才等主要集中在珠三角地区,粤东西北地区社会工作仍然普遍存在缺人才、缺资金、缺路径等问题。有鉴于此,广东省民政厅启动了"双百计划",计划从 2017 年至 2021 年,在粤东西北地区和惠州市、肇庆市等地建设运营 200 个镇(街)社工服务站,开发近 1000 个专业社会工作岗位,孵化 200 个志愿服务组织,培育 10000 名志愿者,为每个镇、街道配备 3—8 名社工,为民政事业专业化、精细化发展提供人才支撑,同时将社会工作力量与民政服务相结合,更好地为有需求的群众和社区提供专业服务。该计划希望能破解广东全省社会工作区域发展不平衡的瓶颈,推动社会工作在广东省全面发展。

"双百计划"项目具有以下特点。

第一,资金来源多元化。资金主要由广东省、市级政府共同投入,2017 年投入 5000 万元专门用于社工工资发放,此后,每年递增 5%;每年投入 500 万元,专门用于聘请社会工作督导。李嘉诚基金会资助 200 万元用于相关社工培训及粤东地区项目资助。此后将建立"双百计划"服务专项与省级基金会对接平台,广泛动员社会慈善组织资助支持社工站开展慈善活动。

第二,社会工作本土化。"双百计划"着力于稳定社工人才队伍、稳定社会工作服务、提高社会工作的专业水平,主要录用粤东、西、北本地社工或者在外地从事社会工作人才回家乡开展社工服务,建立稳定的、

---

① 《民政部关于确定第二批全国社会工作服务示范地区、社区和单位的通知》,2016 年 11 月 3 日,http://xxgk.mca.gov.cn:8081/new_gips/contentSearch?id=88331,2019 年 4 月 17 日。

本土一线社工服务队伍，本土社会工作支持平台，本土社会工作机构，探索本土社会工作服务模式。

第三，督导培训专业化。一方面，"双百计划"联合中山大学等高校组建督导团队，以贴身督导形式协助社工站开展需求评估、明确服务领域，协同社工制定 5 年服务规划和年度计划，贴身跟进服务开展；另一方面，建立培训体系，对千名社工、社工站所在镇（街）党政领导、市县民政相关干部等分专题实施系列培训，提升专业性。

第四，服务发展专项化。"双百计划"服务对象为本镇（街）困境人群和社区，重点是面临困境的老年人、妇女儿童、青少年、残疾人、城乡低保对象、农村留守人员、优抚安置对象等；每个镇（街）社工站根据当地具体情况，选准 1 至 2 个重点服务领域，开展社会工作专项服务。

第五，管理手段信息化。"双百计划"将建立信息管理系统，为每名社工建立人事档案，确定薪酬待遇，准确掌握社工队伍信息与工作情况，实施项目管理。

第一批广东社工"双百计划"取得了不小成绩。截至 2017 年年底，该计划已在广东城乡设立了 200 多个社会工作服务站点。共入户走访近 7 万次，直接服务民政对象 10 万多人次，协助 3000 多名困难群众享受到福利救助；协同居民解决社区事务 355 项，打造品牌服务项目 165 个，开展社区活动 6457 场，参与活动人数 13 万多人次；发展志愿者 8471 名，培育社区组织 191 个，链接社会慈善资金 631 万元。[1]

由于社会工作取得了较好成效，2019 年 1 月，广东省民政厅部署实施第二批广东社工"双百计划"。[2]

尽管中国社会工作已取得了较大成绩，尤其是东部地区一些省份，但其他地区进展缓慢，而这些地区比广东更加需要社会工作服务。其首要的障碍在于地方财政问题。为尽快推动社会工作服务在全国范围内的

---

[1] 资料来源：广东社工双百计划网，http：//www.shuangbai-plan.org/about/5357/，2020年5月18日。

[2] 广东民政：《【重磅】广东省民政厅部署实施广东社工"双百计划"（第二批）》，2019年1月3日，http：//www.shuangbai-plan.org/protal/11122/，2020年5月18日。

职业化制度化，政府必须主导并推动社会工作的发展，尤其是农村地区。政府应首先帮助解决中西部地区社会工作发展的经费问题：一是，地方政府先要把社会工作服务支出纳入地方财政支出，国家也应把这一内容纳入地方政绩考核之列，以引起地方政府对该项工作的重视。二是，地方政府应优化财政支出结构，从无到有，逐步加大对社会工作服务的财政支出。近些年来，地方政府的公共安全支出非常大，完全可把其中一些支出改用于社会工作服务，化被动应付为主动服务。三是，中央政府可通过转移支付等方式对中西部地区予以专项支持，充分体现社会主义国家全国一盘棋的优势。

总之，社会工作如能尽快在全国范围内实现职业化制度化，大面积得到推广，可事先防止城镇中的一部分人走上盗窃之路。

七　国家应营造治理社会越轨的良好环境

网络成瘾、赌博、吸毒等社会越轨行为，仅靠基层的打击是很难治理的。如今的宏观大环境使这些越轨行为很容易一而再，再而三地复发。这就需要国家首先从宏观政策层面营造良好环境。

（一）营造良好的治理网络成瘾问题的环境

一是，国家应制定与完善利于青少年成长的网络发展法规，使治理网络环境活动依法进行。

二是，应严格控制网络游戏开发，不宜将其作为一个产业来大力发展。网络游戏尽管有娱乐作用，实际并不能给社会带来什么益处，相反很容易导致青少年网络成瘾，弊大于利，应当严格控制。

三是，加强对网络的监管，净化网络空间。除了政府网络监管部门应加强对非法网站的监管外，应充分调动广大人民群众参与网络监管，鼓励群众举报非法网站，共同营造良好的网络环境。

四是，国家投资多建设一些运动场、图书馆、少年宫、科技馆之类的青少年活动场所，并鼓励私人捐资建设，可以场所的命名权予以回馈，或者免除捐赠企业的部分税收等。

此外，各地方政府应尽快推行"一校一社工"制度，帮助解决青少年网络成瘾问题。

（二）营造良好的治理吸毒问题的环境

国家应推动公有制的大力发展，公有制才是社会主义的经济基础。

马克思、恩格斯曾在《共产党宣言》中指出，"共产党人可以把自己的理论概括为一句话：消灭私有制"①"共产主义革命就是同传统的所有制关系实行最彻底的决裂；毫不奇怪，它在自己的发展进程中要同传统的观念实行最彻底的决裂"。②

在私有制的环境，很多人为了个人私利会不择手段，甚至犯罪也在所不惜。反之，在公有制的环境中，人们极力牟取个人私利失去了社会基础，制毒、贩毒现象就会大大减少。中国过去就是在公有制环境下，不仅在短短的三年时间里，就基本上解决了 2000 万瘾民的吸毒问题，而且创造了"无毒中国"的伟大奇迹。③ 中国维持无毒品的环境有二十余年，而后来毒品问题死灰复燃也恰是因非公有制成分增多的缘故。

此外，国家还应当更加严厉地打击制毒、贩毒、吸毒行为，调动广大群众参与禁毒，帮助吸毒人员戒毒等。

（三）营造良好的治理赌博问题的环境

第一，政府应率先垂范，最大限度减少人们参与赌博的机会。例如，在彩票实际沦为穷人赌博工具的情况下，国家应当考虑它到底还有多少存在价值？同时，严禁政府公务员参与赌博，为普通群众树立良好榜样。

第二，国家要真正落实按劳分配为主的社会主义分配原则，减少人们的投机心理。

第三，国家应立法严厉禁止媒体鼓吹一夜暴富、快速致富类的宣传广告，减少一些人的投机念头。

---

① 《马克思恩格斯选集》第 1 卷，人民出版社 2012 年第 3 版，第 414 页。
② 《马克思恩格斯选集》第 1 卷，人民出版社 2012 年第 3 版，第 421 页。
③ 胡金野、齐磊：《无毒中国缘何不再？——对中国共产党领导下的新中国禁毒运动辉煌历史的反思》，《甘肃社会科学》2005 年第 6 期。

第四，各级政府应帮助丰富人民群众的精神文化生活。赌博的人往往存在精神空虚的一面。各级政府应在丰富人民群众的精神文化生活方面采取更多行动，如多倡导体育锻炼、唱歌、跳舞、书法、绘画、棋艺、阅读等健康有益的活动。

另外，还应加大禁赌的执法打击力度。

总之，只有国家营造好了治理网络成瘾、赌博、吸毒等社会越轨行为的宏观环境，才有可能有效解决这些越轨行为，防止这些越轨分子被引诱去从事盗窃等违法犯罪活动。

上述这些宏观政策，在社会工作介入城镇盗窃问题中具有至关重要的意义。可以说，没有这些宏观社会工作的介入，城镇盗窃问题不可能得到根治。发达资本主义国家正是由于政府在这些方面无能为力，因而根本无法根治盗窃等社会问题。

宏观社会工作除了社会政策之外，还包括社区工作。

传统的社会工作三大工作方法中，社区工作形成最晚。它是以整个社区和社区中的居民为服务对象，提供助人的、利他服务的一种社会工作专业方法。[①]

社区工作在介入城镇盗窃问题中也能发挥不小的作用。

首先，据前述研究我们可知，城镇盗窃嫌疑人为案发社区居民的仅为9.7%，不是案发社区居民的则占83.1%。因此，社区工作者应积极推动城镇社区建设，努力把社区建设成为一个熟人社区，并且不断扩大这个熟人社区的边界，无疑利于防止城镇盗窃现象的发生。

其次，社区工作者可加强对社区居民防盗意识的宣传教育。

实际上，盗窃现象的发生，部分源于人们的防盗意识薄弱。据课题组调查，97.9%的警察认为发生盗窃的原因包括失主的防盗意识薄弱。2017年，中国江西网所提供的433个样本中，剔除318个无法辨别失主防盗意识状况的案例，在115个案例中，可以很清楚地看出失主存在防盗意识薄弱现象，占全部有效样本的36.16%。比如，失主把钥匙留在电动车上、把财物留在车中过夜等。因此，社区工作者经常提醒社区居民增

[①] 王思斌主编：《社会工作概论》，高等教育出版社2014年第3版，第132页。

强防盗意识，也可对减少盗窃产生一定作用。

南昌 LYL 派出所 X 警官告诉我们，"老百姓要加强防范，比如住在一楼的，要安装防盗门、防盗窗，晚上门窗一定要关好，年底特别要注意，小偷也要（偷钱财物以便于）过年；对于电动车防盗问题，最好把车停在有人看守的地方，多加一把锁；路上行走时，（把）包背（在）前面，在可控范围之内，做到财不外露"。

最后，社区工作者可把社区一些退休老年人、志愿者组织起来，经常性对社区进行巡查。此举既可增进社区居民之间的交流，锻炼身体，增强体质，也利于防盗。

此外，社区工作方法介入城镇盗窃问题还可从其他方面入手，在此不再赘述。

第八章

中观社会工作介入城镇盗窃问题

一直以来,人们讨论社会工作基本是从宏观与微观的二分法中进行。实际上,从宏观、中观、微观的三分法中思考,更有利于社会工作的理论与实务发展。本章主要探讨从中观社会工作层面介入城镇盗窃问题。

一　中观社会工作的含义

社会工作者往往对宏观社会工作或微观社会工作熟悉,或者从宏观、微观二维角度思考社会工作,很少听到中观社会工作这一概念。

在中国国内,关于宏观、微观社会工作的专门文献虽然很少,但毕竟还是有。例如,有刘继同、隋玉杰等人翻译过来的由美国学者著作的《宏观社会工作实务》,[①] 还有李真主编的《从微观到宏观——流动人口社会工作服务项目案例集》。[②] 然而,关于中观社会工作的专门研究文献很缺乏。

在国外,人们讨论社会工作也常常是在宏观、微观的二元思维中。例如,有学者认为,社会工作实务是在微观(以个人、群体或家庭为对象)和宏观(以组织和社区为对象)两个层面上开展工作。[③] 检索国外

[①] [美] F. 埃伦·内廷、[美] 彼得·M. 凯特纳、[美] 史蒂文·L. 麦克默特里:《宏观社会工作实务》,刘继同、隋玉杰等译,中国人民大学出版社2006年版。

[②] 李真主编:《从微观到宏观——流动人口社会工作服务项目案例集》,中国社会出版社2017年版。

[③] [美] F. 埃伦·内廷、[美] 彼得·M. 凯特纳、[美] 史蒂文·L. 麦克默特里:《宏观社会工作实务》,刘继同、隋玉杰等译,中国人民大学出版社2006年版,第7页。

主要数据库,未见到关于中观社会工作的专门研究。

不过,尽管缺乏中观社会工作的专门研究,但还是有相关文献论及中观社会工作。

从国内来看,主要有以下方面。

库少雄认为,社会工作方法的课程有微观社会工作、中观社会工作、宏观社会工作、社会工作研究与评估等。在微观社会工作当中,行为一般是指个人行为。在中观社会工作和宏观社会工作当中,行为也可能是集体行为或者组织行为。[1]

王涤、范琪等人认为,微观社会工作即个案工作;中观社会工作即小组工作;宏观社会工作即组织工作和社区工作。[2]

张书明认为,根据服务对象的不同层次,社会工作的领域可以划分为三个层次:微观社会工作、中观社会工作与宏观社会工作。微观社会工作(Micro-level Practice),主要关注个人及其日常互动,比如夫妻之间、父母子女之间、亲密朋友之间、家庭成员之间的交流和互动。宏观社会工作(Macro-level Practice),是把社会组织、社区、国家看作一个整体进行专业救助活动。它也关注人际互动,但这些个人往往是作为组织或群体的代表对待。宏观社会工作实务主要包括:管理、筹资、立法评估、政策分析、发展规划等宏观活动。中观社会工作(Mezzo-level Practice),则是指宏观社会工作与微观社会工作之间的那些领域,主要关注不如微观社会工作细致、又比宏观社会工作更加直接的人际互动,比如自助小组、同学关系、邻居关系等。当然,在社会工作实务当中,这三个层次并不是独立的,而是涉及其中两个或三个层次,如社会治疗(Social Treatment)就涉及中观和宏观两个层面。[3]

黄晓珊认为,意义可以区分为经验意义和文本意义。经验意义就是我们所熟知的生活的意义,它是指一个人对于所处情境的方方面面的真

---

[1] 库少雄主编:《人类行为与社会环境》,华中科技大学出版社2005年版,第11、3页。

[2] 王涤、范琪等:《流动人口子女全纳教育研究——理论与实践》,吉林人民出版社2006年版,第372页。

[3] 张书明主编:《社会工作视野下的大学生事务管理》,山东大学出版社2007年版,第42—43页。

实感受。文本意义则是指当社会工作者与服务对象接触时，服务对象及他所处的情境以及他对个人生活处境的理解成为一种文本的意义，社会工作者需要对这个文本进行解读。解读文本中的空间、时间、身体、人际关系对于文本形成所产生的作用，并形成一种基本的判断，了解外在环境在个人意义形成过程中所发挥的重要作用。通过对于个人和社会系统的综合干预达到为服务对象服务的最终目标。这是意义对于微观社会工作的一种分析，对于中观社会工作来说，意义就脱离了个体意义的生成过程，重点看在一个组织或机构内部，外在规范、文化、政策、制度如何与人互动，形成独特的组织文化。对于宏观社会工作来说，意义所扮演的功能在于对意识形态、文化等方面在社会文化、舆论甚至道德变化中所扮演的角色。因而，意义在不同层次上，分别对应不同的分析框架，而不仅仅只是一种心理学或精神分析学的附属品。[1]

赵芳认为，在整合社会工作框架内，整个社会工作是一个系统，它在微观、中观和宏观三个层面展开，其中中观层面包含小组社会工作。[2]

从国外来看，关于中观社会工作的相关文献主要有以下方面。

Levine Joanne（2001）认为，社会工作介入人权受害者中，微观层面介入注重促进参与行为、技能习得、不同形式的自我效能归因，导致个人控制感增强。在中观社会工作中，使用小组模式可以培养服务对象集体解决问题的能力、相关行为、情绪反应正常化，以及疗效与控制的共同感受。在宏观社会工作中，应进行研究以记录社会的、教育的需求未被满足的不利影响，难民与寻求庇护者的经济后果，可能与性别相关的巨大精神创伤的反应，在普通临床中对酷刑幸存者及社会福利人口的政策。最后，社会工作者还可以促进社区组织工作，使人权受害者与潜在受害者有能力得到社会正义及参与决策。[3]

Teasley Martell（2004）认为，在明确了解城市非洲裔美国儿童与青

---

[1] 黄晓珊：《意义的探究——生活世界中的社会工作》，中国矿业大学出版社2010年版，第55—56页。

[2] 赵芳：《小组社会工作：理论与技术》，华东理工大学出版社2015年版，第6页。

[3] Levine Joanne, "Working with Victims of Persecution: Lessons from Holocaust Survivors", Social Work, Vol. 46, No. 4, Oct. 2001, pp. 350–360.

年的教育需求的情况下，解决教育改革的主要问题，社会工作可以用宏观、中观和微观的工作方法；宏观、中观、微观工作方法使社会工作职业能够在城市教育改革中发挥多重作用。社会工作介入时，在宏观层面上，社会工作者必须关注社会与公共政策；中观层面上，在制定改革策略中考察特定的社会需求；在微观层面上，必须解决理论方法、实务介入策略、更多依赖于经验研究的需要、项目评估、基于学校环境得来的实务知识的构建体系等。具体地说，宏观社会工作包括领导与公共政策宣传、择校、调查、公私关系；中观社会工作包括社区倡导与介入、社区与学校咨询；微观社会工作包括文化能力、理论与实务、临床实务。总之，在每一个宏观、中观、微观的社会工作实务层面上，学校社工可使用自己的技能来影响学生的表现、教学标准或其他教育改革问题。[1]

Curry-Stevens Ann（2006）认为，社会政策教育者应建立社区实务、政策实务与倡导实务之间的教育联系。这意味着要打破宏观实务与中观实务的历史区分，并要把中观层面的干预嵌入宏观层面之中。[2]

Wall Jack 和 Spira Marcia（2006）认为，为个别家庭成员提供护理的影响涉及多个系统层面。在宏观层面，家庭必须面对的问题可能包括与医疗系统、保险公司和政府部门谈判；在中观层面，为提供必要的照顾和资源来帮助老年人，这些家庭面临着重新谈判角色的挑战；在微观层面，个人必须做出妥协，重新协调自己的发展需要，重新分配照顾老年人所需的时间及资源。[3]

Nash、Wong 和 Trlin（2006）认为，社会工作者可以利用他们的技巧帮助移民与难民。在宏观社会工作中，涉及倡导、社会正义与所有人的权利；中观社会工作则包括与社区一道工作，确保足够的资源可以获得，

---

[1] Teasley Martell, "School Social Workers and Urban Education Reform with African American Children and Youth: Realities, Advocacy, and Strategies for Change", *School Community Journal*, Vol. 14, No. 2, Fall 2004, pp. 19–38.

[2] Curry-Stevens Ann, "Rooting Social Policy Advocacy in Social Movements", *Canadian Review of Social Policy*, No. 56, 2006, pp. 113–130.

[3] Wall Jack, Spira Marcia, "Voices of Three Generations: Families and the Declining Health of Older Adults", *Families in Society*, Vol. 87, No. 1, Jan.-Mar. 2006, pp. 27–34.

具有可及性，能负担得起；微观社会工作是在微观层面帮助个人处理过去的事务。[1]

Lau Denys 博士和 Scandrett Karen Glasser（2007）博士等认为，健康相关安全框架超越了医疗保健机构，由多个层次组成，即消费者与提供者是微观层面；家庭与社区是中观层面；政策属宏观层面。[2]

美国社会工作者协会认为，当社会工作者与服务对象系统从微观、宏观及中观层次互动时，对社会正义的承诺、个人尊严与价值、人际关系的重要性都必须考虑。[3]

Belanger Kathleen 和 Smith Owen（2012）认为，承认个人及其尊严的极其重要性，是社会工作实务的微观层面；共同利益是所有人的利益。共同利益原则承认，通过组织和社区的宏观层面，可提升家庭和群体的中观层面的人类联合行动的水平。[4]

Koren Chaya 和 Simhi Shiran（2016）认为，生命历程和家庭生命周期视角关涉家庭结构和矛盾心理中的变化，以及如何从宏观、中观、微观层面去处理它们。他们的研究发现，可以通过两个问题进行讨论，一个是家庭结构的变化，另一个是矛盾的观点以及如何处理它们。每一个问题都在宏观、中观和微观层面进行了讨论：宏观层面是指老人建立第二次婚姻的社会文化背景；中观层面指家庭环境及其内在关系；微观层面指与个人有关的观点。[5]

---

[1] Nash, M., Wong, J., Trlin A., "Civic and Social Integration: A New Field of Social Work Practice with Immigrants, Refugees and Asylum Seekers", *International Social Work*, Vol. 49, No. 3, 2006, pp. 345 – 363.

[2] Lau Denys T, Scandrett Karen Glasser, Jarzebowski Mary, Holman Kami MS, "Emanuel Linda, Health-related Safety: A Framework to Address Barriers to Aging in Place", *Gerontologist*, Vol. 47, No. 6, Dec. 2007, p. 830.

[3] National Association of Social Workers, Preamble to the Code of Ethics, Retrieved Jan. 20, 2019, from https://www.socialworkers.org/About/Ethics/, May 18, 2020.

[4] Belanger Kathleen, Smith Owen M, "'To All People of Good Will': Catholic Social Teaching, Natural Law, and Racial Disproportionality in Social Work", *Social Work and Christianity*, Vol. 39, No. 2, Summer 2012, pp. 204 – 226.

[5] Koren Chaya, Simhi Shiran, "'As Long as It's Good': An Intergenerational Family Perspective of Bridging Gaps Between Reality and Ideality of Second Couplehood as a Problem and as a Solution", *Ageing and Society*, Vol. 36, No. 4, Apr. 2016, pp. 716 – 740.

Wong Rose（2017）认为，每个美国人都直接或间接地经历过"9·11"事件，这些实践经历提供了令人信服的例子，即不同角色的通才实务者可在微观、中观和宏观层面进行干预。这三个层次的实务特别重要，社会工作教育越来越注重微观实践，也已经渗透入宏观课程内容。根据美国社会工作教育理事会的授权，向学生介绍通才社会工作实践的关键要素之一是：在全面评估的基础上，进行微观、中观和宏观的多层次干预。在危机情况下，社会工作者可在任何必要的层面上进行干预，无论是微观的、中观的，还是宏观的，以帮助服务对象系统恢复到以前的平衡状态。按他们的观点，个人层面的社会工作是微观社会工作；组织层面的社会工作是中观社会工作；社区层面的社会工作是宏观社会工作。[1]

Goss-Reaves Lori（2018）等人认为，基督教社会工作者帮助移民、难民非常有意义。社会工作者在社区中处于中观工作的前沿。对社会工作者的培训，也使他们非常适合在宏观和微观层面支持移民的主张。[2]

综合上述国内外学者的观点，社会工作不仅可以从宏观、微观的二元视角中进行考察，还可以从中观视角中进行更加恰当的探讨。

社会工作实务从中观视角探讨，这在理论上也有依据。

美国社会学家默顿指出，中层理论既非日常研究中广泛涉及的微观但必要的工作假设，也不是尽一切系统化努力而发展出来的，用以解释所能观察到的社会行为、社会组织与社会变迁的一致性的统一理论，而是指介于二者之间的理论。中层理论是介于社会系统的一般理论和对细节的详尽描述之间。社会系统的一般理论由于远离特定类型的社会行为、社会组织和社会变迁而难以解释所观察到的事物，而对细节的详尽描述则完全缺乏一般性的概括。中层理论涉及的是范围有限的社会现象。[3]

---

[1] Wong Rose, "Evaluating a Teaching Module on Ethically Responsible Evidence-based Practice Decision Making in an Advanced Micro Practice Course", *Journal of Social Work Education*, Vol. 53, No. 2, Apr.-Jun. 2017, pp. 240–259.

[2] Goss-Reaves Lori, Crouso Lena Shankar, Lefdahl-Davis Erin M, "Bearing God's Image to All People: A Social Worker's Response to the Sojourner", *Social Work and Christianity*, Vol. 45, No. 3, Fall 2018, pp. 10–18.

[3] ［美］罗伯特·K. 默顿：《社会理论和社会结构》，唐少杰、齐心等译，译林出版社2008年版，第50—51页。

默顿认为，中层理论主要有以下几个特性。

第一，中层理论是由某些有限假定构成的，可以逻辑地从这些假定推导出为经验调查验证的具体假设。

第二，这些理论不再是分离的，而是被结合为更加广泛的理论网络，如志向水平、参考群体与机会结构等理论。

第三，这些理论对于处理社会行为与社会结构的不同方面有足够的抽象程度，所以它们胜过纯粹的描述或经验概括。例如，社会冲突的理论就已被用于人种与种族冲突、阶级冲突与国际冲突。

第四，这一理论划清了微观社会学问题与宏观社会学问题之间的界限。

第五，社会学理论总体系代表了综合理论取向，而不是物理学在寻求"统一理论"时所设想的那种严谨的密切相连的体系。

第六，许多中层理论与各种社会学思想体系是协调的。[①]

可见，在默顿提出的中观理论（或中层理论）的基础之上，社会工作完全可以从中观的视野进行考察。

然而，国内外学者对中观社会工作界定不一。比如，有的人认为家庭工作是微观社会工作，有的人则认为属中观社会工作；有的人认为宏观社会工作包括了小组工作与社区工作，而有的人则认为中观社会工作包括了小组工作和社区工作。可见，要泾渭分明地界定微观、中观、宏观社会工作，并非易事。

社会工作介入服务对象问题的一个核心是要处理人与人之间的关系。不同层次的社会工作要处理的人际关系显然是不同的。德国社会学家齐美尔的社会几何学对界定不同层次的社会工作很有启发性。

齐美尔认为，在两个人组成的群体中，互动是直接的，无须以第三个人为中介来进行，这是二人群体的一个最明显的特点，其他特点都是以此为基础衍生出来的。在这种群体之中，群体的性质完全取决于构成它的两个人的性质，不存在超出个人之外的群体结构，同时，在这种群

[①] ［美］罗伯特·K. 默顿：《社会理论和社会结构》，唐少杰、齐心等译，译林出版社2008年版，第85页。

体中，每个人都高度地保持着自己的个性。然而，三人群体的性质与二人群体大相径庭，互动的性质、群体的结构都发生了根本性的变化。三人群体中，个人参与群体的形式与程度已不同于二人群体了。第三个人可利用另外两个人的争斗从中渔利，第三个人既可是另外两个人冲突的仲裁者或调停者，也可以拉拢一个，打击另一个。因而，也就有可能在群体中创造出权力或层级结构。即使三个人处于完全平等的地位，以民主方式来协调其间关系，在三人群体中仍然有人可能以"少数服从多数"的原则，以群体的名义，对少数派施加压力。换言之，在三人群体中，有可能产生独立于个人的结构，而这种结构又很可能危及个性发展。这是三人群体不同于二人群体的重要特点，随着群体中人数增多、群体规模的增大，这种情况将更加明显。①

根据齐美尔的社会几何学理论，我们认为，即微观社会工作是介入三个以下服务对象的社会工作；中观社会工作是介入三个及以上而数量又不太多的服务对象的社会工作；宏观社会工作则是介入数量众多的服务对象的社会工作。当然，三者之间的区分并非绝对的，而是相对的。因此，个案工作可划归为微观社会工作；家庭工作因家庭成员数量往往超过三人，而数量又不是太多，可划归入中观社会工作，同理，小组工作也可划归入中观社会工作；社区工作因涉及的社区成员数量特别多，可划归入宏观社会工作。

与微观社会工作相比，中观社会工作尽管也关注个人及其问题，但它关注的人数及其问题更多，因而，社会效益也更高，当然，它不如微观社会工作更细致。在公共服务必须提高效率、日益需要向社会交代的背景下，个案工作在实践中越来越少，而宏观社会工作因涉及因素极其复杂，短期内介入很难见成效，社会工作者更多考虑从中观层面介入，自然是比较理想的选择。中观社会工作常常也会涉及宏观层面的问题，但达不到宏观社会工作那种系统性与全面性。

总之，微观、中观、宏观社会工作各有所长，并非水火不容、画地为牢的三个领域，中观社会工作是微观、宏观社会工作的桥梁，有效运

---

① 侯钧生主编：《西方社会学理论教程》，南开大学出版社2001年版，第97—98页。

用中观社会工作，可比微观、宏观社会工作更能有效地提高社会工作的效益。

二　小组工作介入城镇盗窃问题

作为社会工作的一种传统方法，小组工作有系统理论、心理分析理论、学习理论、场域理论、社会交换理论、小组动力学等理论为它的科学性、有效性提供理论依据。①

小组工作介入城镇盗窃问题包括事前预防与事后补救两种。

（一）事前预防性的小组工作介入城镇盗窃问题

事前预防性的小组工作介入城镇盗窃问题，是指在盗窃发生前，对一些具有相似特性的、可能从事盗窃活动的边缘男性中、青、少年，开展成长小组、学习小组、交友小组等进行介入，防止这些城镇中青少年从事盗窃活动。

事前预防性的小组工作介入城镇盗窃问题，其要点包括以下方面。

1. 明确小组活动的具体目标

事前预防性的小组工作介入城镇盗窃问题，社会工作者应首先明确小组活动的具体目标。抽象的小组活动目标不利于设计小组活动，达到介入目的。小组活动目标应当具体、明确。

事前预防性的小组工作介入城镇盗窃问题，其终极目标是预防盗窃活动的发生，但其具体目标可以多元化。

一方面根据前述第五章当前城镇盗窃问题产生的个体原因包括贫困、吸毒、网络成瘾、赌博、利欲熏心严重、极其好逸恶劳等，社会工作者明确小组活动的具体目标，应当致力于预防或消解这些因素的一部分或者全部。例如，具体目标可定为：培养小组组员的就业能力；增强小组

---

① 可参见刘梦主编《小组工作》，高等教育出版社 2003 年版，第 29—39 页；张洪英编著《小组工作：理论与实践》，山东人民出版社 2005 年版，第 49—68 页；万江红主编《小组工作》，华中科技大学出版社 2006 年版，第 84—97 页。

组员的自控能力；提升组员的法律意识或消除组员的盗窃意识；消除组员的投机心理；丰富组员的课余或业余生活；强化组员的利他主义精神；等等。实现这些具体目标，有利于预防城镇边缘男性中青少年从事盗窃活动。设计小组活动等其他环节必须紧扣小组活动的具体目标。

另一方面，鉴于当前城镇盗窃问题的产生还存在深刻的社会原因，这固然需要主要从社会层面入手解决，但小组工作也并非无所作为。例如，小组工作的具体目标可确立为：造就组员精打细算的能力；培养组员自我教育的意识；增强组员自我保障的观念；促使组员理性认识社会不公；提升组员对社会负面因素的抗逆力；等等。这些小组工作目标的实现，也有利于减少城镇盗窃现象的发生。

2. 选择合适数量的组员

社工选择的小组组员应具有类似的个人目标与某些个人特征，要避免异质性太大。在一个小组中，组员的问题与需求最好能基本相似。这利于组员分享与互动。反之，组员的问题与需求差异性太大，会使互相沟通产生困难，社工也很难提供有效帮助。①

事前预防性的小组工作介入城镇盗窃问题的一个重要前提是选择合适的组员。这里的合适组员主要是可能从事盗窃活动的边缘男性中青少年。比如，一些城镇青壮年劳动力长年在外务工、经商，他们的子女则留守在家，由留守儿童年迈的爷爷奶奶监管。由于留守青少年的爷爷奶奶往往无力监管，留守青少年很容易受各种引诱而从事盗窃活动。在一些城镇学校中，有一部分学生的家长忙于生计，对自己的子女管教较少，孩子成绩也往往较差，受老师的关注较少，这些孩子也很容易走上盗窃之路。这两类青少年都可选为组员。

组员的数量要适中。组员人数少，成员之间接触与分享的机会就多，参与及沟通的机会也很多，利于增进组员之间的了解，但效益受限。组员人数多，成员之间难以沟通，分享程度低，参与机会少，不利于完成小组目标，但也有成员不会太紧张、小组资源比较丰富等优点。刘梦教授赞同小组组员的规模可按"七加减二原则"，即以 5—9 人为佳，不要

---

① 刘梦主编：《小组工作》，高等教育出版社 2003 年版，第 143 页。

超过 10 个人。①

3. 科学设计小组的活动节目

小组的活动节目是实现小组目标的桥梁或手段,其重要性自然不言而喻。

小组的活动节目可以由社会工作者设计,也可以由组员共同参与设计。

活动节目的设计必须根据小组的目标,适应组员的需要、兴趣等而展开。它必须解决三个问题:一是内容,即什么活动节目;二是工具,即如何表达;三是目的,即为什么要有这种节目。

在组员方面,社会工作者设计小组活动应当考虑到以下因素。

(1) 活动不能超出组员的体力范围,要益于体力发展;

(2) 活动要在组员的智能范围内,要给予组员最高发展智能的机会;

(3) 活动要与组员情绪发展阶段相配合,要引导他们的情绪发泄及释放,特别是要能把组员的情绪向正常的方向引导;

(4) 活动要适合于社会行为的发展,给组员提供合作的能力及机会,培养责任感与接受能力;

(5) 活动要能协助组员能力的发展,绝不能因个人身心缺陷而产生排斥现象;

(6) 活动要能使有特殊技能与智力的人得到发展。②

小组的活动节目从儿童游戏到认知活动,从语言类到非语言类,从观看到接触,从几分钟到整个单元,其数量与种类数不胜数。常用的小组活动节目有:

(1) 表现艺术

绘画、舞蹈、唱歌、诗歌与木偶等表现艺术是组员安全地表述情绪的工具,特别有助于触发组织的情感,对刺激与增强成员表达感情的能力及小组互动有奇异的效能。当然,社会工作者必须明白,选择表现艺术不是搞艺术大赛,而应把重点放在揭示内心、促进自我探索上。

---

① 刘梦主编:《小组工作》,高等教育出版社 2003 年版,第 134—135 页。
② 刘梦主编:《小组工作》,高等教育出版社 2003 年版,第 131—132 页。

（2）游戏

游戏的种类非常丰富。① 根据不同的分类标准，它可分为智力游戏与体力游戏、室内游戏与户外游戏、竞争性游戏与娱乐性游戏等。游戏能训练智力与体力，培养合作精神与增强游戏规则的意识，具有治疗力量。

（3）手工艺

住院机构往往把制作手工艺作为提高服务对象归属感、保持个性、展示才能与身心锻炼的一种方法。社会工作者应敏感地意识到，制作手工艺品的过程本身就是增进互动与合作的途径。例如，六个孩子围坐在桌子边制作相架，如每人都有一把剪刀、一瓶胶水与足够的水彩笔，孩子们很可能埋头制作，不一定有频繁的互动。如果社会工作者意识到制作过程的价值，可以减少制作工具，如只给三把剪刀、两瓶胶水与两套水彩笔，这样更有利于他们更多地合作、交流与互动。

（4）营地活动

社会工作中的营地活动是一种有意图的旅行，目的是寻找新经验，体验全新的自然环境、人际关系与自我形象，培养合作参与的行为模式及自信态度。特别是当活动让成员自行制定旅行方案时，包括计划日期、经费、交通工具、路线、分工及准备工作，那么他们更能通过活动发挥潜能、承担责任、建立自信。

（5）烹饪

烹饪是许多社工都会组织的活动，也是对治疗小组特别有价值的活动。对于有些组员，让他们学习如何做饭、如何使用厨房，设计菜谱，然后一起买菜、做菜、吃饭，可以在小组中学习更有效的交往模式，提高其社交能力。

（6）角色扮演

它是指小组根据当时遭遇的问题或某个成员的问题，让一个或几个成员当场扮演某个或某些角色。这里的"扮演"不是职业戏剧表演艺术，

---

① 例如，有人整理了103个社工游戏，读者可以参考。资料来源：《拿来即用，103个简单好玩的社工游戏 | 社工宝典》，2017年4月29日，https：//www.sohu.com/a/137299886_491282，2020年5月18日。

不要求艺术性，而是成员表达真实的或可能有的感觉、愿望与恐惧等的一种方法。这些角色也非戏剧舞台上的角色，他们可以是成员本身或成员的多重自我，可以是活着的或已去世的人，可以是真实的或虚构的人，也可以是宠物或无生命的物体。凡是不参加扮演的成员，都成为角色扮演的观众。观众可为角色扮演提供反馈与支持，它是角色扮演不可缺少的部分。角色扮演的方法有很多，如魔幻商店、照镜子、双簧、行为预演与角色转换等。①

4. 精心准备小组工作计划书

凡事预则立，不预则废。事前预防性的小组工作介入城镇盗窃问题，小组工作计划书尽管不可能规划小组工作的所有细节，但一般都能包括其大致内容。优秀的小组工作计划书能为小组工作提供指南，使小组工作者对小组理念、理论框架、目的等有清晰的把握，可以帮助社会工作者对每一节的小组活动做好准备，以及明确掌握工作的程序安排与每个工作阶段的活动节目安排，引导工作取得良好成效。

小组工作计划书一般应包括以下内容。

（1）理念的阐述

包括机构的背景、设计小组的原因、小组的理论架构等。

（2）具体目标

如前所述，小组的目标应当具体明确，忌抽象、不着边际。

（3）小组组员

包括组员的年龄、性别、文化程度、家庭背景等特征，以及需处理的问题与需要等。

（4）小组的特征

包括性质、持续时间、规模、聚会频率、聚会的具体时间等。

（5）初拟程序计划与日程

包括每次聚会的计划草案、程序活动、每次聚会的时间及地点、活动的具体目标、社会工作者的责任、活动的准备、所需器材、每次聚会所需的资金等。

---

① 黄丽华：《团体社会工作》，华东理工大学出版社2003年版，第306—318页。

（6）招募计划

包括按照机构的规则确定小组建立的程序、小组组员的来源、宣传招募方法、招募时间、招收方法。

（7）需要的资源

除了资金外，包括器材、地点和设备、人力资源、特别项目、有关人员等。

（8）预料中的问题与应变计划

包括小组组员的问题、小组社会工作者或机构的问题、其他问题等。

（9）预算

包括程序、器材、交通等费用；小组组员会费等。

（10）评估方法[①]

5. 努力引导小组工作的进程

小组工作既要遵循社会工作助人自助的基本原则，让组员积极参与，也应充分发挥社会工作者的引导作用，努力引导小组工作的进程，以达到最终的预期效果。

社会工作者之所以需要注意引导小组工作的进程，是因为工作过程中会出现很多计划书中所始料未及的问题。这些问题既是阻碍小组目标实现的挑战，而成功解决了这些问题又是推动实现小组目标的机遇。

事前预防性的小组工作介入城镇盗窃问题，要求社会工作者在工作过程中不应当处于引导模式的两个极端，即专权式与放任式。

专权式的小组工作者以"权威""专家"自居，将推动小组的主要责任全部包揽在自己身上，小组的动力大都围绕其自身而产生。这种引导模式常常会损害小组组员的互动与限制组员的参与及共享。

放任式的小组工作者让每位组员最大限度地自由决定小组的目标及方向，其权力、责任与参与和其他组员一样。这种引导模式最大限度地赋予组员权利，但可能会导致组员无所适从，使小组失去目标与方向，效率低下，存在小组解体的风险。

社会工作者应当尽量采用民主式的引导模式，它符合社会工作的基

[①] 刘梦主编：《小组工作》，高等教育出版社2003年版，第145—147页。

本价值，也是小组工作最广泛采用的引导方式。社会工作者在小组中充当小组发展与组员成长过程的促进者，帮助小组沿着共同制定的目标前进。①

引导小组工作进程的技巧主要有以下方面。

（1）积极倾听

包括能够专注于说话者的语言信息与非语言信息，并要让倾诉者了解工作者的倾听及关注。

（2）反映

反映是建立在积极倾听的基础之上，主要是通过复述成员所表达的内容与揭示背后的情感。反映既可帮助发言者更清楚自己所述内容与感觉，又可让对方知道自己已被别人了解。

（3）澄清

即使用某些方法使组员陈述的内容与感受更加清楚与条理化。

（4）总结

即将散落在交谈过程中的信息进行归类，以精辟、简洁的语言陈述重要的观点与内容。总结可强化小组关注的焦点、转换话题、成为通向下一项活动的桥梁、将要点集中、深化主题等。总结是小组过程中经常采用的一种手段。

（5）微型演讲与提供信息

有时，社会工作者需要扮演"专家"的角色，为小组提供一些针对某个主题的信息，因而需要做微型演讲。它要求：有趣；与小组有关；是小组此时此地所需要的；信息准确、新颖、客观，且考虑到了组员的文化、性别情况；简洁明了；令人振奋；等等。

（6）鼓励与支持

鼓励与支持对小组引导者而言特别重要。在小组之初，组员常常会担心犯错误或做出什么蠢事让人印象不好。这时，社会工作者需要用温暖的话语与愉快的面部表情及开放、放松的姿态来传达对组员的鼓励与支持。

---

① 刘梦主编：《小组工作》，高等教育出版社2003年版，第79页。

（7）基调的设定

即设置与创造一种小组的情绪氛围。如果没有设定基调的意识，可能小组只是一味地"严肃"或者成为一个"老好人小组"，没有压力也无承诺，使小组以失败而告终。

（8）自我流露

它是指社会工作者在成员们交流思想与情感时，将个人的资料、感觉真实地呈现在小组中。它可显示自己愿意透露个人的情况及愿意冒险与大家交流个人情况，也可告诉大家，自己也是一个普通人，生活中也会遇到多种与组员们一样要面对的问题。

（9）眼睛的运用

知道如何运用眼睛，在引导小组中非常重要。眼睛既可帮助社会工作者收集有价值的信息，鼓励组员们发言，也可阻止他们的发言。

（10）识别同盟者

在小组工作中，如果社会工作者能正确地识别那些可依赖与合作及能够帮助自己完成某项任务的成员，这将会对小组工作大有帮助。

除上述一些基本技巧外，社会工作者引导小组还需要掌握引导互动、融合、对质等促进及干预的技巧。[①]

6. 做好小组的评估工作

做好小组的评估工作，也是事前预防性的小组工作介入城镇盗窃问题的重要一环。它既可验证工作的有效性及效率，也可发现其中存在的问题，总结经验教训，利于将来完善此后的工作。

（二）事后补救性的小组工作介入城镇盗窃问题

事后补救性的小组工作介入城镇盗窃问题是指盗窃发生后，对一些在社区或监狱中进行矫正的盗窃犯可以小组工作方法进行介入。例如，可开展诸如"摔跤站起来""未来不是梦"等小组进行介入，帮助他们顺利回归社会，努力避免再犯相同的错误。

与事前预防性的小组工作相比，事后补救性的小组工作具有以下

[①] 刘梦主编：《小组工作》，高等教育出版社2003年版，第84—95页。

差异。

(1) 组员结构不同

前者的组员是一些边缘男性中青少年,他们毕竟没有违法犯罪;而后者则是已经从事了盗窃活动、违反了法律的人员。

(2) 组员的心理认知不同

后者会有这种意识,即自己是"小偷"或者违反了法律的人员,尽管其中有些人可能会满不在乎;而前者则不会有这些心理。

(3) 社会对他们的评价不同

当今社会违法犯罪现象太多,人们对此也已司空见惯,但是人们不会认为违法犯罪是一种美德。因而,事后补救性的小组组员所得到的评价往往是负面的;而事前预防性的小组组员所得到的评价则可能略胜一筹。

总之,事后补救性的小组工作与事前预防性的小组工作的要点大致相当,但是由于存在上述差异,因而更加需要社会工作者具有高度的敏感性,对组员投入更多的鼓励、支持、关爱、包容并积极赋能,才能取得较好的效果。[1]

三 家庭社会工作介入城镇盗窃问题

家庭是社会的基础。没有任何已有制度比家庭在塑造儿童和成人的人格上更加有效。家庭固有的社会、个人及情感纽带比在任何其他社会单位中建立的关系都要更加亲密。[2]

许多资料表明,城镇盗窃问题的产生与家庭存在问题直接密切关系。2017年4月14日,中国江西网提供了这样一个案例。

2017年1月17日,江西安福县公安局平都派出所接到一起报案,在安福县城金岸广场迪信通手机店,一部价值2000余元华为手机被盗。

---

[1] 本书后附江西洪宇社工服务社何东、谢舒媚、顾卿源、胡祖瑞等提供的一个案例《盗窃行为认知小组策划书》,欢迎读者阅读。

[2] [美] O. 威廉姆·法利等:《社会工作概论》,隋玉杰等译,中国人民大学出版社2005年第9版,第229页。

辖区民警接案后，立即调取该手机店监控视频，发现犯罪嫌疑人系一名小学生模样的男孩子，另据受害人陈述，有两名女孩子当时故意引开服务员的注意力，盗窃得逞后两名女孩子还特意挡住该男孩使服务员无法察觉。民警又调取路边的天网资料，一路追踪，加上大量的走访调查，2月26日，民警最终确定了小男孩的身份。经过审讯深挖，还确定了小男孩欧阳某平与其姐姐欧阳某萍、城关中学学生陈某兰、平二小学生欧阳某惠在安福县城的手机店多次实施盗窃手机的犯罪事实。该团伙都是未满16周岁的未成年人，未到法定责任年龄。其成员要么是家长在外打工，要么是家庭离异重组，要么是直接不管不问，由长辈在家监管。这些盗窃嫌疑人的父母亲都没有尽到应尽的教育责任，致使孩子走上歧途。[1]

社会工作者帮助家庭发挥积极正常的社会功能，对预防或矫正城镇盗窃问题可产生积极效应。

家庭社会工作是动员家庭与社会资源，以促进家庭功能的修复，家庭系统的正常运转和满足家庭成员发展的社会福利及服务。家庭系统理论、家庭生命周期、家庭沟通理论、家庭冲突理论等理论为家庭社会工作的科学性、有效性提供了理论支撑。[2]

家庭社会工作介入城镇盗窃问题包括事前预防与事后补救两种。

（一）事前预防性的家庭社会工作介入城镇盗窃问题

事前预防性的家庭社会工作介入城镇盗窃问题，是指在家庭出现盗窃分子之前，对一些存在问题的家庭进行介入，以防止其中出现盗窃分子。

事前预防性的家庭社会工作介入城镇盗窃问题，其要点包括以下方面。

1. 确定事前预防性的家庭社会工作介入城镇盗窃问题的对象

在城镇盗窃问题中，事前预防性的家庭社会工作介入的对象来源于两类，一类是主动前来求助的城镇边缘男性中青少年及其家庭；另一类

---

[1] 刘卫东：《安福县平都派出所破获未成年团伙系列盗窃案》，2017年4月14日，http://jxja.jxnews.com.cn/system/2017/04/14/016008272.shtml，2020年5月18日。

[2] 王思斌主编：《社会工作概论》，高等教育出版社2014年第3版，第252—263页。

是外展对象，由于许多中国人没有求助社会工作者的习惯，一些人仍坚持"家丑不可外扬"的传统理念以及人们普遍有"好面子"的心理，因而社会工作者应努力寻找城镇外展家庭社会工作的对象。

在城镇盗窃问题中，事前预防性的家庭社会工作介入的对象中的边缘青少年主要包括以下几种。

（1）失学青少年

尽管中国早已经普及了九年义务教育，实际上存在不少漏洞。2006年，中国大陆小学一年级在校生为1750.16万人，到2015年初中毕业生数则为1417.59万人。这意味着有332.57万人并未完成九年义务教育，占比为19.0%。2016年、2017年，这一比重分别为19.2%、18.8%。[①] 这一部分失学青少年基本缺乏就业技能，很容易走上盗窃之路。

（2）留守儿童

2000年，中国大陆有留守儿童2290万人，占全国儿童的8.05%，[②] 2010年增至6102.55万人，[③] 占农村儿童的37.7%，占全国儿童的21.88%。由于与父亲、母亲或父母双亲长期分离，留守儿童的生活质量、生理和心理健康状况、成长环境均劣于受父母监护的儿童。[④] 这些留守儿童往往由于缺乏有效管教，很容易走上盗窃之路。

（3）失业青年

中国大陆每年有很多人在完成九年义务教育（一般年龄是15岁左右）之后，不少人因贫穷、学业成绩差等原因而中止受教育，进入社会就业。2017年，普通高中招生数为800.05万人，中等职业学校招生数为

---

① 数据来源：国家统计局网站统计数据。
② 段成荣、周福林：《我国留守儿童状况研究》，《人口研究》2005年第2期。
③ 2016年，民政部、教育部、公安部在全国范围内联合开展农村留守儿童摸底排查，公布2016年农村留守儿童数为902万人。这是改变统计指标而得出的数据。此前，留守儿童的定义为"父母一方外出务工、不满十八周岁"，而此次则定义为父母双方外出务工或一方外出务工另一方无监护能力、不满十六周岁的未成年人。这种改变自然有一定道理，但是无法改变这些家庭的成员长期无法团聚、儿童监护受影响的事实。因此，我们引用了以前的数据。
④ 全国妇联课题组：《全国农村留守儿童城乡流动儿童状况研究报告》，《中国妇运》2013年第6期。

451.52万人，合计1251.57万人，而当年初中毕业生为1397.47万人。[①]这表明有10.4%的初中毕业生直接进入了社会。这些青年年龄尚小，也无基本职业技能，加之其中有些人高不成、低不就，因而不少青年往往处于失业状况。这些失业青年也很容易走上盗窃之路。

（4）离异家庭子女

近些年来，离婚的夫妻数量越来越多。1998年，全国离婚夫妻有119.1万对，到2017年已增至437.4万对，增长了2.67倍，20年间累计为4772.6万对。[②]《婚姻法》保障公民的离婚自由，但无论如何，离婚客观上对他们的孩子的成长会产生不利影响，很容易使其中一些双方疏于管教的孩子走上盗窃之路。

（5）失管青少年

有些核心家庭结构完整，但由于夫妻都忙于生计或者文化素质不高等原因，未能很好地担负起对子女的教养义务。这些失管青少年同样很容易走上盗窃之路。

（6）失亲青少年

每年中国的疾病、意外事故、自杀等原因使不少家庭破碎。这些失亲青少年的正常成长受到很大影响，其中有些失亲青少年便会走上盗窃之路。

此外，还有些城镇边缘青少年具有失学、留守、失业、失管等多重特点。

如果说城镇边缘青少年是流，那么问题家庭则是源。发现边缘青少年远非家庭社会工作的终点，由于边缘青少年基本都生活在一个问题家庭中，通过边缘青少年找到问题家庭才是家庭社会工作的起点。

所谓"问题家庭"，是指在家庭结构、教育方式、居住环境及内部人际关系等诸要素中的一个或多个因子出现问题的家庭。苏联作家列夫·托尔斯泰有一句名言："幸福的家庭都是相似的；不幸的家庭各有各的不幸。"在城镇盗窃问题中，事前预防性的家庭社会工作介入的对象中的问

---

① 数据来源：国家统计局网站统计数据。
② 数据来源：国家统计局网站统计数据。

题家庭包括以下几种。

（1）残缺型家庭，指夫妻双亡或一方亡故、分居、离婚、再婚、在押等结构不完整的家庭。这类家庭一般经济来源相对不足，生活保障缺乏，多数孩子内心痛苦，情感脆弱，常常留恋父母的温暖与关心，十分需要精神及物质的保障，随着年龄的增长，孩子往往会去寻找家庭之外的其他"温暖"予以慰藉，易被不法分子欺骗。

（2）不道德与犯罪家庭，这类家庭成员中有不道德或犯罪行为，导致孩子耳濡目染，受到极坏的影响，有的家长对其子女的问题行为不及时予以制止，反而纵容迁就，甚至鼓励，很容易引起品行障碍及青少年违法犯罪。[1]

（3）濒危型家庭，指父母长期处于"冷战"状态，稍有"热点"，便"战火纷飞""硝烟弥漫"的家庭。

（4）暴力型家庭，指家庭成员之间以身体暴力、精神摧残等手段侵犯家庭成员的人身权，致使其肉体与精神遭到一定程度损害的家庭。

（5）教养方式欠缺型家庭，指采用不合适的方式教养子女的家庭。这些家庭要么对孩子娇生惯养、过于溺爱、放任不管，要么采用简单、粗暴的方式管教孩子，要么对孩子过于严格等。

（6）父母缺陷型家庭，指父母智力或身体有缺陷、父母自身素质低下或者知识滞后，不能有效为孩子树立榜样的家庭。

（7）不良家居环境型家庭，指家庭居住在出租屋、工棚或者其他临时场所等，周边人员的职业道德素质、文明程度等不高的家庭。[2]

2. 与服务对象建立专业关系

家庭社会工作的核心即家庭社会工作者与家庭之间的专业关系。这种专业关系使家庭社会工作者有可能给家庭带来帮助，是社会工作者介入家庭并促使他们改变的载体。有人认为，专业关系对成功介入至少有

---

[1] 马丹凤：《问题家庭所致儿童品行障碍的家庭心理治疗》，《河南省精神科康复护理培训班及学术研讨会论文集》，河南郑州，2009年6月11日，第240—241页。

[2] 刘秀英：《"问题家庭"学生的心理问题及其教育对策》，《教育与管理》2011年第30期。

30%的贡献。① 第一次家庭会谈即意味着家庭社会工作者与家庭之间的助人关系开始了。这种关系可能长，也可能短。

当家庭出现冲突时，社会工作者需要明确的一点是，家庭成员可能会试图让社会工作者站在自己一边，以自己的角度来思考问题。社会工作者需要预估到这种情况，要避免表明自己的立场，不过，可以对他们表达共情，而不能与他们共谋，要在中立与对个体经验敏感之间保持一个平衡。应当明白，当社会工作者无法保持中立时，某些家庭成员便会远离社会工作者。② 一方面，社会工作要倡导家庭内部公正；另一方面，也要处理与某些家庭成员之间的结盟问题，特别是在某些受到家庭动力关系弱势化与受伤害的成员之间。有人提出了与服务对象建立坚固的治疗联盟的三个要素：第一，社会工作者与服务对象之间就治疗目标达成共识；第二，社会工作者与服务对象之间就实现目标达成一致与合作；第三，服务对象与社会工作者之间建立强大的、积极的情感联系。谨记这三条，可帮助社会工作者协调第一次家庭会谈的复杂情况。③

社会工作者应特别注意第一次家庭会谈，它不仅是社会工作者与家庭之间建立积极专业关系的基础，也会直接影响到后期的工作质量与进程。所以，吸引家庭的兴趣，与家庭建立关系，对社会工作者此后持续进入家庭非常关键。第一次家庭会谈应有时间限制、焦点明确、轻松。第一次会谈的另一个要素是培养彼此的信任感，使家庭成员能坦诚表达自己的担忧。信任不会自然形成，它会随着家庭会谈的不断推进而逐步产生。社会工作者应真诚关心家庭成员的需要，表达自己愿意帮助家庭，在困难时要对家庭不离不弃。这样才有可能建立信任关系。与有的家庭建立关系容易，与有的家庭建立关系则需要耐心及坚忍不拔的毅力。影响信任关系建立的因素是多方面的，包括家庭及其问题的性质、家庭工

---

① Miller S., Hubble S., Duncna B., "No More Bells and Whistles", *Networker*, Vol. 19, No. 2, March/April 1995, pp. 53-63.

② Coleman H., Collin D., "The Voice of Parents: A Qualitative Study of a Family-centered, Home-based Program", *The Child and Youth Care Forum* (Special Edition on Research in the Field of Child and Youth Care), Vol. 26, No. 4, 1997, pp. 261-278.

③ Worden M., *Family Therapy Basics. Pacific Grove*, CA: Brooks/Cole, 1994, p. 25.

作的目标、社会工作者的个性特点以及家庭成员的生活经验等。

发展信任关系不是一帆风顺的。对助人系统失望的服务对象可能会对信任问题充满疑惑。在一次会谈中建立起来的信任关系可能在下一次会谈中消失。这取决于家庭对被干预的问题的解释与认识。这些问题可能与家庭社会工作者有关，也可能无关。但是，可能会涉及家庭生活的日常琐事，从而导致大家对他人动机的怀疑。

在第一次会谈及此后几次会谈中，社会工作者需要对服务对象家庭的隐私保持高度敏感性，要注意不要去破坏家庭隐私。社会工作者需要尊重服务对象家庭的领地，要对家庭容许进入表示感谢。社会工作者是服务对象家庭的客人。[1] 社会工作者要问的问题必须围绕实现服务目标所需要的信息，特别是在第一次会谈中尤其注意不要越界。有些家庭愿意与社会工作者分享更多的信息，但有的家庭不愿意。如果家庭愿意谈论一些个人问题，社会工作者应认真倾听，并及时作出适当的回应。如果讨论开始就跑题，社会工作者要及时将谈话聚焦到与服务计划相关的话题上来。在早期，社会工作者就打听家庭成员的个人生活内容，可能会破坏与家庭的工作关系。有些家庭成员在自由分享个人信息后，也许会后悔说得太多了。社会工作者要给他们提供支持，不要提问过多。[2]

3. 界定问题

在澄清问题时，社会工作者要与每个服务对象的家庭成员交谈，以便了解他们对问题的独特见解。如果家中有婴儿，可允许婴儿在场，这样也可发现是谁在照顾这个婴儿。社会工作者要让每个家庭成员充分表达自己对问题的看法，不要让家人相互打扰。要礼貌但又坚决地处理争论及打断他人插话的行为，以确保发言的人不被他人打扰。这对社会工作者来说，可能是第一个挑战。社会工作者应努力了解每个家庭成员是如何看待为什么家庭中要寻求社会工作服务。

社会工作者还可了解家庭成员曾经做出哪些努力来处理家庭问题、

---

[1] Kinney J., Haapala D., Booth C., *Keeping Families Together: The Homebuilders Model*, Hawthorne, NY: Aldine de Gruyter, 1991.

[2] ［加］唐纳德·柯林斯、［美］凯瑟琳·乔登、［加］希瑟·科尔曼：《家庭社会工作》，刘梦译，中国人民大学出版社2013年第4版，第199—200页。

他们对未来的想法等。

在开始阶段，社会工作者要将自己的行为建立在理解与尊重家庭现状的基础之上。这包括价值系统、文化背景及家庭成员的经验性特点。[①]最终，社会工作者要把问题当作整个家庭的问题。有几种不同的方式可协助家庭成员在家庭框架内看待自己的问题。有一个常见的让家庭形象化的方式就是，用汽车来比喻家庭，牵一发动全身，一个成员的行为会影响到其他成员。

界定问题还需要将家庭成员的共同的痛苦经历联系起来，以发现到底要改变哪些方面。把问题看成影响每个人、必须要改变的，这就为下一阶段工作的开展奠定了良好的基础。

在界定问题阶段，谈话要围绕"显现的问题"而开展。在此，社交细节就是次要的，而关注点应聚焦在对问题的讨论上。这时，社会工作者要控制整个谈话过程，直截了当切入主题，问家庭成员为什么他们需要社会工作服务。社会工作者要观察每个成员是如何描述问题的，要特别关注他们在发言时的情感投入质量，以及每个人是如何回应别人对问题的表述的。这时，家庭成员往往会把问题归结到"问题人物"身上。

在问题界定阶段，社会工作者应鼓励家庭成员之间就问题进行充分互动，鼓励他们彼此之间深入讨论自己的问题。只有当每个家庭成员都能充分表达自己的观点后，这种互动才会出现。社会工作者要从沟通的中心转变为家庭成员沟通的观察者及指导者。这样会揭示家庭的模式，而正是这些模式导致了问题的产生及发展。它还可澄清为何社会工作者要来家庭见大家。在互动期间，社会工作者的角色更像一个家庭乐队的指挥，在一旁观赏家庭"音乐"。他们演奏的旋律包括家庭模式，家庭活动与家庭结构、循环模式，以及其他与家庭关系相关的问题。这部分结束后，家庭和家庭社会工作者都能清楚地发现需要处理哪些方面的问

[①] Alexander, J., Holtzworth-Munroe, A., Jameson, P., "The Process and Outcome of Marital and Family Therapy: Research Review and Evaluation", In A. Bergin & S. Garfield (Eds.), *Handbook of Psychotherapy and Behavior Change* (4th ed.), Toronto: Wiley, 1994, pp. 595 - 630.

题。直接请家庭详细说明他们希望能有哪些改变，这就是目标设定阶段了。①

4. 确定介入目标

一旦找到了家庭的关键问题，接下来便是确定介入目标。要按照合同的格式，逐项制定清晰、具体、准确、可测量的目标。这些目标要与家庭的信仰与利益保持一致。目标一定是重要的、可以实现的、现实的，要根据家庭的能力与资源而定。要制定一个合理的实现目标的时间表，还要确定一个评估日期。在合同中，要明确具体采用哪些方法、不同家庭成员与社会工作者要履行哪些义务。这时，要强调正常出席家庭会谈的重要性，因为某些家庭成员可能仍会抵制家庭社会工作。②

想让目标达到一致，需要家庭与社会工作者之间配合，如果前几个阶段进展顺利，那么这个过程就会水到渠成。社会工作者要给家庭画一个成员动机程度的示意图，要明确整个家庭到底希望改变什么。目标的制定要让全家共同参与讨论，所有人都要同意朝这些目标努力，以学习新行为，逐步消除问题。要提出具体的解决问题的想法与计划，要给家庭灌输新的乐观意识，要让他们相信天下没有过不去的坎。

家庭社会工作的核心原则是自决。这个原则相信服务对象有权利与责任同意自己要做什么。要就目标陈述达成一致。社会工作者要与家庭通力合作，来确定最后的理想状态。要实现这个理想状态，所有人都要就目标状态达成共识，要清楚认识到家庭的资源是什么，要实现这个目标需要哪些资源。确定的目标、意图与责任可以随着环境的改变而不断调整。

为协助家庭制定目标，社会工作需要做到：一是确认家庭成员在危机阶段是最能接受改变的；二是要把抽象的、宽泛的目标转变为具体的、明确的目标；三是界定清晰的、具体的、可测量的目标；四是协助家庭

---

① ［加］唐纳德·柯林斯、［美］凯瑟琳·乔登、［加］希瑟·科尔曼：《家庭社会工作》，刘梦译，中国人民大学出版社2018年第4版，第212—213页。

② Nichols M. & Schwartz R., *Family Therapy: Concepts and Methods* (8th ed.), Boston: Allyn & Bacon, 2007.

甄别自己最希望首先实现的目标;五是协助家庭成员就行为改变彼此协商;六是识别家庭的技能与优势;七是得到家庭的承诺。

一旦重点突出、目的明确的目标制定下来了,家庭社会工作就可以继续向前推进。家庭社会工作的目标需要被清晰地表述,并且能预测到一旦目标实现后,家庭会发生什么样的变化。尽管制定目标是一个持续性的、动态的过程。①

5. 对服务对象的需求进行评估

需求评估是一个持续性的收集资料的过程,目的在于通过分析其所处的环境来理解服务对象。

对服务对象的需求评估从发现问题开始,可以采用定性与定量的方法作为切入点,把需求评估和干预有机地结合起来。②

评估的目的与问题的界定,要探索、发现与界定家庭内部与外部的动力关系,正因这些关系既导致了家庭问题的出现,同时也可能构成了家庭的优势所在。需求评估就是一个对家庭收集足够多的信息的过程。这利于家庭社会工作者基于全面掌握信息而制订出有针对性的介入计划。细致的评估利于社会工作者制定出切实可行的具体目标,因为需求评估可为社会工作者指明未来的工作方向。例如,在需求评估后,社会工作者认为孩子的问题源于陷入了父母婚姻的三角关系中,因而,社会工作者可能就应解构这种三角关系,进行婚姻修复;如果社会工作者发现孩子的问题是因为家庭缺乏有效的行为管理原则,介入的目标就是向父母传授儿童行为管理原则与子女管教技巧,协助他们学习育儿知识,培育儿童良好的行为习惯。

对服务对象的需求评估是非常灵活的,并且处于不断变化之中。随着收集的信息会不断增多,社会工作者还需要不断修改、拓宽已有的评估。很多时候,评估不可能一次性完成,因为社会工作者在处理信息的时候,新的信息会不断出现。在需求评估中,社会工作者要协助家庭成

---

① [加]唐纳德·柯林斯、[美]凯瑟琳·乔登、[加]希瑟·科尔曼:《家庭社会工作》,刘梦译,中国人民大学出版社 2018 年第 4 版,第 215—216 页。

② [加]唐纳德·柯林斯、[美]凯瑟琳·乔登、[加]希瑟·科尔曼:《家庭社会工作》,刘梦译,中国人民大学出版社 2018 年第 4 版,第 242 页。

员尽量参加，最好是让所有家庭成员都参与进来，一起探讨问题。这种探讨需要更加深入、准确理解家庭所面临的处境。每个成员都会对当前的处境有自己的看法，并且每个人的看法都非常重要。比如，定义某个孩子的问题是"与朋友在外游荡"，在家长看来这是孩子不听话的表现，但对孩子来说这是一个独立性的问题。这些问题常常会涉及行为、情感、认知及经验等层面。

总之，对家庭需求的评估奠定了此后的介入基础，它也是介入成功的关键。对家庭开展全面的需求评估，可采用的更具体的三个方法分别是访谈、观察、清单及工具。① 一般来说，家庭的需求主要是衣食住行、教育、就业、人际关系等方面。

6. 全面调查、分析介入对象的问题成因

在城镇盗窃问题中，全面调查、分析事前预防性的家庭社会工作介入对象的成因，即调查、分析边缘青少年及其问题家庭的成因。概括来说，其问题成因除家庭之外的因素外，家庭本身的因素大致包括以下方面。

（1）经济因素

一般来说，经济因素是边缘青少年及其问题家庭形成的最根本因素。如儿童留守在家，是因为其家长无法在当地找到合适的工作，因而外出务工、经商，以保证家庭的经济收入；青少年失学，大都是因为家庭经济困难；夫妻离婚，经济因素往往是首要原因；青少年失管，往往源于父母忙于生计。残缺型家庭背后往往是经济困难；家庭成员犯罪很多时候是基于经济的考量；经济原因常常是濒危家庭中夫妻争斗的焦点。

（2）文化素质因素

父母是子女的第一位老师。一些家长由于自身所受教育不多，因而文化素质不高；而家长文化素质不高，直接导致子女文化素质低。"龙生龙，凤生凤，老鼠的孩子会打洞"，现实中，很多时候恰是如此。由于一些家长的文化素质不高，因而并不重视子女的教育，自然也认识不到子

---

① ［加］唐纳德·柯林斯、［美］凯瑟琳·乔登、［加］希瑟·科尔曼：《家庭社会工作》，刘梦译，中国人民大学出版社2018年第4版，第242—243页。

女失学、失管的严重性。实际上，许多青年失业，正是家长文化素质低、不重视子女教育，使其缺乏足够的职业技能所致。由于家长的文化素质不高，因而会出现不道德和犯罪家庭、教养方式欠缺型家庭；由于家长的文化素质不高，他们也不会意识到要为子女创造一个良好的家居环境，所以才会产生濒危型家庭、暴力型家庭等问题家庭。

（3）思想观念因素

不少家长有许多错误的思想观念，导致家庭成为问题家庭，使其子女成为边缘青少年。例如，有的家长有金钱至上的观念。他们认为，赚钱是家庭中唯一重要的事情，其他事情如教育子女等都是次要的，认为只要有钱就能解决一切问题。实际上，很多时候，一些地方并非绝对找不到工作，只是工资水平低，但省吃俭用、勉强养家糊口还是可以做到的。然而，有很多家长为赚更高的工资便离开家乡，使自己的子女成为留守儿童，而留守儿童的日常监护人——爷爷奶奶，由于年龄大、文化素质偏低，很难担负起教育儿童的责任。可以说，某些家长金钱至上的观念相当大程度上是子女成为留守儿童的成因。又如，有些家长心存"读书无用"的思想。有些家长认为，现在读书即便考上大学，国家也不分配工作，毕业后还是打工，不如趁早离开学校。这种思想也是一些青少年失学、失业的原因之一。

（4）家长的原生家庭因素

有些边缘青少年及问题家庭的产生，不仅仅受一代家庭的影响，还受到问题家庭家长的原生家庭的影响。问题一直没有得到解决，导致问题出现代际传替。例如，有些家长自己是在留守、失管的环境中长大成人的，他并不认为子女处于留守、失管状态是问题。有些因夫妻离婚而产生的残缺型家庭，是受家长的一方或双方产生于离异家庭的影响；暴力型家庭是因家长的原生家庭存在家庭暴力现象；濒危型家庭相当大程度也是因家长的原生家庭本是如此的缘故；产生教养方式欠缺型家庭或不良家居环境型家庭，是因为这些类型家庭的家长也正是产生于这样的原生家庭。这些家长的原生家庭的不良因素所形成的家庭亚文化，如果没有外界的干预，家庭成员很难摆脱其负面影响。

全面调查、分析边缘青少年及其问题家庭的成因，要经过多次家访之后才有可能完成。

此外，全面调查、分析介入对象问题的成因，除了应当了解家庭本身的因素，还应注意学校、社区、社会等家庭之外的因素。

7. 介入服务对象

社会工作者在介入事前预防性的家庭社会工作的服务对象中，要运用以下几种角色来发挥跳板作用，协助家庭实现改变。

（1）共情的支持者

在这种角色中，社会工作者要发现与强化家庭的优势，同时也要发现家庭的不足或资源的缺乏。发现优势，就可使社会工作者进入家庭，建立联系，增强他们之间的信任，提高家庭改变的动机，使家庭乐观地朝着既定目标前进。尽管每个家庭都有自己的优势，但社会工作者常常会陷入功能紊乱与病理学视角中，也许关注问题本身即强化功能紊乱。例如，尽管都是从负面的视角来教育孩子，但多数父母的出发点都是关心自己的孩子。社会工作者要强调这种关心，这样就能给处理目标问题打下很好的基础。

（2）教师/培训者角色

这种角色可使社会工作者发现家庭的问题之所在，或者在哪些方面缺乏技巧及知识。要将家庭问题当成技巧缺乏的结果，或者说就是需要学习新的技巧，而不是去寻找一些病理学的证据。鼓励家庭更加开放，以主动的方式来处理问题。问题包括沟通技巧、育儿技巧、问题解决、愤怒管理、冲突解决、价值澄清、财务管理、日常生活技巧等方面的缺陷及不足。

（3）顾问角色

这种角色要求社会工作者要针对家庭出现的具体问题提供建议。例如，家庭功能一般来说是正常的，但家长发现孩子进入青春期后，家里就开始不安定了，因而他们需要专业的支持。社会工作者作为顾问，能给父母提供有价值的信息，帮助父母来处理子女青春期问题。在这个过程中，父母会逐步了解青春期孩子的需要，此后，也不会将孩子当成问题的根源。社会工作者还可给父母及孩子们不断提供反馈，而这种反馈从其他渠道是根本得不到的。

(4) 使能者角色

这种角色要求社会工作者帮助家庭开拓过去得不到的机会。例如，一个外来移民家庭可能不了解自己周围有哪些资源可以满足自己的特殊需要。给这些家庭提供相关的服务资源信息，帮助他们获取这些信息，就能提高家庭的能力。在完成某些任务的过程中，家庭成员的能力提高了，就能为他们未来的成功打下基础。

(5) 动员者角色

这种角色要求社会工作者充分利用其在助人性社会资源网络中的特殊地位。社会工作者要全面了解助人系统与社区支持网络的情况，动员与推动不同的社区组织与资源来为家庭服务。例如，当学校给孩子带来很多挑战与压力时，社会工作者要协调学校与家庭之间的关系，促进他们之间的沟通，给努力奋斗的孩子提供新的机会。

(6) 调解者角色

社会工作者要处理个人与系统之间的压力及冲突。调解的层面很多。当家庭与社区发生冲突时，社会工作者要调解，找到解决办法，或者在更加微观的层面上，还要调解家庭成员之间的矛盾及冲突。如果家庭成员与邻居关系紧张，社工还需要介入这些冲突。

(7) 倡导者角色

这个角色要求社会工作者代表服务对象采取行动。社会工作者处于独特的位置，能理解家庭问题在社会情境中产生的根源。所以，社区行动与政治行动都能成为社会工作者的手段，以倡导社会与法律的改革，使服务对象受益。①

根据服务对象的不同问题，社会工作者在家庭社会工作中的角色一般包括以下方面。

(1) 经济上的帮助

这需要政府与社会福利机构从经济方面帮扶缺乏资源的问题家庭，包括失业救济、医疗救助、小额贷款、职业训练、技能培训等。一旦家

---

① ［加］唐纳德·柯林斯、［美］凯瑟琳·乔登、［加］希瑟·科尔曼：《家庭社会工作》，刘梦译，中国人民大学出版社2018年第4版，第335—336页。

庭的经济基础得到了充分的保障，这就为解决边缘青少年及问题家庭打下了坚实的基础。

（2）心理上的治疗

很多时候，家庭中夫妻之间、亲子之间对角色认知、价值观念或地位转变等认识不一而引起冲突，从而导致夫妻失和、家庭代沟产生，使家庭成员之间在心理上经常受到困扰，因而社会工作者应对其进行心理治疗，使家庭成员得以充分沟通，恢复正常关系。①

（3）开展面对家庭的教育和培训

包括以下方面：

第一，婚姻学校，包括新婚夫妇学校、离婚夫妇学校等。开办婚姻学校的目的在于帮助参与者了解婚姻不同阶段容易产生的问题与相关的生理、心理、法律、社会等知识，帮助人们科学理智地面对婚姻，面对婚姻的矛盾及冲突，改变他们的一些错误观念。

第二，家庭学校，包括父母家长学校与隔代家庭学校等，以传授科学育儿方法、家庭教育方法等，提升他们更好地协调与其他家庭成员之间的关系。

第三，家政学校，包括家政培训班、家庭服务员培训班等。家政学校讲授家庭理财购物、家庭生活料理、家庭布置、病人护理等。

第四，再就业培训，传授一些利于就业的知识等，帮助家庭成员失业之后顺利实现再就业。

（4）社会服务

有些家庭的问题不是来自一个方面，而是多个方面，这就需要配合社区资源、邻里关系提供社会服务。②

8. 结案

结案是家庭社会工作的最后阶段。

结案的主要焦点即评估介入家庭的工作是否解决了家庭中出现的问题。与此相关的一个重要目标是，确保家庭中出现的改变能保持下去。

---

① 王思斌主编：《社会工作概论》，高等教育出版社1999年版，第221页。
② 王思斌主编：《社会工作概论》，高等教育出版社1999年版，第221—223页。

这个目标通常能达到。

家庭社会工作的工作时间取决于机构的要求、家庭动机或目标达到的程度。家庭社会工作的时间通常是短暂的，有时只有4—10次会谈。有些社工机构会给社会工作者提出时间限制，明确规定结案的时间和日期。社会工作者需要在最后一次会议之前开始倒计时，并阶段性地回顾家庭改变的进展。

最理想的结束家庭社会工作的时间是家庭出现的问题得到了解决，家庭和社会工作者对这个结果都感到满意。当然，实践中，结案常常以意外的方式出现，如某些家庭退出了服务计划，或在期望的结果出现前就结案了。此外，当干预无效果或进展不顺利时，尽管社会工作者多次努力从头开始，但还是应先停下来，回顾一下工作进展再结束工作。

结案有不同的方式，概括来说，大致包括以下几种。

一是，服务对象决定不再参加会谈，或者在初次会谈时借故缺席。

二是，自转介以后，家庭结构发生了变化，如夫妻分居，或儿童服务对象被从家中带走并得到照顾。

三是，家庭参加了第一次会谈，但此后再也没有参加。

四是，直接退出，常常是以电话方式告知社会工作者自己要退出，也可能根本没有理由。

五是，一位或更多的家庭成员拒绝参加家庭会谈。

六是，服务对象表现出主动的抵制，不断质疑过程与结果。有的家庭成员不合作，甚至充满敌意。

七是，会谈进程表明毫无改变，这样的结案需双方认可。

八是，多次取消会谈，或者服务对象未正式退出，但会谈已经无法进行。

九是，成功解决了出现的问题，双方同意结案。

十是，服务对象在协议时间即将结束时提出结案。实现约定的时间，给结案提供了一个很好的时间框架，从而确保了介入的有效性。

最后需要说明的是，尽管在家庭社会工作介入期间可能会出现令人振奋的积极结果，但是，是否最终能取得成功还是需要通过测量。可以从不同的层面来测量家庭社会工作给家庭带来改变的程度，包括个人层面、亲子关系层面及家庭系统层面。①

（二）事后补救性的家庭社会工作介入城镇盗窃问题

事后补救性的家庭社会工作介入城镇盗窃问题是指家庭出现盗窃分子之后，对于盗窃分子及整个家庭的介入。

尚未出现盗窃分子的问题家庭由于问题没有得到及时的矫正，问题累积的量达到一定程度，便会发生质变，成为出现盗窃分子的问题家庭。实际上，二者并无不可逾越的鸿沟，需尽早介入。

问题家庭出现盗窃分子后，盗窃分子所受的处罚会因严重程度不同，有的受治安处罚，有的受刑事处罚。在处罚中、处罚后的不同阶段，事后补救性的家庭社会工作的介入内容也应有所不同。另据课题组研究，盗窃分子受司法机关处罚后，其中13.6%会进行第二次盗窃，9.0%会进行第三次及以上次数盗窃。因此，对于受司法机关处罚后的盗窃分子中的初犯、再犯及累犯，家庭社会工作介入的侧重点要有所不同。

总之，在介入城镇盗窃问题中，事后补救性的家庭社会工作与事前预防性的家庭社会工作的基本步骤大同小异，一般也包括发现事实、界定和评定问题、解决问题、结案等，只是二者的介入侧重点、要求有所不同。

---

① ［加］唐纳德·柯林斯、［美］凯瑟琳·乔登、［加］希瑟·科尔曼：《家庭社会工作》，刘梦译，中国人民大学出版社2018年第4版，第432—447页。

第九章

微观社会工作介入城镇盗窃问题

微观社会工作即个案工作,也就是针对个人(服务对象为三个以下)的社会工作。它致力于从个人层面解决服务对象的问题,是最早的一种社会工作方法。生态系统理论、需要理论、认知行为理论、沟通理论等为微观社会工作提供了理论支撑。微观社会工作通常有心理社会治疗模式、行为矫正模式、认知治疗模式、人本治疗模式、危机干预模式、任务中心模式、叙事治疗模式、通才实务工作模式等。微观社会工作介入城镇盗窃问题,包括事前预防性的微观社会工作、事后补救性的微观社会工作两类方法介入。

一 事前预防性的微观社会工作介入城镇盗窃问题

事前预防性的微观社会工作介入城镇盗窃问题,其介入对象主要是尚未从事盗窃活动的城镇边缘男性中青少年。

根据本书第五章所述,当前城镇盗窃问题产生的个人原因包括贫困、吸毒、网络成瘾、赌博、利欲熏心严重、极其好逸恶劳等。而或多或少具有这些特点的、但尚未从事盗窃的男性中青少年有可能将来会从事盗窃活动,所以,事前预防性的微观社会工作主要针对城镇边缘男性中青少年的这些问题介入,努力消解或减少这些因素的影响,有助于预防城镇盗窃现象的发生。

(一)城镇边缘男性中青年贫困问题的微观社会工作介入

贫困,是一种部分社会成员持续经历的生活困难现象;它是以经济方面的低收入与物质生活水准低下为基础的经济现象与社会现象的统一，导致贫困的实质是部分社会成员缺乏必要的资源而被剥夺正常获得生活资料及参与经济、社会生活的权利；贫困现象的存在是按特定的"常规生活标准"而界定的。这种标准是社会界定的，且随着社会的发展而变化。①

在城镇中，边缘男性中年、青年贫困的原因，除了社会原因之外，个体原因主要包括以下方面。

1. 失业

就业是民生之本。绝大多数人要靠就业才能获得经济收入。因此，如无其他经济收入来源，失业会直接导致青年、中年男性陷入贫困境地。2008年，城镇登记失业人数为886.0万人，失业率为4.2%。2009—2018年，城镇登记失业人数每年都超过900万人，每年失业率均在4%左右。②由此可以推断出，城镇每年因失业而导致的贫困不在少数。

2. 在业低收入

尽管个人低收入不会必然导致家庭陷入贫困，但个人低收入对家庭人均收入确实有不同程度的影响。它是导致城市家庭陷入贫困的主要因素之一。③ 换句话说，个人在业低收入并不会使从业者个人本身陷入贫困，但家庭各成员是命运共同体，如果其他家庭成员无收入，那么，在业低收入几乎就成为导致个人贫困的重要原因，特别是导致家庭中的儿童贫困。

3. 疾病

1993—2013年，我国居民两周患病率增长很快，已由14.0%增至24.1%，其中城市中由17.5%增至28.2%。1998—2013年，慢性病两周前发生持续到这两周内的比例持续增高，已由1998年的39%增长到2013年的77.2%，增长了近一倍，其中城市中由48.0%增至80.4%。15岁及以上人口慢性病患病率已由1993年的20.7%增长到2013年的33.1%，

---

① 关信平：《中国城市贫困问题研究》，湖南人民出版社1999年版，第88页。
② 数据来源：国家统计局网站统计数据。
③ 关信平：《中国城市贫困问题研究》，湖南人民出版社1999年版，第237—243页。

其中由城市中的 31.5% 增长到 36.7%。

在我国居民健康水平进一步降低的情况下，医疗费用呈现持续较快增长态势。1993 年，我国居民住院者平均每次住院费用为 933 元，其中城市居民住院者平均住院费为 1703 元。① 到 2013 年，我国居民次均住院费用为 8520 元，其中城市为 10353 元，② 分别增长了 8.13 倍、5.08 倍。

如果我们再考察同期城镇低收入户的收入情况会发现，1993 年，10% 的低收户人均年收入为 1718.63 元，③ 到 2013 年，20% 的城镇居民低收入户人均可支配收入为 9895.97 元，④ 增长了 4.76 倍，低于城市居民次均住院费用的增速。这意味着不少城镇低收入居民很容易因病致贫。2018 年 4 月，国家卫健委财务司副司长刘魁介绍说，中国建档立卡贫困户中，因病致贫、因病返贫的比例都在 42% 以上。⑤

4. 有不良习气

由于种种原因，现实中有不少中青年男性是因不良习气而致贫的。这些不良习气包括懒惰、好抽烟、酗酒、爱赌博、沉迷于买彩票等。

（1）懒惰

一直以来，中国人以勤劳著称于世，懒惰的人在现实生活中并不多见，但这类人确实也客观存在。这类人通常被称为"二流子"，属于马克思所说的"流氓无产阶级"。他们做事拖拉，不愿意劳动，怕吃苦，或者三天打鱼，两天晒网，依赖思想严重，寄希望于政府部门的救济。对于接受外来救济，不仅不会给他们留下贫困烙印，反而理所当然地积极地争取，并且，这部分人往往是麻将馆、棋牌室的常客。这些人的贫困显然是懒惰导致的。懒惰即好逸恶劳，也是诱使不少城镇边缘男性中青少

---

① 数据来源：《国家卫生服务研究——1993 年国家卫生服务总调查分析报告》。
② 数据来源：《2013 年第五次国家卫生服务调查分析报告》。
③ 数据来源：《中国统计年鉴》（1994）。
④ 数据来源：《中国统计年鉴》（2015）。另外，从 2014 年开始，国家统计局的统计口径有变化，只按收入五等份分组计算城镇居民人均可支配收入。
⑤ 蔡熊更：《国家卫健委：解决因病致贫因病返贫问题 打赢健康脱贫攻坚战》，2018 年 4 月 25 日，http：//health.people.com.cn/n1/2018/0425/c14739 - 29949739.html，2020 年 5 月 18 日。

年从事盗窃的重要原因。接受课题组访谈的很多社区居民表示,"偷东西的不都是一些好吃懒做的人吗?"

（2）嗜烟

截至2015年,全球每天吸烟人数达9.33亿人,其中,中国所占比重超过三成。[①] 2018年,我国烟草行业实现税利总额1.16万亿元,上缴国家财政总额1万亿元。[②]

2017年,城镇居民中的低收入户人均可支配收入5958.4元。[③] 如今,一般来说,大众化的、比较便宜的香烟十元左右一包,嗜烟者一天最少要一包烟。照这样计算,城镇居民低收入户中的嗜烟者的吸烟支出,约占其可支配收入的60%。可见,城镇低收入户中有些人嗜烟与其贫困有相关性。

（3）酗酒

据国家统计局数据,2017年主要经济效益汇总的全国酿酒行业规模以上企业共计2781家,酿酒行业规模以上企业累计完成产品销售收入共计9239.57亿元,累计实现利润总额1314.03亿元。[④]

在日常生活中,喝酒司空见惯,甚至有不少人嗜酒如命。对于收入尚可的人而言,偶尔喝酒并没有多大影响。但是,酗酒支出对于城镇低收入者而言也是一笔不小的开支,因而他们的贫困与酗酒有相关性。

（4）好赌

在中国许多城镇的大街小巷,总能看到不少中青年男性坐在麻将馆里打麻将、玩扑克或牌九等。如果说他们是赌博,但他们玩的金额都不大,大都在几百元以内,公安机关一般也不管。但是,如果认为他们仅

---

① 《2018年中国烟草行业市场前景研究报告》,2018年7月2日,http://finance.ifeng.com/a/20180702/16362363_0.shtml,2019年4月17日。
② 郑旭南、周茹:《坚持稳中求进工作总基调 奋力谱写烟草行业高质量发展新篇章——专访国家局党组书记、局长,中国烟草总公司总经理张建民》,2019年2月1日,http://www.echinatobacco.com/html/site27/focusnews/112333.html,2019年4月30日。
③ 数据来源:《中国统计年鉴》（2018）。
④ 王延才:《中国酒行业明显"回暖"》,《中国酒》2018年第5期。

是娱乐，恐怕也不合适，因为他们经常在那里玩，目的都是为了赢钱，并且涉及的金额相对于他们的收入而言并不算少。所以，他们这种"娱乐"实际上还是赌博。由于赌博者不可能天天都赢，总是有赢有输，并且不能增加整个社会的财富，赌博者还都付出了本应劳动的时间，所以可以说不少城镇低收入者的贫困显然与其好赌有相关性。

（5）沉迷于买彩票

为了促进社会福利事业或体育事业的发展，1987年，中国大陆开始发行福利彩票。到2012年，彩票从业人员接近110万人。2009年，彩票发行金额为1300多亿元。① 到2017年，福利彩票销售金额达2169.8亿元。②

然而，始料未及，彩票的发行却催生出一批问题彩民。有研究表明，2012年因买彩票上瘾而不能自拔的"问题彩民"约700万人。问题彩民的年龄主要为18—45岁，多为高中或大专学历，绝大多数人的社会经济地位处于中层以下。③ 由于买彩票中大奖的永远是极少数人，绝大多数人的钱基本是白白浪费，显然，城镇居民中的一部分低收入者的贫困与其沉迷于买彩票有相关性。

总之，懒惰、嗜烟、酗酒、好赌、沉迷于买彩票等均属不良习气，城镇居民中一部分低收入者的贫困相当大程度恰是因沾染了其中的一种或多种。社会工作者如能帮助他们改正这些不良习气，可较大程度缓解他们的贫困状况。

5. 新创造的财富少

马克思指出："劳动不是一切财富的源泉。自然界同劳动一样也是使用价值（而物质财富就是由使用价值构成的！）的源泉，劳动本身不过是一种自然力即人的劳动力的表现。……只有一个人开始就以所有者的身份来对待自然界这个一切劳动资料和劳动对象的第一源泉，把自然界当

---

① 《中国问题彩民调查：梦想一夜暴富陷赌徒困境》，2012年7月11日，http：//www.cnr.cn/gundong/201207/t20120711_510191305_1.shtml，2019年4月30日。

② 数据来源：《2017年社会服务发展统计公报》。

③ 《"问题彩民"病灶是"金钱改变命运"》，2012年3月27日，http：//news.youth.cn/wzpd/201203/t20120327_2039042.htm，2020年5月18日。

做属于他的东西来处置,他的劳动才成为使用价值的源泉,因而也成为财富的源泉。"①

马克思这段话对解释今天中国一部分人的贫困很有启发性。在当今中国社会,生产资料名义上属全民所有,多数人并不直接占有劳动资料与劳动对象,因而基本上并不能从非劳动渠道获得财富,而只能主要靠劳动获取财富,但是,如果他们的劳动新创造的财富很少,就很容易直接导致陷入贫困境地。

6. 不会理财

民间有谚语说,吃不穷,穿不穷,算计不到一世穷。这句话是有一定道理的。吃与穿是人们日常生活中的基本消费,人们应当量入制出,合理规划,才能实现可持续发展。如果人们的收入本来就非常有限,却盲目花钱,非理性地消费,缺乏规划,就会长期处于贫困境地。然而,现实生活中,这种不会理财的人并不在少数。在城镇居民中,一部分低收入者因不会理财而对其陷入贫困境地具有不容忽视的影响。

总之,导致城镇边缘男性中年、青年贫困的个体原因,涵盖了失业、在业低收入、疾病、有不良习气、新创造的财富少、不会理财等方面。

鉴于城镇边缘男性中青年贫困的个体原因,社会工作者应采用微观社会工作方法介入,致力于消解或削弱这些致贫因素。

1. 针对城镇边缘男性中青年失业问题的微观社会工作介入

第一,社会工作者应当积极关注城镇边缘男性中青年失业问题。很多情况下,对于城镇边缘男性中青年,只要有人真心、积极关注他们,他们一般都会有积极改变。

1930年前后,美国国立研究院曾在伊里诺斯州的霍桑西部电器公司进行了一系列研究。起初,只是想研究物质条件如何影响生产效率。预先设想在一定范围内,生产效率会随着照明强度的增加而上升。实验在那些工人抱怨照明太暗的车间里进行。结果显示,照明条件改善后,生产效率果然得到提高。研究人员又偷偷把照明强度逐渐降低到实验前水平。研究人员发现,生产效率并未因照明强度的下降而降到原来水平,

---

① 中央编译局:《马克思恩格斯文集》第3卷,人民出版社2009年版,第428页。

而是维持不变。研究人员最后发现，工人态度的改变是生产效率提高的主因，而工人态度的改变是因为他们感到公司管理部门已愿意倾听他们的呼声了。①

霍桑效应对于微观社会工作的启示是，社会工作者只要真心关注服务对象，很多情况下就会产生社会效益。因为服务对象觉得有人关注他们。马斯洛夫的需要理论也告诉我们，人有尊重的需要。社会工作者也能够积极关注服务对象，使他们感到自己受尊重，一般来说，大都会向积极的方面改变。

因而，社会工作者首先应当积极关注城镇边缘男性中青年失业问题，只要他们意识到有社会工作者在真诚地关心、帮助他们，一般来说，很少有人会自暴自弃，破罐子破摔，而会愿意积极寻求工作。

霍桑效应还启发我们，不仅失业问题，在业低收入、疾病、有不良习气等问题也一样，只要服务对象愿意配合社会工作者，社会工作者也能够积极关注，真心帮助他们解决，一般来说，服务对象的积极性与潜力就能被激发出来，并与社会工作者一道解决问题，问题就能得到较好的解决或缓解。

第二，从优势视角出发，积极发掘城镇边缘男性中青年服务对象的自身优势，努力帮助他们解决失业问题。实际上，城镇边缘男性中青年服务对象自身往往有很多优势自己并未意识到。比如，与残疾人相比，他们四肢健全；与老年人相比，他们年纪轻，有劳动能力；与许多老年人相比，中青年基本都具有初中文化程度，很多人都懂一些计算机知识；与一般的妇女劳动力相比，他们大都有力气，能从事体力劳动。此外，还有一些城镇边缘男性中青年还具有其他一些具体的优势，适合于不同的就业岗位。

第三，改变城镇边缘男性中青年的一些错误就业思想观念。有不少城镇边缘男性中青年头脑中有不少错误的就业思想观念。比如，既要工作轻松，又要工资福利待遇好；没有合适的工作，宁愿失业；读了大学就应当找个坐办公室的工作等。这些错误的就业思想观念，直接左右了

---

① 邬庆祥：《霍桑效应》，《教育科研情况交流》1982年第7期。

不少城镇边缘男性中青年的头脑，导致他们失业。社会工作者若能帮助他们改变这些错误的观念，就可以促使一部分人就业。如今中国人口老龄化严重，劳动人口减少，"人口红利"日益减少，就业难也并非绝对就业难。

第四，针对城镇边缘男性中青年的具体条件，及时提供相应的岗位信息，并鼓励他们正确应对就业应聘中的失败情绪。

第五，帮助他们参加本社区提供的职业技能培训项目、创业项目等，鼓励他们积极学习职业技能，或自己创业。

第六，帮助一时找不到工作、符合条件的城镇边缘男性中青年，申请领取失业保险金，避免他们短期生活无着落而从事盗窃活动。

此外，必须说明的是，微观社会工作介入城镇边缘男性中青年失业问题，诸如接案、预估、建立专业关系、计划、评估、结案等其他环节也是非常重要的，在此不一一详述。微观社会工作介入其他问题的，我们也作类似处理。

2. 针对城镇边缘男性中青年在业低收入问题的微观社会工作介入

第一，社会工作者应引导城镇边缘男性中青年正确认识在业低收入问题，要帮助他们认识到，这是一个带有普遍性的社会问题，并非只是他们收入低，要帮助他们获得一些心理平衡，努力避免有些人干脆因此放弃就业。

第二，针对城镇边缘男性中青年的兴趣爱好，鼓励他们积极发掘自己的个人专长，并在业余时间以自学、成人高考、网络授课或其他方式，不断提升自己的专长，增加人力资本存量，待时机成熟，更换收入更高的工作。

第三，鼓励城镇边缘男性中青年从事第二职业、其他兼职或其他临时性的工作，以获得主业之外的其他收入补贴，并为他们提供一些相关信息。

第四，在春节等传统节日期间，为他们提供一些节日慰问，让他们充分感受到党和政府的温暖。

此外，为符合条件的城镇边缘男性中青年积极寻求一些政策优惠、捐赠或其他生活补助。

3. 针对城镇边缘男性中青年疾病问题的微观社会工作介入

第一，帮助他们解决医疗费用问题。医疗费用问题往往是城镇边缘男性中青年疾病问题中的最大问题。除了医保报销渠道外，社会工作者还可以通过以下方面向城镇边缘男性中青年提供帮助：一是帮助符合条件的城镇边缘男性中青年申请医疗社会救助；二是从医院方面寻求医疗费用的减免，帮助其尽量减少一些不必要的医疗支出，避免过度医疗；三是对于患有特别严重疾病的，可通过轻松筹、水滴筹等渠道，积极寻求亲友与社会大众的爱心捐助。

第二，帮助他们保持良好的情绪。患病中的人们往往情绪低落，消极颓废，这不利于他们恢复健康。社会工作者应当注意安抚病人的情绪，对其进行心理疏导，帮助他们保持积极、乐观、向上的生活态度；同时还要建议病人的家属保持良好的情绪，以免不良情绪影响到病人，特别不应当在病人患病时指责其以前不注意身体，或者带给病人其他方面的额外压力。

第三，针对他们的疾病情况，建议病人家属提供搭配合理、有助恢复健康的营养餐。

第四，除了照顾病人的直系亲属外，社会工作者可建议病人的其他亲友，在条件允许的情况下，通过各种方式，多关心病人的健康状况。

此外，社会工作者还可帮助提供各种与所患疾病相关的信息；协调家庭内部成员之间、医患之间的关系；提供转院、出院等相关服务；[①] 帮助他们掌握一些正确的养生方法，防止某些疾病复发等。

4. 针对城镇边缘男性中青年有不良习气问题的微观社会工作介入

针对具有懒惰、嗜烟、酗酒、好赌、沉迷于买彩票等不良习气的城镇边缘男性中青年，社会工作者首先应协助服务对象自我了解、探索自己的问题，要促使他们明白，这些均属不良习气，对他们当前的生活状况产生了较大的负面影响，应当下决心，发展自己的正常人格，发挥潜

---

① 安民兵：《论医疗社会工作的价值观、理论、方法及其前瞻》，《卫生软科学》2006 年第 6 期。

能，逐步解决自身的问题。①

(1) 微观社会工作介入懒惰

懒惰即好逸恶劳，通常表现为做事拖拉、贪睡、依赖他人、贪玩，喜欢从事一些没有收入的娱乐，如看电影、追电视剧、玩游戏等。对于懒惰，可采用任务中心模式介入。具体来说包括以下要点：一是，社会工作者与服务对象找到目标问题，即懒惰；二是，双方就目标问题、服务时间、服务安排达成协议；三是，双方确定任务，确定履行此任务的细节及步骤，估计可能出现的阻力；四是，双方完成有关任务；五是，检验成绩，并安排服务对象在辅导结束后应该履行的任务，不断给服务对象以鼓励，对他们的成功持乐观态度。②

此外，微观社会工作介入懒惰问题，还可采用认知行为疗法等其他模式。

(2) 微观社会工作介入嗜烟与酗酒

对于城镇边缘男性中青年嗜烟与酗酒，除了可以采用任务中心模式、心理—社会治疗模式外，还可采用行为治疗模式（或称行为修正模式、行为矫正模式）介入。行为主义心理学为其提供了理论支撑，其中经典条件反射、操作性条件反射、社会学习理论是行为治疗模式的主要理论依据。③

行为治疗模式有以下几个特点：一是，关注服务对象的当前行为，强调以行为为中心，不关心行为的内部根源、深层原因及他们的成长经历、创伤经验等，比如不去探讨服务对象为什么嗜烟、酗酒。二是，强调当前环境事件的重要性，认为人的行为是由其所处的外部环境中的各种事件控制与决定的。行为治疗的重要内容包括对与行为相关联的环境事件的评估及改变。识别导致行为问题的环境事件非常重要，一旦识别了这些环境事件，就可改变它们，达到行为治疗的目的。例如，有些人独处的时候，往往抽很多烟；酒友在一起的时候喝大量酒。如果这样，

---

① 张雄编：《个案社会工作》，华东理工大学出版社1999年版，第64页。
② 张雄编：《个案社会工作》，华东理工大学出版社1999年版，第168—169页。
③ 陈志霞主编：《个案社会工作》，华中科技大学出版社2006年版，第157页。

就尽量减少服务对象的独处时间,减少酒友相聚的次数。三是,强调对行为矫正程序与行为改变的精确描述及测量。这样利于其他研究者重复与正确使用相应程序及方法,并检验其有效性。对于嗜烟、酗酒,都可做到精确测量。四是,在日常生活中对服务对象行为矫正的实施通常需要其他人来帮助。行为矫正程序通常需要家长、老师、同事、亲友等来帮助实施,协助改变服务对象的目标行为。①

总之,尽管行为治疗模式有其局限性,也遭到不少批评,但该方法侧重于服务对象的外显行为的习得与改变,具有科学理论与实施依据,具有系统的治疗方法及技术,可操作性强,治疗效果容易观察与测量,收效也比较快,节省时间与人力。② 嗜烟、酗酒等问题契合行为治疗模式介入的基本要求,用这种方法介入一般能取得较好效果。

(3) 微观社会工作介入好赌与沉迷于买彩票

对于城镇边缘男性中青年好赌、沉迷于买彩票,除了可以采用任务中心模式介入,还可采用现实治疗法介入。

现实治疗法强调人们应面对现实,并作出负责任的行为。它的适用范围很广,在美国已被广泛运用于学校教育、惩处机构与医院等。现实治疗法是一种时间短、节省时间的工作模式。③

微观社会工作介入城镇边缘男性中青年好赌、沉迷于买彩票,其介入要点主要包括以下方面。

一是与服务对象建立专业关系,查询其需要。治疗的第一步,就是社会工作者要与服务对象建立良好关系,与其做朋友。社会工作者要全身心投入,非常个性化地与服务对象交往,尽量表现对服务对象的关心、温情及体谅。社会工作者要协助服务对象表达其真正与合乎现实的需要。在这一过程中,服务对象可能会有不合作态度,社工可凭借已建立的良好关系运用当面对质的技巧进行沟通。

二是询问与了解服务对象当前的行为,即好赌或沉迷于买彩票。在

---

① 陈志霞主编:《个案社会工作》,华中科技大学出版社 2006 年版,第 162—163 页。
② 陈志霞主编:《个案社会工作》,华中科技大学出版社 2006 年版,第 184—186 页。
③ 张雄编:《个案社会工作》,华东理工大学出版社 1999 年版,第 187—188 页。

此阶段，社会工作者的主要任务是引导服务对象把注意力集中到当前的行为上。询问服务对象，采用什么方法可满足其需要，在克服不良感受时又做了什么？目的在于，引导服务对象了解在其试图满足自身需要时做了什么。现实治疗法不重视探讨服务对象的个人历史，认为可以改变的只有服务对象的目前与将来。同时，现实治疗法着重改变服务对象现有行为，而不是态度或感受。现实治疗法并非要否定感受与态度的重要性，但相对来说，改变人们的行为比改变其感受要容易得多，而且，感受与行为是相关联及互相影响的。所以，通过改变行为这一突破口，最后也可达到改变感受与思想的目的。

三是行为评估。社会工作者要协助服务对象评估其行为，即好赌或沉迷于买彩票，是否对自己或其他人有好处，行为本身能不能满足其需要及是否会取得成功等。服务对象的自我检讨与自我改过是现实治疗法的基础，而服务对象在接受任何改变前，必须要对自己的行为做出评估，并愿意对自己的行为负责。

四是协助服务对象制订行动计划。当服务对象认识到自己的不负责行为及后果后，就需要制订计划，将这些不负责任行为改成负责任的行为。这个步骤是整个现实治疗法治疗过程的核心。社会工作者在这一阶段的重点工作是协助服务对象制订一个合乎服务对象兴趣及能力的计划。一般来说，服务对象对自己有过高要求，或急于求成，可能会制订出过于复杂、困难、很容易失败的计划。社会工作者要特别注意帮助服务对象循序渐进地制订计划，最初先制订时间短、简易可行的计划，以保证服务对象可通过第一次的经验获得成功感，从而增强个人建立成功认同的信心。此外，计划应具体、细致、可度量，并以合约形式正式写下来，以便监督执行。

五是承诺。服务对象订立计划后，社会工作者要协助其对计划作出承诺，无论如何必须履行自己所订立的计划。承诺是现实治疗法的基石，一个对自己负责任的人首先必须信守自己的承诺。当然，承诺不是对社会工作者的承诺，而是对自己的承诺；承诺的约束力是内在的，而非外在的。

六是不接受借口。如果服务对象没有依照承诺履行计划，社会工作者是坚决不接受任何借口的，既不会探究计划失败的原因，也不能责怪服务对象。社会工作者只会在友善与不责备的气氛下，引导其制订新的计划并重新作出承诺。通过不接受借口的做法，社会工作者向服务对象传达了这样一个信息，即只要你真正去做，你一定可以做到；你没有做到，是因为你没有真正去做。

七是排除惩罚。当服务对象不能履行承诺时，排除惩罚与不接受借口是同样重要的原则。社会工作者必须始终要对服务对象的改变充满信心，不离不弃，不允许说责备性的话。

八是拒绝放弃。这是指，即使在服务对象主动希望放弃努力时，社会工作者仍然不放弃，仍然对服务对象改变自己的能力抱有信心。这也是为了避免对服务对象造成伤害。如果社会工作者放弃努力，将使服务对象陷入绝望的境地。社会工作者必须对服务对象表现出坚持与信心，使服务对象对自己作出更正确的估计，树立改变的信心。[①]

总之，好赌与沉迷于买彩票是非常难改变的不良习气，现实治疗法运用得当，可以发挥较好作用。

5. 针对城镇边缘男性中青年新创造的财富少问题的微观社会工作介入

城镇边缘男性中青年新创造的财富少，无外乎其所从事的劳动属简单劳动、劳动效率低、劳动时间短等原因。微观社会工作介入这一问题，有些策略与介入在业低收入问题是相似的，即鼓励服务对象通过提升教育水平，以增加人力资本存量。这样就逐渐能从事一些更复杂的劳动，增加新创造的财富。此外，社会工作者还可从以下方面介入。

第一，帮助服务对象树立劳动光荣的理念。城镇边缘男性中青年中有不少人好逸恶劳，不愿劳动，因而根本谈不上创造财富。社会工作者帮助服务对象树立劳动光荣的理念，以促使他们努力劳动，进一步增加新创造的财富。

第二，鼓励服务对象努力创新，从事一些创造性的劳动。城镇边缘男性中青年尽管处于社会的边缘位置，受社会的关注少，但不乏创新的

[①] 张雄编：《个案社会工作》，华东理工大学出版社1999年版，第191—196页。

意识及能力。社会工作者积极鼓励他们，从情感上予以支持，给予信心，他们中的不少人也可以在平凡的岗位上有所创新，创造性地劳动，提高劳动效率，进而增加新创造的财富。

第三，鼓励服务对象在不影响身心健康的条件下，把日常时间更多地投入劳动之中，包括主业与兼职的行业中，以增加劳动时间，进而增加新创造的财富。

财富不仅包括物质财富，也包括精神财富。城镇边缘男性中青年如能在精神财富创造方面有所作为，也能增加新创造的财富，有利于反贫困。因此，协助服务对象在精神财富创造方面有所作为，也是社会工作者介入的一个方向。

6. 针对城镇边缘男性中青年不会理财问题的微观社会工作介入

理财就是管理财物或财务，包括生财、聚财、用财等。其中，生财是前提与基础。① 对于一个家庭来说，理财必须做到让家庭获得更多收入，合理安排家庭支出，以实现家庭各项目标。针对城镇边缘男性中青少年不会理财问题，微观社会工作介入的要点包括以下方面。

第一，社会工作者可帮助服务对象树立开源节流的理念，在收入与支出方面都要有精打细算的思想。具体来说，一方面，从长远来看，社会工作者可以协助服务对象进行职业规划，以寻求收入更高的职位。当然，这在短期内是难以做到的。另一方面，建议服务对象合理控制家庭支出，在日常生活支出、意外支出以及子女教育、赡养父母、养老等各种支出之间要面面俱到，综合考量。

第二，建议服务对象每天都记账，记下每天的开销情况。这利于服务对象对个人或家庭的收入与支出情况的掌握，并能有效避免个人或家庭的一些不必要的浪费，日积月累，就能省下一大笔资金。

第三，建议服务对象只留一张信用卡。不少人喜欢开多张信用卡，但信用卡多了，会刺激人们的花钱机会与欲望，负债也自然会增加。因此，要鼓励服务对象学会控制盲目跟风消费，平时只带一些现金逛街，不要带信用卡，尽量少用支付宝花呗之类的电子支付。

---

① 陈新元：《理财必先重视生财》，《财务与会计》1985年第7期。

第四，爱惜家庭的一些物品，敝帚自珍，努力延长物品的使用寿命。在日常生活中，要学会保养家里的衣服、鞋子、包具之类的物品，尽量延长它们的使用寿命。经年累月，也能帮助服务对象省下不少开支。

第五，将意外之财存起来。比如，过节或年终获得的奖励之类的，建议服务对象存起来，为家庭以后的重要支出作准备。

第六，对于一些正在戒烟、戒酒的服务对象，鼓励他们每月将烟酒的支出进行强制储蓄，也可以到银行购买一些收益比较稳定的理财产品。[①]

综上所述，贫困是很多家庭问题的经济根源。解决了这一问题，会使许多其他问题迎刃而解。导致城镇边缘男性中青年贫困的个人原因，如以微观社会工作切实介入，会使问题严重程度得到较大缓解，乃至消失，进而预防许多城镇盗窃现象的发生。

（二）针对城镇边缘男性中青少年吸毒问题的微观社会工作介入

造成城镇边缘男性中青少年吸毒的原因是多方面的，既有内在的个体原因，也有外在的群体原因、社会原因，[②] 以及诸多因素的交织。微观社会工作介入，主要针对其个体原因。

导致城镇边缘男性中青少年吸毒的个体原因，大致有以下几个方面。

第一，人生观的扭曲。一些城镇边缘男性青少年形成了追求享受、及时行乐的扭曲人生观。这是他们走向吸毒的根本原因。这种扭曲的人生观有受环境因素的影响，比如，有的因其父母就是这样扭曲的人生观，也有一些是因为不良社会因素影响，还有一些可能是由于青少年在成长过程中的挫败导致的。人生观的扭曲，使一些热衷于追求时尚与潮流的城镇青少年容易走上吸毒的歧途。一些不法之徒诱骗青少年，给毒品打上了时尚新潮的标签："新型毒品，作为一种时尚娱乐消费，已不再满足

---

① 参见《保持6个理财好习惯》，《中国工会财会》2019年第1期。
② 参见吴成军《戒毒社区的理论与方法研究》，贵州人民出版社2007年版，第64—97页。

于娱乐式的功能消费,更是一种身份地位的象征,是有钱人玩的玩意。"①然而,人生观的扭曲使一些城镇青少年不但不能抵制,反而趋之若鹜,甚至有"我吸的是冰,不是海洛因""吃了就能瘦""只图哥们儿一起痛快"的错误念头。②

第二,认知偏差。研究资料表明,在青少年吸毒群体中,将近82%的人是在不知道毒品危害的情况下吸毒成瘾的。③ 近年来,毒品更新换代很快,吸毒青少年主要吸食新型毒品。这类毒品与传统毒品以麻醉剂为主不同,多属于兴奋剂。由此也导致青少年对此产生误解,认为自己不是在吸毒。有研究发现,39%的合成毒品使用者吸毒是为了满足好奇心。很多吸毒者认为"吸毒是个人行为,政府无权干涉"。他们只注重个人享乐而忽视了自身行为对公共秩序的危害。此外,青少年对毒品的认知偏差,使得他们更容易接纳吸毒行为并且抗拒戒毒。④

第三,问题应对方式的缺陷。在成长过程中,青少年往往会遇到很多问题与烦恼,如失恋等,很多人因缺乏成人的正确指导再加上自身性格因素等,遇到问题往往采取回避的方式,或者以寻找刺激与快乐的方式,去缓解自己内心痛苦,这种应对问题方式就可能导致有些人吸毒。⑤

一些城镇边缘男性中青少年个体文化素质较低,容易沾染毒品。有调查显示,吸毒人员中,大专以下学历的占95.8%,近一半未完成九年义务教育,这一群体易受同伴的影响而吸毒。33%的吸毒人员是受到同伴的影响而开始吸毒的。具体包括:一是,63.4%的调查对象因同伴吸毒而认识毒品,其中58.2%的调查对象因为目睹同伴吸食毒品而沾染。

---

① 林少真:《我吸的是冰,不是海洛因——比较视野下的吸毒者自我表达》,《前沿》2010年第1期。
② 王玉香:《青少年吸毒现象及社会工作介入策略》,《中国青年研究》2011年第12期。
③ 董晓薇:《青少年吸毒的主体原因及预防对策》,《政法学刊》1999年第3期。
④ 季小天:《理性情绪疗法干预青少年吸毒认知的研究——以武汉H未成年人强制隔离戒毒所L为个案》,《中国青年研究》2018年第1期;范志海、李建英:《青少年吸食合成毒品问题与对策研究——基于上海市100个吸毒青少年个案的调查》,《青少年犯罪问题》2012年第4期。
⑤ 王玉香:《青少年吸毒现象及社会工作介入策略》,《中国青年研究》2011年第12期。

同伴不仅为他们提供毒品信息、吸食环境、吸食理由，还提供获得毒品的基本途径等。二是，通常个体处于吸毒人员同伴构成的"毒圈"中，同伴为他们提供了接纳认同态度，使得个体吸毒动机进一步强化，45.8%的吸毒人员复吸就是因朋友的诱导。①

微观社会工作介入城镇边缘男性中青少年吸毒问题，可采用以下模式。

1. 理性情绪治疗模式介入

理性情绪治疗模式中，社工要做的就是改变吸毒人员对吸毒行为的认知偏差。其介入要点大致包括：

第一，问题诊断阶段。在该阶段，社工要努力获得服务对象的信任，与服务对象建立良好的工作关系，并在此基础上了解认知偏差的成因。这对设计后期的介入方案有指导作用，也可让社会工作者对服务对象有一个更全面的认识与理解。

第二，社工驳斥阶段。社工发现了服务对象的不合理认知后，还应促使服务对象觉察出自己认知的不合理成分，并且愿意做出改变。对服务对象影响较大的同辈群体多为吸毒人员，为改变服务对象的认知，社工可把服务对象对家人的重视作为切入点。在实践中与服务对象共同设定合理的目标，提醒服务对象要将访谈过程中学到的东西应用于实践，包括不断检查非理性信念与理性信念，并且以与理性信念一致、非理性信念不一致的方式去行动。这一阶段主要运用定义用语与对质技巧。所谓定义用语即对某一概念进行界定，通过清晰的定义使服务对象明白其中的不合理成分。在与服务对象的对质中，既要体现对服务对象的尊重，又要改变服务对象的认知。

第三，服务对象的驳斥阶段。该阶段的主要任务是通过布置家庭作业，推动服务对象与自身展开驳斥，持续强化"需要戒毒"这一观念。这也是使服务对象成为自己的治疗师的重要阶段。社会工作者在帮助服务对象戒毒的过程中，要不断强调他们之所以存在问题，是因为他们还

---

① 李晓凤、张强、马瑞民：《吸毒人员的现状及禁毒社会工作介入探究——以珠江三角洲地区为例》，《社会工作》2014年第6期。

保留着对毒品的错误认知，所以，服务对象只有改变这种非理性的认识，才有可能摆脱困境，达到预设目标。①

最后，对介入过程进行评估。就结果来看，如果服务对象能够主动去适应戒毒生活、转变吸毒行为认知、开始表达积极的戒毒意愿，这表明社会工作者对服务对象非理性吸毒认知的介入是有效的。②

2. 叙事治疗模式介入

在一定意义上说，吸毒者的毒瘾问题可定位为心理问题。毒瘾使吸毒者不能自拔，社会工作者可运用对其内源性干预的叙事治疗模式，以其外化问题、由薄到厚、重塑故事等方式来增强服务对象的自信，帮助其戒毒。

叙事心理治疗模式，是基于服务对象叙述自己生命故事的主线索，借助社工或治疗师的力量对其加以引导，助其重写替代故事，从而解决其自身问题的一种社会工作方法。叙事治疗模式可以介入吸毒问题。其介入要点主要包括以下方面。

第一阶段，问题外化，寻找原因。归根到底，解构是问题外化的终极目标，即将服务对象与问题一分为二，找出那个对服务对象造成消极影响的故事，以此奠定叙事重建的基础。叙事治疗主要借助"对话"方式，对服务对象加以鼓励，剥离问题和人，客观化、具体化、外化处理问题。在这个基础之上，对问题的实质与影响力作出更加清晰的判断。在治疗吸毒问题上，从服务对象叙述毒瘾问题的过程中不难发现毒瘾对其工作、生活造成了多方面的影响。社会工作者将问题与服务对象本人分开、"外化"，这是叙事治疗的重要特征之一，还原被标签化的人，让问题、人各归其位。如此一来，才能重新认识与认可人的内在本质，让服务对象明白问题并非自身造成，而是受外在因素的牵引，服务对象完全可以从毒瘾的控制中解脱出来，促进其提高解决问题的信心。

---

① 陈相云：《理性情绪疗法视角下社会工作介入青少年吸毒矫正——基于广州市 D 戒毒所的实务研究》，《青少年学刊》2016 年第 4 期。

② 季小天：《理性情绪疗法干预青少年吸毒认知的研究——以武汉 H 未成年人强制隔离戒毒所 L 为个案》，《中国青年研究》2018 年第 1 期。

第二阶段，寻找例外，替代故事。将人的生活经验故事化的过程，即用故事对自己的生活加以持续组织、展示与实现，就是叙事治疗模式。不同的人用不同的故事来为生活体验赋予不同的意义，每个人用来对现实世界加以解释的主要途径，都会是一个主流的占支配地位的故事，而其他部分被置于边缘的故事，往往暗藏着巨大的能帮助服务对象改变的潜能。发现这部分被边缘化的故事，从中寻找力量，是叙事治疗模式的主要任务。相比于那些被描述出来的故事，一个人的生命故事里未被提及的那些故事往往具有更加生动深刻的含义。因此，人们生活中的"替代故事""边缘故事"，而非负面的"主流故事"，是叙事治疗模式所侧重的。此外，叙事治疗模式相信相对于人们可以讲述的故事，人的生活经历更加多姿多彩，对服务对象加以引导与帮助，使其找到那些正面的、充满生动色彩的边缘故事，促进服务对象增强自信，让每个服务对象都成为自己生命的专家，就是社工的任务。在治疗吸毒过程中，社工如果发现了服务对象在毒瘾控制下的例外故事，在例外结果中，服务对象对自己的无毒瘾状态感觉非常好，身边人的肯定与认可便是极大的鼓励，能够成为服务对象摆脱毒瘾的社会关系资源。对服务对象的例外结果进行了解后，服务对象自身与毒瘾抗争的成功经验，是社工所强调的。帮助服务对象意识到改变性存在于问题故事中，基于过去被忽略的例外结果，可以发现替代故事的可塑性，以全新的立场来阐释过去的问题，重构积极向上的自我。

第三阶段，由薄到厚，巩固故事。如果我们取出一张有一个黑点的白纸，有些人通常只看到白纸上的黑点。这种现象能较好解释叙事治疗法的策略。实际上，人们往往忽略了比黑点大许多的白纸。在叙事治疗者看来，不少为服务对象忽略的新体验与正面变化，甚至会覆盖之前支配性的故事，乃至完全取代。这与生活中我们接受新鲜事物的道理相似，只要我们接受了它，它就会逐渐成为生活中的一种习惯。叙事治疗法正是如此，以持续的渗透对服务对象进行影响，使其重塑改变的信心，直至具备积极有力的能量，来应对生命中出现的种种挫折。在吸毒治疗中，社工帮助服务对象找到了他（她）的正面边缘故事，激发了其积极影响，逐渐增加其影响力，并调动其他力量，如父母、亲戚、朋友等社会支持系统，进一步帮助其巩固成效。①

城镇边缘男性中青少年吸毒问题，除了可以采用理性情绪治疗模式、叙事治疗模式外，危机干预模式、心理—社会治疗模式等也能发挥不小作用。

此外，微观社会工作介入的方面还有，社会工作者可以掌握戒毒人员的个人背景资料，建立戒毒人员档案，并进行问题诊断；可以定期对吸毒人员进行家访与心理治疗，加强亲子关系，强化父母的积极作用；可与相关单位与部门合作，帮助吸毒人员解决生活、学习、社交中的突出问题，鼓励其建立远离毒品的信心与决心；可以协助解决吸毒人员的就业与生活等困难，促使其逐步融入社会；可对有复吸倾向的吸毒人员进行深入细致的调查研究，分析原因并及时做好帮教解困工作，尽力阻止其复吸；可为戒毒成功者联系职业技能培训，为其提供就业信息与渠道，帮助他们重建关系网络。②

综上所述，沾染了毒瘾是诱使城镇边缘男性中青少年盗窃的重要原因，微观社会工作的有效介入利于缓解吸毒问题，进而预防城镇盗窃现象的产生。

（三）针对城镇边缘男性青少年网络成瘾问题的微观社会工作介入

互联网技术突破了时空与社会限制，为人们的生活、学习与工作带来了便利，同时也导致了一些用户无节制地使用网络，影响了他们的生活、学习与工作，损害了他们的身心健康。美国心理学家首先关注到这一现象，并将其命名为"网络成瘾"（Internet Addiction）。③

网络成瘾者以男性青少年居多，有资料显示，15—45岁的男性占98.5%，女性只占1.5%，其中20—30岁的单身男性特别容易网络成

---

① 钱洪：《吸毒青少年社区矫正的社会工作介入——以无锡A街道为例》，硕士学位论文，南京农业大学，2014年，第31—40页。
② 李晓凤、张强、马瑞民：《吸毒人员的现状及禁毒社会工作介入探究——以珠江三角洲地区为例》，《社会工作》2014年第6期。
③ Young K. S., "Internet Addiction: The Emergence of a New Clinical Disorder", *Cyber Psychology and Behavior*, No. 3, 1996, pp. 237–244.

瘾。① 在此，我们只探讨城镇边缘男性青少年网络成瘾的个体原因。

1. 城镇边缘男性青少年网络成瘾的个体原因

一般来说，青少年时期处于生理上不断发育，心理上不断趋向成熟的人生特殊时期。在这个时期，青少年对新事物非常敏感，容易接受、寻求自我，实现自我，好奇心强，渴望友谊与交流，但自制力相对较薄弱。加之目前市场社会激烈的竞争环境，他们特别需要别人的理解、认同与支持。然而，由于受种种因素的制约，青少年对于人际交往、社会支持、自我实现等的需要难以在现实生活中得到较好满足，而网络则为他们提供了最便捷的渠道。在这个神奇的虚拟世界里，当他们第一次获得快乐与满足时，便希望能够反复获得。而当这种重复行为不能很好地得到控制甚至失控时，自然便会沉迷其中。具体来说，包括以下方面。

(1) 好奇心天性使然

青少年普遍有强烈的求知欲，对课堂之外的知识大都有极强的兴趣，这也是青少年对互联网非常喜爱的原因。在网上交流时，上网者会对所交谈的对方产生莫大的好奇心。这种好奇心促使他们很想知道对方是谁、长什么样，而越想了解对方，就越想跟对方交谈，特别对于想象力丰富的青少年来说，很难摆脱这种诱惑。因此，网络成瘾悄然形成。当青少年与对方的交谈越来越快乐时，就会难以割舍，有的甚至还想方设法与网友见面，以满足自己的好奇心。

(2) 补偿心理需求

很多时候，处于发育期的青少年与亲人、朋友及老师之间的交流并不顺畅，加之当今社会人们的工作、生活压力都非常大，很多青少年的父母因忙于工作或生计，因而忽略了与子女的情感交流。另外，当前，青少年的兄弟姊妹都不多，且有很多是独生子女，城镇居民的住房以独门独户形式为主，这些也在相当大程度上不利于青少年与同辈群体交流。所以，这些相对缺少情感交流的青少年，更倾向于在网络中寻找可归依的群体，迷恋于网上的互动生活。

当理想与现实出现偏差时，人们总是希望能寻求到合理的补偿，而

---

① 师建国：《成瘾医学》，科学出版社2002年版，第205—206页。

网络的虚拟性、自由开放性恰好满足了人们的这种需要。网络中个体可根据自己的喜好扮演一个满意的角色,他们在真实世界中的某些缺憾,可以通过网上的虚拟形象来弥补。网络游戏的高技巧性、复杂性,使游戏者能得到他们在现实生活中很难取得的成就感、力量感与自尊感;匿名带来的多种身份感,可使上网者把最好的一面展现出来,并可以无压力、无修饰地展示自己人格在现实生活之外的另一面。

一般来说,人们天生都有表达的欲望,只不过有的人是没有遇到最合适的听众而已,网络则提供了一个最好的场所,特别是当有的人在现实中与他人沟通受阻时,其在网上能够找到宣泄渠道以达到心理补偿。可以说,网络能带给城镇边缘青少年全方位的、最大限度的心理满足。

(3) 缺乏自制能力

人的社会化是终身的过程。青少年身心发育尚不成熟,这一年龄段的青少年虽自我意识强烈,但是自控能力不强,一旦上网往往会被网上光怪陆离、层出不穷的新游戏、新技术与新信息"俘获"。他们的认知能力有限,很难抵御网上新奇刺激信息的诱惑。此外,网络上人人平等,在匿名的保护下可以畅所欲言,一般不用担心受到惩罚。对社会道德责任感不高的青少年而言,在网络上更容易放松对自身的自制力要求。

(4) 人格特质因素

青少年的人格特质是其网络成瘾的重要原因,也往往是青少年网瘾问题的内在心理根源。我国台湾大学的林以正教授指出:"具备有不同个人特质的网络使用者,会受到不同的网络功能特性的吸引,而产生不同的网络成瘾形态""网络成瘾现象的产生是网络使用者的个人特质与网络功能交互作用的结果"。林以正的研究显示,高焦虑、低自尊、忧郁、自我概念不明确者容易网络成瘾,程度越深的人网瘾程度越严重。中国香港有学者研究发现,青少年沉溺网络的倾向与个人管理及自律不足有关,网瘾者在情绪管理能力、办事集中能力的表现方面,都明显比一般上网者更差。美国卡内基梅隆大学及匹兹堡大学的研究也显示,网络成瘾者往往具有孤独、敏感、抑郁、倾向于抽象思维、警觉、不服从社会规范等人格特点。综合多方面研究结果可以看出,网络成瘾者在人格特质方面往往具有如下特点:敏感、忧郁、脆弱、多疑、焦虑、情绪不稳定、意志薄弱、自制力差、性格孤僻、认知能力差、自卑、悲观、逃避现实、成就感低等。① 具有以上人格特质的青少年容易网络成瘾。

(5) 缓解压力需要

在现实生活中,有网瘾的青少年遇到矛盾、冲突或不愉快的事件,比如学习成绩不佳、升学压力大、心情不好、与朋友吵架等,往往缺乏应对困境的合适方式与资源以及相应的勇气、信心,他们不知道采用有益身心的方式处理或调节问题,而是借助上网聊天、玩网络游戏等方式来摆脱烦恼,最终还是不能解决问题。

心理学家艾利克森认为,青少年阶段正处于同一性与同一性混乱的矛盾之中。所谓同一性,是指一个人对自己的认识、信仰和人生意义等存在一个过去、现在与将来内在一致性的连续感。青少年时期,由于自身发展迫切需要重新认识自己,认识自身在社会实践中的地位与作用,了解他人对自己的看法。在现实生活中,不少青少年听到的太多声音都是对他们的否定。这些都使得他们开始怀疑自己,产生莫名的焦虑,感到巨大的压力。然而,在虚拟的网络世界里,他们可以找到属于自己的精神家园,如在游戏里可体会到少有的成功,可以找到聊以自慰的自信,以实现自我;网络聊天给了他们倾诉的空间与对象,他们可以进行平等的心灵交流,得到来自对方的心理安慰。② 青少年的心理与人格发育尚不健全,自制力仍比较薄弱,在缺乏有效引导的情况下,很容易导致网络成瘾。③

2. 微观社会工作介入城镇边缘男性青少年网瘾

微观社会工作介入城镇边缘男性青少年网瘾问题,可采用认知疗法。

---

① 林绚晖:《网络成瘾现象研究概述》,《中国临床心理学杂志》2002 年第 1 期。

② 朱美燕、朱凌云:《透视青少年"网络成瘾综合症"》,《中国青年研究》2002 年第 6 期。

③ 吴增强、张建国主编:《青少年网络成瘾预防与干预》,上海教育出版社 2007 年版,第 35—39 页。

美国心理学家 Davis（2001）通过"认知—行为模型"来解释网络成瘾问题，[①] 并提出了一套治疗网瘾的认知行为疗法。这种方法包括以下七个阶段。

第一阶段：定位（Orientation），即让服务对象了解认知行为治疗的性质、操作程序，了解网络成瘾的性质、产生原因等，详细地列出认知行为治疗所要达到的目标。

第二阶段：规则（The Rules），即与服务对象讨论在服务期间必须遵循的基本规则，包括一些与上网行为有关的具体要求。

第三阶段：分级（Hierarchy），即帮助服务对象制订计划，逐步消除与上网体验相联系的条件强化物。

第四阶段：认知重组（Cognitive Restructuring），即矫正服务对象与上网有关的功能不良认知。

第五阶段：离线社会化（Offline Socialization），即主要是让服务对象学会在现实生活中如何有效地与他人交往。

第六阶段：整合（Integration），即与服务对象讨论上网时的自我与离线后的自我的异同，发现服务对象理想中的自我，并使其意识到上网只是探查自己理想自我的一种正常方式；引导服务对象在现实生活中形成完整自我。

第七阶段：通告（Debriefing），即与服务对象共同回顾整个服务过程，与其讨论在服务中所学到的东西及达到的具体目标等。

Davis（2001）开创的整个服务过程需要十一周时间，从第五周开始给服务对象布置家庭作业。这种疗法强调服务对象上网的认知因素，让服务对象暴露在他们最敏感的刺激面前，挑战其不适应性认知，使服务对象逐步建立正确的上网行为。[②]

除了 Davis（2001）的认知行为疗法外，美国艾奥瓦大学 Hall（2001）博士的认知疗法影响也比较大。Hall 认为，治疗物质成瘾与行为

---

① Davis R A, "A Cognitive-behavior Modal of Pathological Internet Use", *Computers in Human Behavior*, Vol. 17, No. 2, 2001, pp. 187–195.
② 转引自李欢欢主编《大学生网络成瘾评估与干预》，华夏出版社2011年版，第90页。

成瘾的方法相类似。Hall 的认知疗法是一种比较理想的治疗网瘾的方法[①]。其服务步骤主要包括以下方面。

第一，找出当前面临的主要问题（生活事件），比如，学习困难、社会交往困难、因过度上网而与父母关系疏远等。

第二，识别和生活事件有关的想法及情绪、行为问题，比如，认为自己永远也不可能戒掉网瘾，认为自己是一个失败者、担心自己失败等。

第三，识别不合理的信念，包括：一是极其糟糕的观念，比如，认为如果自己不能减少上网行为，将无法完成学业，如果在学校表现失败，自己将一生失败，如果自己找别人帮助，就会被别人认为自己软弱；二是绝对化要求，比如，必须证明自己比别人强、必须比别人优秀等。

第四，识别认知不良，包括主体认知不良与客体认知不良，比如认为"我仅在网上是很行的，在网上我是一个大人物""我在网下是无用的""互联网是我唯一受到尊重的地方""下线后别人对我都不好"等错误认知。

第五，学会认知技术、问题解决技术、沟通交往技术等，积极主动减少上网时间。[②]

除了以上两种认知疗法外，认知疗法还有其他的流派，如艾利斯（Ellis）的理性情绪疗法、贝克（A. Beck）的认知治疗等。不过，需要说明的是，认知疗法不适用于出现躯体症状、自我意识混乱或思考能力差的青少年。[③]

除认知疗法可介入青少年网络成瘾问题，任务中心模式、危机干预模式、人本治疗模式等干预模式也可在其中发挥作用。另外，为解决青少年网络成瘾问题，微观社会工作介入的内容还可包括以下方面。

[①] Hall Alex. S., Jeffrey P., "Internet Addiction: College Student Case Study Using Best Practices in Cognitive Behavior Therapy", *Journal of Mental Health Counseling*, Vol. 23, No. 4, 2001, pp. 312 – 328.

[②] 李欢欢主编：《大学生网络成瘾评估与干预》，华夏出版社 2011 年版，第 90—91 页。

[③] 吴增强、张建国主编：《青少年网络成瘾预防与干预》，上海教育出版社 2007 年版，第 91—97 页。

一是提供心理咨询与辅导。从根本上说，青少年网络成瘾主要还是一种心理障碍。因此，首先需要为其提供心理辅导，辅导的内容与形式可以多样化，例如，可以策划一些情景模拟演练活动，旨在改变青少年对家庭与社会的看法，逐步增强其责任感。

二是提供学习辅导。当前教育体制下，升学、考试给青少年带来了很大的身心压力，而一旦学习上遇到障碍，就极有可能造成情绪与行为失控，学习态度骤然改变。因此，需要协助他们树立正确的学习动机，掌握正确的学习方法，促使他们在学业上取得进步。一旦青少年在学习上取得了进步，就有利于增强他们心态上的积极性。

三是提供人际交往辅导。不少青少年身处独生子女家庭，或家中兄弟姊妹少，从小就不善于与他人交往，形成内向的性格，有交往障碍。社会工作者可以提供一些人际交往的方法，协助他们克服人际交往心理障碍，鼓励他们积极参与各种社团活动，学会与他人分享，避免青少年到网络中寻找心灵寄托。

四是提供健康的休闲娱乐方式。休闲娱乐是青少年社会化的必然要求，也益于青少年的身心健康。因此，社会工作者需要正确引导并提供给青少年一些健康的休闲娱乐方式，避免他们受到不良文化的影响。除了鼓励服务对象积极参加学校社团的各种活动之外，社会工作者还可与其一起开展一些业余活动，比如爬山、打乒乓球或羽毛球、去书店购书等。当健康的休闲娱乐方式逐渐占据服务对象业余生活的绝大部分时间，其上网时间就减少了，对网络的依赖性自然就会降低。

五是积极调动各种可利用的资源参与介入网瘾服务对象。社会工作者可对服务对象的父母进行辅导与咨询，使他们改变对待孩子的不当方式及对网络的看法；与社区有关机构或人员，如居委会、派出所或社区的工作人员等取得联系，督促他们为青少年的成长营造一个良好的社区环境，特别是要加强对网吧的监管，严格控制未成年人随意上网。[①]

综上所述，城镇边缘男性青少年网络成瘾，是诱使他们从事盗窃的

[①] 安民兵：《青少年网络成瘾问题与社会工作的介入——一个典型个案研究》，《青年探索》2007年第2期。

重要原因，微观社会工作有效介入，利于防范城镇盗窃现象的产生。

（四）针对城镇边缘男性中青少年利欲熏心问题的微观社会工作介入

据现代汉语词典的解释，"利欲熏心"意为贪财图利的欲望迷住了心窍。在日常生活中，利欲熏心的人通常会从事盗窃等违法犯罪活动。

从理论上而言，微观社会工作介入服务对象的利欲熏心问题，是可以有所作为的。然而，现实中，很少人会因这一问题而主动求助社会工作者，人们自身也不会自觉认为利欲熏心是一个问题。因此，微观社会工作介入利欲熏心问题，只能在外展服务对象之中。

不过，从人们的一般外显行为，社会工作者很难判断服务对象是否利欲熏心，而一旦某些人已经从事了一些违法犯罪活动，表现出利欲熏心的状态的时候，已经无法再预防了。

总之，如果有服务对象，无论是主动前来求助，抑或外展服务对象，微观社会工作是可以介入利欲熏心问题的。不过，社会工作者不应当对服务对象使用"利欲熏心"这一标签，因为它会伤害到服务对象。如果必须界定清楚问题，可以用"过于重视经济利益"来替代。微观社会工作介入的模式可采用认知治疗模式、危机干预模式、任务中心模式等。限于篇幅，本书不再讨论。

二 事后补救性的微观社会工作介入城镇盗窃问题

根据不同的分类标准，在介入城镇盗窃问题上，对事后补救性的微观社会工作可作不同的分类。比如，从盗窃者的行为情节来看，可分为对情节轻微的盗窃者的介入与对情节严重的盗窃者的介入；从介入盗窃罪的阶段来看，可分为审判前的介入、服刑期的介入、出狱后的介入等；从盗窃的次数来看，可分为对盗窃罪的初犯的介入与对累犯的介入。针对不同类型的盗窃者，微观社会工作介入的内容与方法应当因人而异。

事后补救性的微观社会工作介入城镇盗窃问题，其工作模式与事前预防性的微观社会工作大同小异,应当着重改变盗窃者的思想,重组其行为模式。[1] 一般来说,微观社会工作可采用通才实务工作模式介入。通才实务工作模式,或称通用实务工作模式,通过一步步程序来实施事先设计好的步骤,以解决服务对象问题,包括接案、预估、计划、介入、评估、结案、跟进等步骤。

概括来说,事后补救性的微观社会工作介入城镇盗窃问题,大体包括以下方面内容。

(一) 司法审判前提供的微观社会工作服务

第一,针对盗窃罪嫌疑人的微观社会工作服务。社会工作者在案件审理过程中,主要的职责是通过与服务对象(盗窃罪嫌疑人)及其家属与周围社区的接触了解,写出一份有关盗窃罪嫌疑人背景的调查报告,提交给法庭作审判参考。调查报告的内容包括盗窃罪嫌疑人的社会背景,诸如家庭、经历、性格及盗窃行为的成因、性质等资料。这利于法庭作出适用何种刑罚处置的判定,也利于盗窃犯改过自新。

第二,针对盗窃罪嫌疑人亲友的微观社会工作介入。盗窃罪嫌疑人被拘押待审判期间,其家人亲友很可能会因此受到较大影响,特别是年纪较大的父母与年幼的子女生活可能会陷入困境。社会工作者此时的介入,主要是针对陷入困境的盗窃罪嫌疑人的家属提供帮助,包括物质援助、心理辅导等。

(二) 监狱处遇中提供的微观社会工作服务

监狱是对盗窃犯处自由刑或生命刑以后的执行或待执行场所。它具有惩罚、隔绝与威慑的作用,可能使盗窃犯改过,也可能使其抗拒。社会工作者对在监服刑人员提供服务,主要是调动其自身潜能及社会资源,引导其向积极的方向转化,以达到改过自新、顺利回归社会的目的。

社会工作者通过与服务对象面谈,一是了解他们过去行为的性质、

---

[1] 陈燡成、黄河编:《社会工作概论》,厦门大学出版社2000年第2版,第221页。

原因以及当前思想状况;二是使他们的不满情绪得到宣泄,能比较冷静地面对现实。对收集到的与盗窃犯有关的资料进行分析,找出问题的原因,并且制定矫正方案。然后再根据个别化原则,对不同盗窃犯施以不同的矫正方法。

(三)为盗窃罪刑释人员提供的微观社会工作服务

虽然盗窃罪刑满释放人员已经得到了处罚,不是罪犯了,但其在客观上不同于社会中的正常人群。特别是刚从监狱获释的人员,往往缺乏社会适应能力,很可能同时受到社会歧视、家庭冷落、同伴疏远、就业困难、学业中断等多重压力及困扰。所以,盗窃罪刑释人员能不能顺利度过释放的最初阶段,对于此后的生活与社会安定影响非常大。一般来说,社会工作者对盗窃罪刑释人员提供的微观社会工作服务包括就业辅导、就学辅导、生活辅导、物质援助等。①

(四)针对受治安管理处罚的盗窃者的微观社会工作介入

中国每年有大量受到治安管理处罚的盗窃者。尽管受治安管理处罚的盗窃者的行为情节轻微,社会危害性不大,但也应予以高度关注,并尽早介入。因为它与犯罪关联密切,很容易变本加厉,走向犯罪。微观社会工作介入受治安管理处罚的盗窃者,应针对导致其盗窃的具体原因,制定切实有效的帮教措施。介入的内容可包括学习、工作、娱乐、人际交往等诸多方面。

综上所述,事前预防性的微观社会工作与事后补救性的微观社会工作如能有效介入城镇盗窃问题,可大大缓解城镇盗窃问题,促进城镇社会的和谐,增进城镇居民的幸福感。

最后,需要说明的是,随着政府越来越重视服务绩效,许多城镇社工机构的微观社会工作服务大大减少。毕竟,微观社会工作效率比较低,时间一般也比较长。但无论如何,微观社会工作因其工作细致、周到,

---

① 可参见王思斌主编《社会工作概论》,高等教育出版社2014年第3版,第349—352页。

可有效关注服务对象个人需要的满足,不仅能在事前降低盗窃等违法犯罪现象的发生,而且可以在事后对一些盗窃犯的矫正中发挥重要作用,至今仍不失为一种重要的社会工作方法。[①]

[①] 本书后附深圳市龙岗区彩虹社会工作服务中心社工朱元元撰写的一个案例《扼住控制不住的欲望——儿童偷窃偏差行为个案辅导》,欢迎读者阅读。

附录 1

盗窃行为认知小组策划书[①]

一 活动背景

青少年盗窃行为是青少年违法犯罪中最常见的行为。青少年案犯家庭普遍存在各种问题，有的家庭父母不和，有的父母离异，有的教育不当、管教不善等。家长的言行、品德、教育方法及其他家庭环境，对青少年的心理、品德、爱好和行为的影响至关重要。近年来，随着社会工作在中国大陆日益普遍推广，社会工作理论和方法在青少年行为矫治中，越来越表现出其独到之处，特别是社会工作的三大传统工作方法之———小组工作方法更具有其他方法无可比拟的独特优势。

二 活动理论与理念

美国心理学家班杜拉认为，人的行为特别是人的复杂行为主要是后天习得的。行为的习得既受遗传因素和生理因素的制约，又受后天经验环境的影响。生理因素的影响和后天经验的影响在决定行为上微妙地交织在一起，很难将两者分开。班杜拉认为行为习得有两种不同的过程：一种是通过直接经验获得行为反应模式的过程，班杜拉把这种行为习得过程称为"通过反应的结果所进行的学习"，即我们所说的直接经验的学习；另一种是通过观察示范者的行为而习得行为的过程，班杜拉称为"通过示范所进行的学习"，即我们所说的间接经验的学习。班杜拉的社会学习理论所强调的就是这种观察学习或模仿学习。在观察学习的过程中，人们可获得示范活动的象征性表象，并引导如何行动。观察学习者

[①] 本策划书由江西洪宇社工服务社总干事何东提供，谨在此对何东及社工谢舒媚、顾卿源、胡祖瑞等表示衷心感谢。

（或模仿者）是否会经常表现出示范行为，受到行为结果因素的影响。行为结果包括外部强化、自我强化和替代性强化。班杜拉把这三种强化作用看成学习者再现示范行为的动机力量。

三　活动目的及活动目标

（一）活动目的

接纳自己的盗窃行为，认识、分析自己的盗窃动机及原因，讨论学习替代性的行为。

（二）活动目标

1. 促进组员间的相互认识和了解，鼓励他们相互支持、相互鼓励；
2. 增加组员对自己的正面认识，鼓励其接纳自己的盗窃行为；
3. 引导组员分析自己的盗窃原因和盗窃动机，深入了解组员的想法；
4. 组织组员讨论盗窃行为出现时的替代性解决办法。

四　活动地点

南昌 HJ 少年学校

五　活动受益对象

南昌 HJ 少年学校的学生

六　活动时间

2016 年 6 月 4 日—7 月 2 日

七　活动人手编制

6 人

八　活动前期准备

校园招募，通过与学校对接寻找合适学生。

九　活动内容

（一）组员招募

1. 时间：2016 年 5 月 26 日—6 月 4 日
2. 招募方式：现场招募
3. 参与人员：谢舒媚、顾卿源

（二）小组活动每节进程计划表

小组名称：　　　编　号：

节数：5 节

日期：2016.6.4—7.2

第一节 进程计划表

时间：2016年6月4日

目标：1. 建立小组，制定小组规则，并同组员商议监督机制，监督各组员对小组规则的遵守情况，强调纪律的重要性；2. 破冰游戏，社工与组员间建立良好的关系。

时间	环节名称	目标	方法/内容	物资/备注	工作人员	引导分享方向
5m	开场白	工作者与组员之间初步认识	工作人员介绍			
20m	盗窃行为矫治小组成立仪式	说明小组的活动安排、内容、目标、性质以及本节小组流程介绍	给组员一种仪式感，告诉组员们这个小组的成立是一件隆重的事情；制定小组规则，形成小组规范			形成规范
10m	你比我猜	活跃气氛	所有组员围成一个圈，挑出其中一位组员站在中间。中间组员说大风吹，其余组员问吹什么，中间组员说出其他队员的特征；符合特征的组员需要迅速移动自己的位置，不能站在原位	词卡		放松心情，开心玩耍
5m	总结	活动结束	回忆这节活动的内容，分享感受。介绍下一期活动			

第二节　进程计划表

时间：2016 年 6 月 11 日

目的：1. 了解盗窃者的思想、感受和行为；2. 探索盗窃行为的动机。

时间	环节名称	目标	方法/内容	物资/备注	工作人员	引导分享方向
	签到			签到表		
5m	回顾上期内容，介绍本期安排	工作者与组员之间初步认识	工作人员介绍、组员介绍			社工说明小组的活动安排、内容、目标、性质以及本节小组流程介绍
10m	游戏热身 (5m)	活跃小组气氛	两人一组：一人看完答案后用肢体语言表演，另外一个人根据表演来猜答案。可以提示答案是几个字，也可以规定不允许提示。最后在规定时间内成功答对题数最多的组获胜（或者完成规定题数用时最少的组获胜）			促进组员间的了解，活跃小组气氛
20m	我的故事分享	聚焦组员们的盗窃行为及盗窃行为发生的情景	做游戏，每轮游戏的淘汰者分享自己的小故事			
10m	总结	活动结束	回忆这节活动的内容，对故事进行总结。介绍下一期活动；布置作业			

第三节　进程计划表

时间：2016 年 6 月 18 日

目的：检查作业，根据作业中反映出的问题进行小组讨论，给出解决办法。

时间	环节名称	目标	方法/内容	物资/备注	工作人员	引导分享方向
	签到			签到表		
5m	回顾上期内容，介绍本期安排		回顾上期小组内容，介绍今天的活动安排，检查作业			加强小组成员对小组的归属感
10m	热身游戏		大西瓜与小西瓜			
20m	我的解决办法	针对作业中反映出家里给的零花钱少、不够花，寻找出替代盗窃的行为方式	分为两个组，每组一张A4纸，先是小组讨论然后再上台展示，找出大家觉得行之有效的方法			对行为疗法形成初步的认识
5m	总结	结束活动	鼓励组员分享感想，工作者总结，介绍下期活动			

第四节 进程计划表

时间：2016 年 6 月 25 日

目的：针对受朋辈群体影响进行盗窃的行为进行分析。

时间	环节名称	目标	方法/内容	物资/备注	工作人员	引导分享方向
	签到			签到表		
5m	回顾上期内容，介绍本期安排		回顾上期小组内容，介绍今天的活动安排			加强小组成员对小组的归属感
10m	我的想法	通过鼓励组员描述进行盗窃时的想法，了解组员对"哥们义气"的认识	听他们分享之后，记录他们的不理性情绪			
20m	破除不理性情绪	指出他们所出现的不理性情绪，建议用理性情绪代替	讲解、分析消除不理性情绪			
5m	总结	结束活动	鼓励组员分享感想，工作者总结，告知下节是小组活动的最后一节			

第五节 进程计划表

时间：2016 年 7 月 2 日

目的：1. 处理离别情绪；2. 检查他们对自己盗窃行为认知的改变；3. 果敢训练。

时间	环节名称	目标	方法/内容	物资/备注	工作人员	引导分享方向
	签到			签到表		
5m	回顾上期内容，介绍本期安排		回顾上期小组内容，介绍今天的活动安排			
20m	果敢训练	通过果敢训练学习拒绝朋友的不合理要求	1. 先讲述什么是果敢训练，并举例说明怎么做；2. 情景模拟练习			
20m	毕业墙	个人目标与团队目标的关系，只有团队获得胜利才有真正的胜利	所有学员15分钟内爬过高墙，不允许借助任何外力和工具，包括衣服、皮带等，必须沿墙正面上去，没有上去即为失败。人数过多的时候，上去的人沿梯子下来必须站在指定位置。允许上去的学员沿原路返回			
10m	感受分享及活动总结		回忆活动内容，分享感受，同时做行为测试表			

十 所需要物资

名称	数目	单价（元）	合计（元）
招募海报	3	20	60
活动横幅	2	20	40
水	1 箱	20	20
纪念品	12 份	30	360
社工补贴	5 次	150	750
志愿者补贴	5 次	50	250
共计			1480

附录 2

扼住控制不住的欲望

——儿童偷窃偏差行为个案辅导①

一 服务对象基本资料

姓名:萍萍

性别:女

年龄:10 岁

籍贯:湖北孝感

就读学校与年级:深圳市 S 社区 X 私立学校四年级

二 个案来源

2015 年 8 月,服务对象在社区内一家快餐店收银台偷窃了 1200 元钱。三天后,被店家通过视频监控抓获扣留,并向派出所报警,服务对象父母接到消息后向社工求助。

三 个案背景资料

(一)服务对象家庭背景

服务对象从小跟随来深圳打工的父母在深圳生活,目前在 S 社区内的一所私立学校四年级就读。服务对象有一个 14 岁的姐姐,早年因为留守在老家,学习跟不上,被父母带到深圳后连降三级,14 岁才上小学六年级,性格内向。姐妹俩均喜欢说谎。父母是工厂普工。父亲曹某,高中文化程度,在工厂从事注塑工作,工作强度大,每隔半个月白天班、夜晚班轮换。上白天班,早上 6 点半出门,19 点半到家;夜晚班 18 点出门,次日早晨 8 点

---

① 本案例由深圳市龙岗区彩虹社会工作服务中心社工朱元元撰写。

半到家。父亲在家时间少,但对孩子要求严格,多以指责、批评及打骂等暴力负向的方式进行管教。母亲小学文化程度,在家中无话语权,孩子对其的管教也不太服从,久而久之,夫妻俩为管教孩子的方式及观念常常发生冲突。

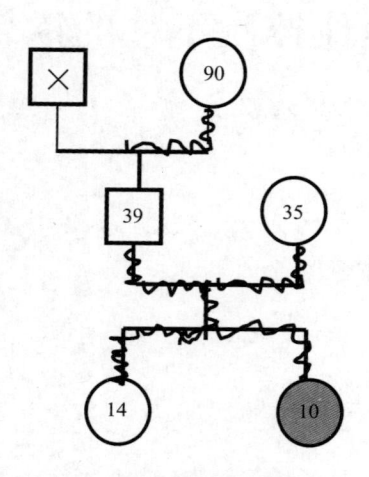

图一 服务对象家庭系统

(二)服务对象个人背景资料

1. 服务对象行为表现

2015年8月,服务对象在社区内一家快餐店收银台偷了1200元钱。3天左右,她自己花掉了400元,给了同学400元。后被店家通过监控抓获并报警。服务对象的父亲狠狠打了她一顿,打得浑身是伤。2015年10月,服务对象提前偷了社区服务中心的钥匙,趁国庆假期,偷偷打开社区服务中心大门,进入社工办公室,翻遍了社工抽屉,偷走20余元零钱,并和姐姐在社区服务中心偷用社工的电脑上网、看电视剧,前后两天都是如此。她们跟父母谎称和社工姐姐约了辅导作业。2016年2—3月,服务对象偷偷将父亲的公交卡拿去便利店刷卡买零食,一天就消费了80元。2016年4月,服务对象趁社区服务中心的社工不备,从社工钱包里偷走200元钱,事后通过社区监控被发现。2016年5月,服务对象在学校企图偷走老师的财物,被老师当场抓住,并在全校通报。据服务对象母亲自述,孩子以前就有偷拿家里零钱的习惯,后来母亲将钱管得更严,就没有机会下手,间或会偷姐姐存的零钱。2015年7月,她还趁在姐姐同学家玩耍的机会,偷走同学家400元钱。

2. 曾作出的努力及成效

父母教导过,但无成效,偷窃行为屡教不改。

3. 服务对象人际关系

服务对象的父母对其管教严格,除了参加社区服务中心举办的活动外,其他活动都不许其参加,比如学校组织的郊游和同学自发组织的小集体活动等。父母觉得学校组织的活动花费太多,不值得参加;而同学自发组织的小活动是不务正业,没有把心思花在学习上。服务对象在校总与班上男同学打架,与其他同学关系也不算太好,没有比较亲近的朋友,玩伴仅限于姐姐及姐姐的一两个要好的同学。服务对象与朋辈群体交往较少,人际关系网络薄弱。

4. 情绪状况

在证据确凿的情况下,服务对象对自己的偷窃行为供认不讳,情绪表现低落,低头不语。

5. 精神病记录

无

6. 健康状况

健康状况良好,爱吃零食,尤其是辣条等垃圾食品,有时候会因贪吃这些零食出现腹泻、便秘和脸上长痘的情况。

7. 经济状况

服务对象是学生,平时除了父母偶尔给的一点零花钱之外,没有其他收入。父母给零花钱不定期,偶尔给5元、10元。

8. 暴力倾向/虐待记录

服务对象做错事常常会遭到父亲的打骂,比如未按时完成作业、考试不理想或偷窃,都会招致父亲毒打,母亲偶尔在服务对象做错事时,也会恶狠狠地谩骂或者扇她耳光。长期在暴力家庭中成长,服务对象与姐姐也学会了一些暴力行为,有时两姐妹争吵也会动手。

9. 支持网络

服务对象在深圳并无亲戚,去同学家总是控制不住去翻同学家里的东西,或者偷钱。父母怕惹麻烦,不允许她去同学家玩。再加上服务对象经常和同学发生冲突,也没有什么要好的朋友,朋辈群体支持网络极为薄弱。其所处的支持网络只有学校老师以及社区服务中心的社工。

四 问题分析

(一)理论视角

1. 行为治疗理论

"行为治疗"一词最早由斯金纳等人提出。行为治疗与精神分析的不同之处在于,其从一开始就植根于实验的发现之中。行为治疗的基本理论主要来自行为主义的基本理论,主要包括以下三个部分:经典条件反射(刺激条件反射)原理、操作条件反射原理和模仿学习。

2. 行为治疗的干预原理

(1)学习新行为,消除不良行为;(2)刺激反应学习,刺激替代;(3)操作学习,后期效果强化;(4)模仿学习,替代强化。

(二)问题分析

1. 问题诊断

结合萍萍的屡次偷窃行为以及家长的做法导致服务对象频繁发生偏差,可以作出如下诊断:服务对象有较为严重的偷窃、说谎等儿童偏差行为。

2. 问题成因分析

萍萍在一个充满冲突、暴力和负面情绪的家庭中成长,父母对其关注更多地集中在学习方面,过分地压抑其内心的基本需求及过多使用惩罚和暴力来降低其自信心、自尊感和价值感,令其只能通过不正确的途径获取满足感和成就感。具体成因有以下几个方面。

(1)内心需要未被满足,导致其通过偏差行为获取满足。萍萍父母不允许其吃辣条、薯片等不健康的零食。与父母同住的出租屋里没有电视、电脑,父母又不允许萍萍去同学家玩,使其课余生活十分贫乏。而零食和娱乐恰恰是这个阶段的儿童最基本的需要。长期被压抑的需要未以正当渠道满足,导致其通过偷窃等行为来获得快感和满足。

（2）对惩罚的恐惧导致服务对象通过说谎来逃避惩罚。父母长期以打骂等暴力方式来应对孩子的表达，稍有不如意即采取负面的惩罚措施，令服务对象形成了条件反射：一说实话就要被打骂，久而久之，服务对象就会害怕说实话，从而形成说谎的习惯，以此来逃避惩罚。

（3）偷窃行为因为能够得到好处、获得满足，而被无形中强化。服务对象屡次偷窃，一方面，因为通过偷窃得到了实实在在的好处，这些金钱和物资能够满足口腹之欲及娱乐需求；另一方面，还能体验偷窃成功的成就感和拥有金钱及零食的优越感。

五　服务计划及实施

（一）服务目标

1. 减少家庭给服务对象带来的不安全感和不信任感，促使其敢于表达自己真实的想法；

2. 畅通服务对象满足需求的正当途径，以便逐步纠正其偏差行为。

（二）服务策略

1. 了解服务对象偷窃、说谎等偏差行为背后未被满足的需求和想法；

2. 运用行为治疗干预原理，引导服务对象正视不良行为，习得良好的新行为，并用代币法及家庭奖励措施等进行正向强化；

3. 联合服务对象家庭成员，共同营造一个畅通的、能满足服务对象基本需求的环境，并采用隐性强化的方法（减少一个坏处，比如说实话，可以减少因说谎招致的打骂等暴力惩罚），引导服务对象勇于表达其真实想法。

（三）介入过程

1. 第一阶段：发现不被重视的需求

介入目标：发掘服务对象偏差行为背后的原因。

介入内容：服务对象的屡次偷窃行为被父母知道后，父母的第一反应是生气，在未了解清楚缘由的情况下就狠狠地打骂孩子，用写保证书、体罚、不准吃饭等方式，逼迫孩子承认偷窃行为可耻，并给其贴上"小偷"的标签，不允许其去同学家玩，不允许其有正当的生活和交往需求。社工与服务对象建立信任关系后得知，一方面，孩子想偷钱买电脑或者手机看电视剧；另一方面，用偷来的钱建立人际关系（据服务对象自述，偷了店里1200元之后给了同学400元），还有一部分钱用来买零食。由此可知，服务对象长期以来有两个方面的需求未得到满足：一是基本的生理需求，表现在偷钱买零食和想买电脑、手机看电视剧；二是爱和归属需求，表现在希望有钱了能结交朋友，增进与同学的感情。

2. 第二阶段：畅通其需求满足途径

介入目标：寻找服务对象需求被压抑的原因，并进行疏通。

介入内容：社工通过多次家访，与其父母座谈，了解到服务对象父母对其管教十分严格。父亲认为孩子一定要学习好，学习不好就是不努力、不认真；孩子作业错误多，就会招致打骂，考试不理想就会挨打。服务对象和姐姐为了躲避父亲的打骂，于是选择说谎或者拿假成绩来欺骗家长。另外，在生活中，父亲一直压制孩子吃零食的需求，尤其是不健康的零食，比如从来不让她吃辣条，不让买同龄孩子都能吃的零食，只是买一些水果、牛奶放在家里，并抱怨孩子不吃水果。日常互动中，父母总是用一些负面词语来与服务对象沟通，有时候骂她是"死人头""没得救了"。在了解了相关情况后，首先，社工播放了一部短片给服务对象父母观看，内容是一个关于压抑孩子需求和想法的表达最终酿成悲剧的故事。以此引发父母反思自己的管教行为，主动寻求改变。其次，社工让其父母表达出自己对孩子行为的不满，以及自己采取的应对措施，通过审视自己应对行为的效果，促使其萌生改变的动机，并运用行为记录法进行对比强化。最后，服务对象父母表示愿意尝试正面管教，减少与孩子的负面沟通和打骂。通过家庭的共同努力，为服务对象营造一个温暖的家庭环境，畅通其满足需求的途径，矫正其通过偷窃、说谎来获得需求的满足等。

3. 第三阶段：强化其习得的正向行为

在此阶段，家庭氛围和服务对象的改变都进步明显。社工为服务对象制订了一个代币计划表，服务对象通过帮家里做家务来偿还父母为其赔偿的钱。通过累积积分来消减父母为其赔偿的钱，鼓励其有计划、有目标地通过努力，消减偷窃行为带来的负面影响。另外，鼓励服务对象习得良好行为，以赚取父母的奖赏，以正当途径获得一部分可自由支配的零花钱，满足自身吃零食、人际交往等基本需求。

4. 第四阶段：家庭协同，助力服务对象改变

一方面，需要不断训练服务对象正向行为的强化；另一方面，还需要训

练其父母在管教方式上作出改变。首先,父母要充分给予孩子一定的自主性,比如,在买零食、衣服等方面,让孩子自主选择,在保证孩子安全的情况下,不因自己的观念而对孩子横加干涉。其次,鼓励孩子多与同伴交往。比如,邀请与孩子要好的同学一家一起出游,或者约孩子同学来家里玩,并给予孩子自由空间和零食等后勤保障。另外,拓展孩子的娱乐空间,比如,家中配备电视、电脑等,使其可以便捷地获得与同龄人一样的信息,而不需要通过不正当途径去获取。

六 结语

截至2019年1月底,本个案还在跟进过程中。通过长达一年的辅导,服务对象自身行为和家庭氛围均有所改善。社工为此尝试了多种方法,包括从心理老师及其他社工专业老师、香港督导等多方面,获得了支持和帮助。在此还要特别感谢我的心理咨询与诊断课程老师——熊红星老师,她用心理学的视角,鼓励我从不同角度进行尝试跟进,并给予我许多支持和帮助,令我有更多的信心坚持将本个案做下去,直至成功。

参考文献

一 经典著作

《列宁全集》第39卷，人民出版社1984年第2版。

马克思、恩格斯：《共产党宣言》，中央编译局译，人民出版社1997年第3版。

《马克思恩格斯全集》第1卷，人民出版社1956年第1版、1995年第2版。

《马克思恩格斯全集》第2卷，人民出版社1957年版。

《马克思恩格斯全集》第3卷，人民出版社1960年第1版、2002年第2版。

《马克思恩格斯全集》第4—5卷，人民出版社1958年版。

《马克思恩格斯全集》第8卷，人民出版社1961年版。

《马克思恩格斯全集》第11卷，人民出版社1995年第2版。

《马克思恩格斯全集》第23卷，人民出版社1972年版。

《马克思恩格斯全集》第44卷，人民出版社2001年版。

《马克思恩格斯全集》第46卷（下册），人民出版社1980年版。

《马克思恩格斯文集》（10卷本），人民出版社2009年版。

《马克思恩格斯选集》第6卷，人民出版社1965年版。

《马克思恩格斯选集》第7卷，人民出版社1959年版。

《马克思恩格斯选集》第4卷，人民出版社1995年版。

《马克思恩格斯选集》第1—4卷，人民出版社2012年第3版。

马克思：《资本论》第1卷，人民出版社2004年版。

《毛泽东文集》第 8 卷，人民出版社 1999 年版。

中共中央党校《马列著作选读·科学社会主义》讲解编写组编:《科学社会主义讲解》，中共中央党校出版社 1989 年版。

中共中央文献研究室编:《建国以来毛泽东文稿》第 8 册，中央文献出版社 1998 年版。

二　中文著作

蔡迎旗:《学前教育概论》，华中师范大学出版社 2006 年版。

[朝鲜] 李成焕:《21 世纪的朝鲜》，外文出版社 2014 年版。

陈秉才译注:《韩非子》，中华书局 2007 年版。

陈墀成、黄河编:《社会工作概论》，厦门大学出版社 2000 年第 2 版。

陈家琪主编:《反思性实践：中部地区社会工作研究》，江西人民出版社 2014 年版。

陈鸣、朱自锋编:《中国教育经费论纲》，中央编译出版社 2008 年版。

陈志霞主编:《个案社会工作》，华中科技大学出版社 2006 年版。

杜晓郁:《全球化背景下的国际劳工标准分析》，中国社会科学出版社 2007 年版。

[法] 傅立叶:《傅立叶选集》第 3 卷，冀甫译，商务印书馆 1964 年版。

[法] 让·梅叶:《遗书》第 2 卷，何清新译，商务印书馆 1960 年版。

方创琳等:《中国新型城镇化发展报告》，科学出版社 2014 年版。

方彦明:《新型城镇化与农村剩余人口转移》，吉林人民出版社 2015 年版。

葛晨虹:《人性论》，中国青年出版社 2001 年版。

关信平:《中国城市贫困问题研究》，湖南人民出版社 1999 年版。

关信平主编:《社会政策概论》，高等教育出版社 2009 年第 2 版。

(汉) 王符撰、龚祖培校点:《潜夫论》，辽宁教育出版社 2001 年版。

侯钧生:《西方社会思想史》，南开大学出版社 2007 年版。

侯钧生主编:《西方社会学理论教程》，南开大学出版社 2001 年版。

胡玉鸿主编:《新型城镇化——中国特色城镇化研究报告 2012》，苏州大学出版社 2014 年版。

黄丽华：《团体社会工作》，华东理工大学出版社 2003 年版。

黄绍筠：《中国第一部经济史——汉书食货志》，中国经济出版社 1991 年版。

黄晓珊：《意义的探究——生活世界中的社会工作》，中国矿业大学出版社 2010 年版。

［加］唐纳德·柯林斯、［美］凯瑟琳·乔登、［加］希瑟·科尔曼：《家庭社会工作》，刘梦译，中国人民大学出版社 2018 年第 4 版。

蒋国河：《中国特色农村社会工作：本土化探索与实践模式》，社会科学文献出版社 2017 年版。

库少雄主编：《人类行为与社会环境》，华中科技大学出版社 2005 年版。

李欢欢主编：《大学生网络成瘾评估与干预》，华夏出版社 2011 年版。

李山译注：《管子》，中华书局 2009 年版。

李真主编：《从微观到宏观——流动人口社会工作服务项目案例集》，中国社会出版社 2017 年版。

廖益光主编：《社会救助概论》，北京大学出版社 2009 年版。

刘梦：《社会工作与性别研究》，中国社会科学出版社 2013 年版。

刘梦主编：《小组工作》，高等教育出版社 2003 年版。

骆江玲：《大学生村官制度和问题研究》，中国社会科学出版社 2017 年版。

马海龙、杨建莉：《新型城镇化空间模式》，宁夏人民出版社 2016 年版。

马立骥、姚峰：《犯罪心理学：理论与实务》，浙江大学出版社 2014 年版。

［美］F. 埃伦·内廷、［美］彼得·M. 凯特纳、［美］史蒂文·L. 麦克默特里：《宏观社会工作实务》，刘继同、隋玉杰等译，中国人民大学出版社 2006 年版。

［美］费孝通：《费孝通文集》第 5、7 卷，群言出版社 1999 年版。

［美］弗雷达·阿德勒等：《遏制犯罪——当代美国的犯罪问题及犯罪学研究》，廖斌等译，中国民主法制出版社 2006 年版。

［美］路易丝·谢利：《犯罪与现代化》，何秉松译，群众出版社 1986 年版。

[美] 罗伯特·K. 默顿：《社会理论和社会结构》，唐少杰、齐心等译，译林出版社 2008 年版。

[美] 莫拉莱斯、谢弗主编：《社会工作：一体多面的专业》，顾东辉等译，上海社会科学院出版社 2009 年版。

[美] O. 威廉姆·法利等：《社会工作概论》，隋玉杰等译，中国人民大学出版社 2005 年第 9 版。

牛文元主编：《中国新型城市化报告》，科学出版社 2012 年版。

饶会林：《城市经济学》，东北财经大学出版社 1999 年版。

饶尚宽译注：《老子》，中华书局 2006 年版。

石磊译注：《商君书》，中华书局 2009 年版。

[苏] 兹维尔布利等编：《犯罪学》，曾庆敏等译，群众出版社 1986 年版。

唐斌：《社会工作职业化的政府激励及其运作机制——基于上海、深圳和江西万载的比较研究》，中国财政出版社传媒集团、中国财政经济出版社 2016 年版。

万江红主编：《小组工作》，华中科技大学出版社 2006 年版。

万丽华、蓝丽译注：《孟子》，中华书局 2006 年版。

汪冬梅：《中国城市化问题研究》，中国经济出版社 2005 年版。

王处辉：《中国社会思想史》（上册），南开大学出版社 1989 年版。

王涤、范琪等：《流动人口子女全纳教育研究——理论与实践》，吉林人民出版社 2006 年版。

王牧主编：《新犯罪学》，高等教育出版社 2010 年第 2 版。

王思斌主编：《社会工作概论》，高等教育出版社 2014 年第 3 版。

魏平雄等主编：《市场经济条件下犯罪与对策》，群众出版社 1995 年版。

魏平雄、王顺安主编：《中国治安管理法学》，人民法院出版社 1997 年版。

吴成军：《戒毒社区的理论与方法研究》，贵州人民出版社 2007 年版。

吴增强、张建国主编：《青少年网络成瘾预防与干预》，上海教育出版社 2007 年版。

夏禹龙、胡振平、周罗庚等：《在构建和谐社会中国家的角色和作用》，上海人民出版社 2008 年版。

谢文蕙、邓卫编：《城市经济学》，清华大学出版社1996年版。

徐斌编：《中国新型工业化与新型城镇化研究：基于中部六省的视角》，复旦大学出版社2015年版。

许海云、何黎萍编：《大国崛起中的领军人物》，人民日报出版社2008年版。

许学强、周一星、宁越敏编：《城市地理学》，高等教育出版社2009年第2版。

言心哲：《现代社会事业》，河北出版传媒集团、河北教育出版社2012年版。

杨多贵等：《国家健康报告·第1号》，科学出版社2013年版。

杨汉麟、周采：《外国幼儿教育史》，广西教育出版社1993年版。

仰和芝、张德乾：《农村女性婚姻迁移者的社会融合》，人民出版社2018年版。

银平均：《社会排斥视角下的中国农村贫困》，知识产权出版社2008年版。

尹利民：《表达与治理的艺术——民众与国家互动关系中的信访》，中国社会科学出版社2016年版。

[英] 马尔科姆·佩恩：《现代社会工作理论》，何雪松、张宇莲、程福财等译，华东理工大学出版社2005年版。

[英] 托马斯·莫尔：《乌托邦》，戴镏龄译，商务印书馆1982年第2版。

有林、张启华：《论马克思揭示的社会发展一般规律》，中央民族大学出版社2004年版。

曾水兵：《走向"整体人"的教育——人学视野下现代教育路向之探索》，中国社会科学出版社2012年版。

张洪英编：《小组工作：理论与实践》，山东人民出版社2005年版。

张书明主编：《社会工作视野下的大学生事务管理》，山东大学出版社2007年版。

张雄编：《个案社会工作》，华东理工大学出版社1999年版。

赵芳：《小组社会工作：理论与技术》，华东理工大学出版社2015年版。

周琴、卢晓慧、胡宜主编：《在希望的田野上：江西师范大学万载农村社会工作案例选编》，中国社会出版社 2012 年版。

朱元发：《涂尔干社会学引论》，远流出版事业股份有限公司 1988 年版。

三 期刊论文

安民兵：《论医疗社会工作的价值观、理论、方法及其前瞻》，《卫生软科学》2006 年第 6 期。

安民兵：《青少年网络成瘾问题与社会工作的介入——一个典型个案研究》，《青年探索》2007 年第 2 期。

陈陆生：《班杜拉社会学习理论及其对我们的启示》，《心理学探新》1986 年第 4 期。

陈少晖：《马克思社会主义劳动就业思想述论》，《当代经济研究》1999 年第 2 期。

陈相云：《理性情绪疗法视角下社会工作介入青少年吸毒矫正——基于广州市 D 戒毒所的实务研究》，《青少年学刊》2016 年第 4 期。

陈新元：《理财必先重视生财》，《财务与会计》1985 年第 7 期。

戴伟、叶婷、张维嘉：《三类医疗保险制度补偿水平比较分析》，《中国社会保障》2015 年第 5 期。

单大圣：《发挥好社会救助制度托底功能》，《中国经贸导刊》2015 年第 6 期。

单卓然、黄亚平：《"新型城镇化"概念内涵、目标内容、规划策略及认知误区解析》，《城市规划学刊》2013 年第 2 期。

董晓薇：《青少年吸毒的主体原因及预防对策》，《政法学刊》1999 年第 3 期。

段成荣、周福林：《我国留守儿童状况研究》，《人口研究》2005 年第 1 期。

范志海、李建英：《青少年吸食合成毒品问题与对策研究——基于上海市 100 个吸毒青少年个案的调查》，《青少年犯罪问题》2012 年第 4 期。

风笑天：《社会学方法二十年：应用与研究》，《社会学研究》2000 年第 1 期。

关信平：《论我国社会保障制度一体化建设的意义及相关政策》，《东岳论丛》2011 年第 5 期。

胡金野、齐磊：《无毒中国缘何不再？——对中国共产党领导下的新中国禁毒运动辉煌历史的反思》，《甘肃社会科学》2005 年第 6 期。

胡新：《中国古代的犯罪原因论》，《法商研究》（中南政法学院学报）1994 年第 2 期。

黄丽：《城乡居民基本养老保险保障水平评估与反思》，《人口与经济》2015 年第 5 期。

季小天：《理性情绪疗法干预青少年吸毒认知的研究——以武汉 H 未成年人强制隔离戒毒所 L 为个案》，《中国青年研究》2018 年第 1 期。

江泽林：《新型城镇化的价值内涵和基本特征——基于西咸新区的探索与实践》，《理论导刊》2014 年第 12 期。

蒋晓：《试论班杜拉社会学习理论及其教育意义》，《华东师范大学学报》（教育科学版）1987 年第 1 期。

李洪声：《古巴：私有化改革遇阻》，《世界博览》2012 年第 15 期。

李景心：《社会主义教育制度》，《今日朝鲜》2012 年第 9 期。

李立国：《当前我国社会救助事业发展的形势和任务》，《中国民政》2015 年第 11 期。

李晓凤、张强、马瑞民：《吸毒人员的现状及禁毒社会工作介入探究——以珠江三角洲地区为例》，《社会工作》2014 年第 6 期。

梁书毓、薛惠元：《费率降低背景下失业保险保障水平的确定》，《西北人口》2016 年第 1 期。

林闽钢：《我国进入社会保障城乡一体化推进时期》，《中国社会保障》2011 年第 1 期。

林少真：《我吸的是冰，不是海洛因——比较视野下的吸毒者自我表达》，《前沿》2010 年第 1 期。

林绚晖：《网络成瘾现象研究概述》，《中国临床心理学杂志》2002 年第 1 期。

刘德斌：《也谈历史的"终结"》，《史学集刊》1996 年第 2 期。

刘仁营、裴白莲：《评福山的"历史终结论"》，《红旗文稿》2009 年第 18 期。

刘秀英：《"问题家庭"学生的心理问题及其教育对策》，《教育与管理》2011年第30期。

卢之超：《论一种历史观的终结——评[美]弗兰西斯·福山的〈历史的终结?〉》，《湖北社会科学》1990年第10期。

马永欢、张丽君、徐卫华：《科学理解新型城镇化推进城乡一体化发展》，《城市发展研究》2013年第7期。

彭红碧、杨峰：《新型城镇化道路的科学内涵》，《经济研究》2010年第4期。

乔顺利：《我国盗窃案件规律特点的新发展与对策研究——以四地盗窃案件统计数据为样本的比较分析》，《政法学刊》2020年第1期。

全国妇联课题组：《全国农村留守儿童城乡流动儿童状况研究报告》，《中国妇运》2013年第6期。

[日]渡边雅男：《在历史发展和现实运动中把握全球化的本质》，谭晓军译，《马克思主义研究》2015年第11期。

沈毅：《中国城乡居民社会养老保险适度水平研究》，《西部论坛》2015年第2期。

师春苗、张帆：《毛泽东就业思想初探》，《毛泽东思想研究》2002年第1期。

宋国栋：《论古巴社会经济公平制度》，《改革与战略》2013年第11期。

孙大海：《自觉树立和践行习近平总书记坚持以人民为中心的价值取向》，《行政管理改革》2017年第10期。

王发曾：《中原经济区的新型城镇化之路》，《经济地理》2010年第12期。

王凯：《新型城镇化的内涵与模式思考》，《上海城市规划》2013年第6期。

王旭等：《新马克思主义视角下中国新型城镇化的本质特征剖析》，《规划师》2017年第2期。

王一平：《标签理论——一个犯罪学理论的介绍》，《河南公安学刊》1995年第1期。

王玉香：《青少年吸毒现象及社会工作介入策略》，《中国青年研究》2011

年第 12 期。

邬庆祥：《霍桑效应》，《教育科研情况交流》1982 年第 7 期。

吴友仁：《关于我国社会主义城市化问题》，《城市规划》1979 年第 5 期。

吴宗宪：《犯罪亚文化理论概述》，《比较法研究》1989 年第 2 期。

薛文东：《当前养老金待遇存在的三大差别》，《中国社会保障》2006 年第 11 期。

荀寿潇：《朝鲜社会主义经济发展历程》，《海派经济学》2007 卷第 19 辑。

叶嘉安、徐江、易虹：《中国城市化的第四波》，《城市规划》2006 年第 1 期。

[英] 彼得·诺兰：《美国：站在资本主义全球化的十字路口》，李群英译，《国外理论动态》2011 年第 5 期。

张强、张健明、潘诗嘉：《老龄化背景下上海市社会医疗保险水平测定与分析》，《中国老年学杂志》2016 年第 1 期。

张向东、李昌明、高晓秋：《河北省新型城镇化水平测度指标体系及评价》，《中国市场》2013 年第 20 期。

张彦、李春根：《我国养老保险基本替代水平研究》，《江西财经大学学报》2015 年第 5 期。

张占斌：《新型城镇化的战略意义和改革难题》，《国家行政学院学报》2013 年第 1 期。

张占仓：《河南省新型城镇化战略研究》，《经济地理》2010 年第 9 期。

郑杭生：《对中国社会学的巨大贡献——纪念费孝通先生从事学术研究 70 周年》，《江苏社会科学》2006 年第 1 期。

周彦国等：《"新型城镇化"的概念与特征解读》，《规划师》2013 年增刊。

朱美燕、朱凌云：《透视青少年"网络成瘾综合症"》，《中国青年研究》2002 年第 6 期。

宗寒：《试论我国的城市化道路》，《求索》1982 年第 2 期。

刘耀彬：《马克思主义犯罪学思想研究》，博士学位论文，南京航空航天大学，2010 年。

钱洪：《吸毒青少年社区矫正的社会工作介入——以无锡 A 街道为例》，硕士学位论文，南京农业大学，2014 年。

田鹤城：《经济发展与犯罪关系研究》，博士学位论文，西北农林科技大学，2009 年。

尹鹏：《吉林省新型城镇化发展的特征、机制与路径》，博士学位论文，东北师范大学，2016 年。

张荆：《都市化与犯罪率同步增长的原因研究》，《中国犯罪学学会第十八届学术研讨会论文集》（上册），浙江绍兴，2009 年。

张毅：《对毛泽东关于农村工业化思想的研究》，《毛泽东百周年纪念——全国毛泽东生平和思想研讨会论文集》（下册），北京，1993 年。

四 英文文献

Alexander, J., Holtzworth-Munroe, A., Jameson, P., *The Process and Outcome of Marital and Family Therapy: Research Review and Evaluation*, In A. Bergin & S. Garfield (Eds.), Handbook of Psychotherapy and Behavior Change (4thed.), Toronto: Wiley, 1994.

Belanger Kathleen, Smith Owen M, "'To All People of Good Will': Catholic Social Teaching, Natural Law, and Racial Disproportionality in Social Work", *Social Work and Christianity*, Vol. 39, No. 2, Summer 2012.

Coleman H., Collin D., "The Voice of Parents: A Qualitative Study of a Family-centered, Home-based Program", *The Child and Youth Care Forum* (Special Edition on Research in the Field of Child and Youth Care), Vol. 26, No. 4, 1997.

Curry-Stevens Ann, "Rooting Social Policy Advocacy in Social Movements", *Canadian Review of Social Policy*, No. 56, 2006.

Davis R A, "A Cognitive-behavior Modal of Pathological Internet Use", *Computers in Human Behavior*, Vol. 17, No. 2, 2001.

Goss-Reaves Lori, Crouso Lena Shankar, Lefdahl-Davis Erin M, "Bearing God's Image to All People: A Social Worker's Response to the Sojourner", *Social Work and Christianity*, Vol. 45, No. 3, Fall 2018.

Hall Alex. S., Jeffrey P., "Internet Addiction: College Student Case Study Using Best Practices in Cognitive Behavior Therapy", *Journal of Mental Health Counseling*, Vol. 23, No. 4, 2001.

Jefferis Eric, *Criminal Places: A Micro-level Study of Residential Theft*, Ph. D. dissertation, University of Cincinnati, 2004.

John C. Brady, *Treat Me Right: Help for Behavioral Addictions Including Theft/Fraud Crimes*, Arizona: Createspace Independent Pub., 2014.

Kinney J., Haapala D., Booth C., *Keeping Families Together: The Homebuilders Model*, Hawthorne, NY: Aldine de Gruyter, 1991.

Koren Chaya, Simhi Shiran, "'As Long as It's Good': An Intergenerational Family Perspective of Bridging Gaps Between Reality and Ideality of Second Couplehood as a Problem and as a Solution", *Ageing and Society*, Vol. 36, No. 4, Apr. 2016.

Lau Denys T, Scandrett Karen Glasser, Jarzebowski Mary, Holman Kami MS, Emanuel Linda, "Health-related Safety: A Framework to Address Barriers to Aging in Place", *Gerontologist*, Vol. 47, No. 6, Dec. 2007.

Levine Joanne, "Working with Victims of Persecution: Lessons from Holocaust Survivors", *Social Work*, Vol. 46, No. 4, Oct. 2001.

Miller S., Hubble S., Duncna B., "No More Bells and Whistles", *Networker*, Vol. 19, No. 2, March/April 1995.

Nash, M., Wong, J., Trlin, A, "Civic and Social Integration: A New Field of Social Work Practice with Immigrants, Refugees and Asylum Seekers", *International Social Work*, Vol. 49, No. 3, 2006.

Teasley Martell, "School Social Workers and Urban Education Reform with African American Children and Youth: Realities, Advocacy, and Strategies for Change", *School Community Journal*, Vol. 14, No. 2, Fall 2004.

Wall Jack, Spira Marcia, "Voices of Three Generations: Families and the Declining Health of Older Adults", *Families in Society*, Vol. 87, No. 1, Jan. -Mar. 2006.

Wong Rose, "Evaluating a Teaching Module on Ethically Responsible Evidence-based Practice Decision Making in an Advanced Micro Practice Course", *Journal of Social Work Education*, Vol. 53, No. 2, Apr. -Jun. 2017.

Worden M. , *Family Therapy Basics. Pacific Grove*, CA: Brooks/Cole, 1994.

Young K S, "Internet Addiction: The Emergence of a New Clinical Disorder", *Cyber Psychology and Behavior*, No. 3, 1996.

后 记

2004年，著名影星刘德华、刘若英、葛优等人曾演过一部电影《天下无贼》，笔者至今仍清晰记得其中的一些情节。这大概是因为影片所寄托的人们对良好治安的期望，很容易触动我们社会工作者的情怀，并且，它也成为我们以"新型城镇化背景下城镇盗窃问题与社会工作介入研究"为题，申请江西省高校人文社科项目的一个缘由。

尽管笔者胸怀宏图壮志，然而为完成本项目，确实也颇费了不少周折。当年，因研究需要，我们课题组深入派出所调研时，有警察礼貌地说"不接受记者的采访"，当我们反复解释"我们不是记者而是高校老师，是帮助他们解决一些社会治安问题"，但最终只得悻悻而去，使我脆弱的心灵至今尚存害怕调研被拒的余悸；有的派出所警察表示，等开了单位介绍信再来吧；有的派出所警察叫我们找他们指导员，而指导员又叫我们找政治处……当然，更多的是直接让我们吃"闭门羹"。当然，还是有不少优秀的人民警察热情地接待我们，有的鼓励我们："有空的时候，跟你们聊聊天，还能得一条毛巾（访谈纪念品），有什么不可以的？"正是这些无名的人民警察，不仅无私地提供了一些珍贵的资料，更给了我们把课题完成下去的坚定信心。此外，还有如CN女子监狱狱警LQQ女士、萍乡市PL路派出所ZXH警官、景德镇市JC镇CXD警官、南昌市LY路ZZH警官、江西FLK监狱狱警HYH警官，以及许多不留名的社区居民、社区干部、民政部门干部等访谈对象，给我们提供了许多珍贵的第一手资料。在此，笔者代表课题组所有成员对他们表示衷心的感谢！

此外，要感谢江西洪宇社工服务社总干事何东，社工胡祖瑞、顾卿源主任、谢舒媚等，感谢深圳市龙岗区彩虹社会工作服务中心社工朱元元、惠州市HM社会工作服务中心HJJ女士、深圳PX社工服务社WMH女士、上海LQ社工服务社LAD女士、上海闵行LX社会工作服务中心ZJY女士等许多社工同行，他们在繁忙的实务工作之余，无私地为我们的课题研究整理提供了许多宝贵的实务资料，以及对社会工作实务介入城镇盗窃问题提出的许多中肯的建议与意见，进一步增强了课题研究的实务性。

感谢课题组所有参与人员，江西师范大学马克思主义学院张水华老师、王章华教授，江西师范大学政法学院周琴教授、罗金寿教授、漆思剑教授、冯小林教授，江西财经大学人文学院胡宜教授等，他们的工作都非常繁忙，但他们无怨无悔地及时完成了所分担课题的相关工作，保证了课题的研究工作顺利推进。

感谢我的同事蒋贤斌教授、赖华林教授、邵晓秋教授、彭坚教授、刘仁营教授、吴郁琴教授、李丕洋教授、吴红英教授、曹开华教授、胡传顺教授、潘华老师、傅以君老师、金燕老师等，在我的生活、工作等诸多方面，直接或间接给予了许多鼓励、关心与支持。

感谢江西师范大学马克思主义学院办公室刘艳主任、罗进副主任，以及李婧老师、赵青老师、朱同秀老师等学院工作人员为我们的研究提供了大量周到细致的服务。

感谢我的博士导师、南开大学社会建设与管理研究院院长、中国社会工作教育协会常务副会长关信平教授，在百忙之中为本课题的研究提出了许多宝贵意见与建议，并亲自为本书作序。恩师高尚的道德风尚、严谨的科研作风、不知疲倦的工作精神，永远都是我人生前进的指针。

特别感谢江西师范大学马克思主义学院院长周利生教授、党委书记王员教授，副院长韩玲教授、韩桥生教授、肖华平教授、肖子良教授、李正兴教授等领导，为我们的科研工作提供了良好的工作环境；感谢政法学院社会学系主任李建斌教授、李立文教授、王东明教授、林欢欢老师、刘小锋老师等同人，他们的热情鼓励与大力支持，为我们的研究工作注入了很大的动力。

最后，必须承认的是，由于研究水平有限、时间限制、经验不足等，我们的课题研究尽管暂时告一段落，但我们深知，社会工作介入城镇盗窃问题的研究实际才刚刚起步，因而我们的著作中难免有许多不足、缺陷，甚至错讹之处，敬请广大读者批评指正。

江西师范大学马克思主义学院　查明辉

2020 年 5 月 26 日于南昌青山湖畔